Geneviève Jurgensen
Die Schule der Ungeliebten

Serie Piper
Band 569

Zu diesem Buch

»Solange wir unsere eigenen Hemmungen nicht überwunden hatten, waren wir unfähig, einem Kind zu helfen.«
Diese Erfahrung, die wohl jeder machen muß, der an der Sonia Shankman Orthogenic School in Chicago arbeitet, beschreibt Geneviève Jurgensen aus ihrer ganz persönlichen Sicht.
Bruno Bettelheim und die Patienten der Schule stehen einerseits im Mittelpunkt ihrer Geschichte; andererseits aber auch ihre eigenen Ängste und Lernerfahrungen im Umgang mit emotional gestörten Kindern.
Zwei Jahre lang betreute die Autorin fünf psychisch kranke Mädchen im Alter zwischen fünfzehn und zwanzig Jahren. Das Krankheitsbild dieser »Kinder« war geprägt von infantilen Verhaltensweisen und extremer Ich-Bezogenheit. Fachleute sprechen bei diesen Symptomen von Autismus, einer Krankheit, bei der der Patient so sehr auf seine eigenen Triebe, Gemütsbewegungen und Phantasien bezogen ist, daß er den Kontakt zu seiner Umwelt weitgehend verloren hat.
Dieses Buch erhebt nicht den Anspruch, eine wissenschaftlich fundierte Analyse zu sein. Sein Reiz liegt vielmehr in der erzählerischen Form, mit der die Autorin in die Welt der Orthogenischen Schule und in die Arbeitsmethoden Bruno Bettelheims einführt. Der persönliche Ton macht es dem Laien leichter, sich in die wissenschaftliche Materie der Kindertherapie einzufühlen.

Geneviève Jurgensen, geboren 1946 in Paris, studierte Pädagogik. Bis 1970 war sie an einem medizinisch-pädagogischen Institut bei Paris als Stimm- und Sprachtherapeutin tätig. Von 1970 bis 1972 arbeitete sie an der Orthogenic School in Chicago als Erzieherin bei Bruno Bettelheim.

Geneviève Jurgensen

Die Schule der Ungeliebten

Als Kindertherapeutin bei Bruno Bettelheim

Mit einem Vorwort von Bruno Bettelheim
und einem Geleitwort von Christa Meves

Aus dem Französischen
von Brigitte Weitbrecht

Piper
München Zürich

Die Originalausgabe erschien 1973 unter dem Titel
»La folie des autres«
bei Éditions Robert Laffont, Paris.

ISBN 3-492-10569-6
Neuausgabe 1987
2. Auflage 7.–10. Tausend Dezember 1987
(1. Auflage 1.–6. Tausend dieser Ausgabe)

Umschlag: Federico Luci,
unter Verwendung des Gemäldes »Mädchen am Sonntag« (1920)
von Otto Dix (Niedersächsische Landesgalerie Hannover)
Gesamtherstellung: Clausen & Bosse, Leck
Printed in Germany

Für Katherine

»Genau wie die Kinder einen Integrationsprozeß durchmachen müssen, so müssen auch die Mitarbeiter ständig Erfahrungen integrieren, denen die Kinder sie aussetzen, ebenso die Reaktionen, die diese Erfahrungen hervorrufen. Deswegen sind im Grunde alle Mitarbeiter ständig bei allen anderen Mitgliedern der Schulgemeinschaft in der Lehre, und wenn der Lernprozeß auch manchmal schmerzlich ist, ist er doch immer lohnend. Aber nur wenn die Mitarbeiter sich ständig dessen bewußt sind, daß sie lernen, um besser zu verstehen, um spontaner und zugleich rationaler handeln zu können, können sie den Kindern als Beispiel dienen, nicht für vollbrachte Integration – wenn es diesen Zustand überhaupt gibt –, sondern für ständig zunehmende Integration, die durch einen langsamen, schrittweisen Prozeß erreicht wird.«

Bruno Bettelheim

Geleitwort

So leicht sich das Buch von Geneviève Jurgensen liest – es mag für manchen Laien vielleicht doch nicht so unmittelbar erkennbar sein, daß hier sehr sachverständig über die Struktur einer eigenwilligen stationären Kinderpsychotherapie berichtet wird: eben der auf der Grundlage Freudscher Psychoanalyse neu entwickelten Verfahrensweise Bruno Bettelheims zur langfristigen Betreuung seelisch gestörter Kinder. Deshalb gibt das Buch dem Leser auch mehr als nur eine unterhaltsame Identifikationsmöglichkeit mit einer schüchternen jungen Französin, die im fremden Land tapfer die Schwierigkeiten des Einarbeitens in eine neue unbekannte Aufgabe bis zur erfolgreichen Eingewöhnung durchsteht: Es könnte vielmehr auch für die deutsche Fachwelt von Belang werden und neben den Erfahrungsberichten, die Bettelheim in seinen Büchern selbst gibt, Anregung werden zu Imitationen seiner Orthogenischen Schule bei uns in der Bundesrepublik; denn die Notwendigkeit langfristiger stationärer psychotherapeutischer Behandlung nimmt in Westdeutschland bei einer großen Zahl von Kindern zu. Die wenigen psychagogischen Heime, die wir haben, können diesen Bedarf nicht im entferntesten decken. Dazu können uns die Erfolge der Orthogenischen Schule eine ganze Reihe effektiver Verfahrensweisen lehren, die G. Jurgensen eindrucksvoll darstellt.

– Es ist positiv, die Kinder in eine institutseigene Schule zu schicken.

– Es bewährt sich eine strenge, hierarchische Ordnung, die es den gestörten Kindern möglich macht, sich in eingebahnten Strukturen geborgen zu fühlen.

– Es ist eine möglichst konstante, durch die immer gleiche Person gewährleistete Betreuung erfolgversprechend.

– Dazu gehören Betreuer, die gewissermaßen rund um die Uhr arbeiten und die bereits beim Aufstehen der Kinder wie auch beim Gutenachtsagen auf dem Posten stehen.

– Die Behandlung baut sich auf einer engen Zusammenarbeit sämtlicher Betreuer der Kinder auf.

– Wahrhaftigkeit, Verständnis, totaler Einsatz für die gemeinsame Aufgabe und persönliche Verantwortung machen es möglich, daß seelisch labilen Jugendlichen schließlich doch zu einer selbständigen Lebensführung verholfen wird.

Dieses Buch ist nicht nur sehr ehrlich geschrieben, es fußt auch auf einer realistischen, realisierbaren und ideologiefreien Therapieform. Deshalb wäre es wohl geeignet, dem wilden, laienhaften Experimentieren auf diesem Feld in der Bundesrepublik Einhalt zu gebieten. Hier kommt einmal etwas aus Chicago zu uns, das der Nachahmung würdig ist.

Uelzen, November 1975 Christa Meves

Vorwort

Geneviève Jurgensens Buch bedarf meiner Einführung nicht. Die Verfasserin braucht nicht vorgestellt zu werden. Sie und ihre Ideen machen sich auf den folgenden Seiten selbst bekannt. Ich möchte deshalb dem Werk nur einige Zeilen voranstellen und es mit meinen besten Wünschen in die Welt hinausschicken.

Es fällt mir schwer, gegenüber einem Buch, in dem ich eine große Rolle spiele, objektiv zu sein. Man kann nicht sich selbst und sein Lebenswerk beschrieben sehen, ohne sich in jeder Beziehung angesprochen zu fühlen. Aber wenn ich auch nicht beurteilen kann, wie weit Geneviève Jurgensens Schilderung von mir richtig ist, ob sie der Wirklichkeit entspricht oder ob sie viel zu schmeichelhaft ist, so besteht doch kein Zweifel an der Aufrichtigkeit der Verfasserin. So sah mich Geneviève Jurgensen, so sah sie die Schule zu einer Zeit, da ich sie bald verlassen wollte, nachdem ich nahezu dreißig Jahre für ihr Geschick verantwortlich gewesen war. Das vorliegende Buch ist die wahrheitsgetreue Wiedergabe der Eindrücke eines klugen, feinfühligen Menschen von der Orthogenischen Schule in ihrem damaligen Zustand.

Ich wünschte, Geneviève Jurgensen wäre länger geblieben oder wir hätten zu einem anderen Zeitpunkt zusammengearbeitet. Sie kam in den Monaten, als ich mich bewußt von der Arbeit, den Kindern und den Mitarbeitern zurückzog, um meinem Nachfolger Gelegenheit zu geben, die Dinge in die Hand zu nehmen, solange ich noch da war und ihm helfen konnte. Ihre Erfahrungen sind geprägt von dem Umstand, daß ich mich vom Geschehen löste und doch anwesend blieb. Wenn ich diesen Abstand zwischen mich und die Mitarbeiter, die

Kinder, die Schule legte, was ich nie zuvor getan hatte, so nur in dem Bestreben, den Fortbestand der Schule nach meinem Ausscheiden ohne Unterbrechung zu sichern. Der beste Weg zu diesem Ziel schien mir zu sein, mich Schritt um Schritt zu entfernen und damit meinem Nachfolger eine langsame Einarbeitung zu ermöglichen. Diese Entwicklung hatte einige Monate, ehe ich Geneviève Jurgensen kennenlernte, begonnen und war ziemlich weit fortgeschritten, als sie zu uns kam.

Ich bedaure sehr, daß ich Geneviève nicht so gut kennenlernen konnte wie die anderen Mitarbeiter in der Zeit, ehe ich mich von der Schule löste. Was ich aber von ihrer Persönlichkeit und von ihren vielversprechenden therapeutischen Fähigkeiten weiß, läßt es mir als einen Verlust für die Schule erscheinen, daß sie nicht wenigstens vier oder fünf Jahre geblieben ist. Dies ist etwa die Zeit, die eine Anfängerin im allgemeinen braucht, um sich ganz klar zu werden, was es heißt, Kindertherapeutin im Rahmen der Orthogenischen Schule zu sein. In der verhältnismäßig kurzen Zeitspanne, in der ich Geneviève Jurgensen und ihre Tätigkeit beobachtete, bewies sie außergewöhnliche Eigenschaften. Ich hätte sehr gern länger und enger mit ihr zusammengearbeitet. Meinem Gefühl nach hat sie in ihrem Buch die Probleme, die Ängste und die Freuden einer Anfängerin in unserem Lehrkörper richtig dargestellt. Ihr Verständnis für die Bedürfnisse der Kinder, ein Kennzeichen für alle, die bei uns kompetente Therapeuten werden, spricht aus jeder Zeile, wenigstens für mich, der ich nur zu genau weiß, was es kostet, anderen das Leben zu retten. Ich hoffe nur, daß auch der Leser dieses tiefe Mitgefühl zu ermessen vermag.

Besonders gut und sehr ehrlich beschreibt Geneviève Jurgensen, wie die Teilnahme an dem Gemeinschaftsunternehmen, der Schule, die Lehrer und Erzieher zu einer Entfaltung führt, die intensiver ist als die langsamere, noch mehr Zwischenfällen unterworfene Entwicklung der Kinder, wie hart und aufreibend die Arbeit ist, aber auch wie schön der Erfolg sein kann. Als Lohn für meine Mühen empfand ich, daß ich meinen Mitarbeitern dazu verhelfen konnte, mit fortschreitender beruflicher Befähigung eine höhere Stufe der Persönlichkeitsintegration zu erreichen. Geneviève Jurgensen hat erfahren, daß die Arbeit mit den Kindern beim Therapeuten alte, noch unbewältigte Probleme freilegt, die er sich bewußt machen muß, um sie

zu lösen und auf dem Wege der Persönlichkeitsintegration fortzuschreiten. Der Therapeut ist dem Kind, das ihm diesen Anstoß gibt, dankbar, und diese Dankbarkeit verleiht dem Kind – im allgemeinen zum erstenmal in seinem Leben – das Bewußtsein von seinem Selbstwert, ist es doch imstande, einem Mitarbeiter direkt oder indirekt dazu zu verhelfen, seine Persönlichkeit abzurunden.
Manche Zustände, die Geneviève Jurgensen schildert, manche Ereignisse, die während ihrer kurzen Zeit in der Schule eingetreten sind, manche Erfahrungen, die sie selbst gemacht hat, hätte ich wohl unter einem anderen Blickwinkel bewertet. Das ist verständlich, und gerade weil wir verschiedene Standpunkte vertraten, konnte ich den Mitarbeitern helfen. Hätten wir stets die Dinge gleich beurteilt, so hätten wir nicht viel voneinander lernen können.
Von den vielen scharfsichtigen Beobachtungen in diesem Buch möchte ich nur auf einige wenige eingehen, die den Kern der Arbeit an der Schule ausmachen. Zuerst die überraschende Entdeckung, die freudige Einsicht der Anfänger: Sie lernen mehr von den Patienten, als die Patienten von ihnen an Hilfe erfahren. Mit der Zeit pendelt sich die Beziehung zwischen Patient und Therapeut ein; dann zieht der Patient viel größeren Nutzen aus dieser Beziehung als der Therapeut. Aber selbst der erfahrenste Therapeut muß sich stets von seinem Verhältnis zum Patienten beschenkt fühlen, sonst ist die Therapie für ihn nur eine intellektuelle Übung und kein Persönlichkeitsgewinn.
Eine weitere Beobachtung möchte ich hervorheben: Wer sich wirklich in die Schule einfügt, wird immer mehr er selbst. Er gibt es auf, so zu tun, als sei er ein anderer, und fängt an, sich selbst so anzunehmen, wie er wirklich ist, weil er erfahren hat, daß ihn in der Schule niemand ausnützt, wenn er seine Schwächen aufdeckt. Wer aber seine Schwächen eingestehen kann, ist befähigt, offen und ehrlich er selbst zu sein.
Magali, die für Geneviève Jurgensen so wichtig war wie Geneviève für sie, ist zu einem reizenden, klugen und feinfühligen jungen Mädchen herangewachsen, denn sie hat sich nach dem Vorbild Genevièves Jurgensens, die sie in lebendiger Erinnerung behält, ausgerichtet. Kurz bevor ich diese Zeilen zu schreiben begann, habe ich mich mit ihr unterhalten und ihr erzählt, daß ich gerade Genevièves Buch lese. Sie erwiderte, sie würde es auch gern einmal lesen, aber nicht

gleich. Ihre Beziehung zu »Geneviève«, wie wir sie im Gespräch nennen, werde stets die wichtigste ihres Lebens bleiben. Magali hat sich fest vorgenommen, Geneviève später einmal zu besuchen, aber sie weiß, daß ihrem Wiedersehen mit Geneviève noch mehrere Jahre der Reifung an der Schule vorausgehen müssen.

Ich hoffe, daß Geneviève Jurgensens Erlebnisse an unserer Schule für ihr Leben gewinnbringend waren, ebenso wie ihre Arbeit für die Schule ein Gewinn war, insbesondere für die Kinder, um die sie sich bemüht hat. Noch einmal möchte ich betonen, wie sehr ich bedaure, daß unsere Zusammenarbeit nicht enger und länger war, denn sie ist eine jener Studentinnen, die sich jeder Professor wünscht. Trotzdem freue ich mich, daß sie wenigstens kurze Zeit unsere Mitarbeiterin war und daß wir einige wertvolle Gespräche führen konnten, für die ich ihr dankbar bin.

Weiter habe ich nichts hinzuzufügen, denn das Buch spricht für sich selbst, und das ist gut so. Mit einem Abstand von zwei Jahren und aus der Entfernung eines anderen Kontinents grüße ich Geneviève und heiße ihr Buch willkommen. Meine besten Wünsche begleiten sie und ihr Werk.

Orthogenische Schule — Bruno Bettelheim

Chicago, 25. Juni 1973

1. Kapitel

Im Jahr 1970 arbeitete ich als Stimm- und Sprachtherapeutin an einem medizinisch-pädagogischen Institut bei Paris. Dort erwachte mein Interesse für Geisteskrankheiten bei Kindern, und dort arbeitete ich auch mit Kinderpsychiatern und -psychoanalytikern zusammen. Einem von ihnen verdanke ich die aufregendsten Erfahrungen meines Lebens.

Abends nach der Arbeit fuhr er mich gelegentlich nach Hause, damit ich nicht auf den Bus zu warten brauchte. Einmal fragte er mich nach meinen Plänen für die Osterferien, und ich entgegnete, ich wolle nach Chicago reisen, um meinen Verlobten zu sehen, einen jungen Franzosen, der dort sein Architekturstudium abschloß. Ich setzte hinzu, wir planten, bald zu heiraten und die zwei Jahre, die mein Verlobter noch bis zum Abschlußexamen brauchte, in den Vereinigten Staaten zu verbringen. Dann verstummte ich und verlor mich in Gedanken. Mir war nicht wohl bei der Vorstellung, meine Freunde und Verwandten, Frankreich und die Stadt, die mir vertraut war, und vor allem meinen Beruf hinter mir zu lassen. Ich war nicht sicher, ob ich mich in Chicago einleben würde. Laurent hatte sich dort schon sein Leben aufgebaut, er hatte Gewohnheiten herausgebildet, er ging seinen Studien nach, und ich würde mit leeren Händen ankommen. Mein Begleiter fragte mich lächelnd:

»Du verläßt uns also? Du gehst zu Bettelheim?«

Bettelheim. Bruno Bettelheim. Ich hatte sein Buch gelesen. Es war vor wenigen Monaten erschienen und hatte in Frankreich Aufsehen erregt. Eine Wochenzeitung hatte Auszüge abgedruckt – die Kapitel

über »Joey, die kindliche Maschine« –, und in Fachkreisen sprach man sehr viel darüber.
Mir selbst hat das Buch großen Gewinn gebracht. Der dicke Band hatte meine Beziehungen zu den Kindern, die ich behandelte, beeinflußt und mich sowohl persönlich als auch beruflich gefördert. Allerdings hatte ich nicht gewußt, daß Bettelheim in Chicago arbeitete, dieser mir unbekannten Stadt mit dem schlechten Ruf.
Sofort gewann die Aussicht auf meinen Aufenthalt in den Vereinigten Staaten eine ganz andere Färbung. Ich hatte keine Ahnung von den Aufnahmebedingungen in den Mitarbeiterstab der Orthogenischen Schule, in der die drei Kinder, deren Geschichte ich in Bettelheims Buch gelesen hatte, erzogen worden waren. Aber ich war entschlossen, dort irgendwie Eingang zu finden, gleich in welcher Stellung.
Ich dachte mir schon, daß man mich kaum als Stimm- und Sprachtherapeutin beschäftigen würde, weil Englisch nicht meine Muttersprache ist. Aber das entmutigte mich nicht; ich würde eben etwas anderes machen. Da ich den Aufbau der Schule nicht genau kannte, wußte ich nicht, worin diese andere Arbeit bestehen würde, aber ich nahm mir fest vor, sie anzutreten.
Solange ich noch in Frankreich war, bestand der erste Schritt auf diesem Wege darin, mir Empfehlungsschreiben von Psychiatern oder Psychoanalytikern zu verschaffen, die Bettelheim kannten. Ich hatte Glück und konnte mit einigen Verbindung aufnehmen. Sie empfingen mich wohlwollend und sprachen in lobenden Worten von ihrem amerikanischen Kollegen. Freilich klang ein neuer Ton auf, sobald es darum ging, mich zu empfehlen: Die Methoden, die er praktiziere, so hieß es, könne man nicht importieren; was ich bei ihm lernen würde, könne ich nur bei ihm und nirgends sonst anwenden; ich täte besser daran, meine Pläne zu ändern und mich einer anderen Arbeitsgruppe anzuschließen. Ich erhielt Empfehlungsschreiben für mehrere amerikanische Psychiater.
Kaum war ich Ostern 1970 in Chicago angekommen, begab ich mich zu diesen Psychiatern und legte ihnen meine Briefe vor. Als sie mich fragten, was sie für mich tun könnten, entgegnete ich mit größter Einfachheit, ich wolle in der Orthogenischen Schule von Dr. Bruno Bettelheim arbeiten. Sie erklärten, wenn dies mein Wunsch sei, müsse ich Herrn Dr. Bettelheim persönlich aufsuchen.

»Und wie mache ich das?« fragte ich.
»Rufen Sie ihn an«, war die Antwort.
»Wo?«
»Er steht im Telefonbuch.«
Darauf hätte ich selbst kommen können.
Ich rief in der Orthogenischen Schule an. Sobald ich die Stimme der Sekretärin hörte, wurde der Mythos teilweise Wirklichkeit. Die Schule bestand tatsächlich, und ich nahm sogar kurze Zeit an ihrem Leben teil, da sich eine Sekretärin mit mir beschäftigte. Ich sagte, ich wolle gern mit Herrn Dr. Bettelheim sprechen, und die Sekretärin entgegnete, er sei an diesem Tag nicht da, ich möge ein anderes Mal anrufen. Ich war überrascht, daß meine Bitte nicht rundweg abgeschlagen wurde, denn ich hatte mir vorgestellt, er sei durch ein ganzes Heer von Mittelsmännern abgeschirmt. So war es aber nicht. Ich brauchte nur noch einmal zu telefonieren, um ihn selbst zu sprechen.
Ich rief an einem anderen Tag an und wurde mit Bettelheim verbunden. Unser Gespräch war kurz. Ich habe es Wort für Wort im Gedächtnis.
»Guten Tag, Herr Doktor. Entschuldigen Sie bitte die Störung. Ich bin Französin, Stimm- und Sprachtherapeutin, und werde zwei Jahre in Chicago leben. Ich habe eines Ihrer Bücher mit großem Interesse gelesen und überlege mir, ob ich wohl in der Orthogenischen Schule arbeiten könnte.«
»Es tut mir leid, wir beschäftigen keine Stimm- und Sprachtherapeutinnen.«
»Ach so! ... Nun, ich ... Das bedaure ich sehr. Auf Wiedersehen, Herr Doktor.«
»Auf Wiedersehen.«
Ich war wie erstarrt. Es blieb keine Hoffnung. Noch nie hatte ich einem Telefonpartner so wenig Eindruck gemacht. Und doch war es ihm gelungen, mir mit diesen knappen Worten ein Bild von sich selbst zu vermitteln. Ich blieb eine Zeitlang sitzen, nachdem ich aufgelegt hatte. Mehrere Dinge hatte ich in zehn Sekunden erfahren.
Zum einen: Bettelheim sprach Englisch mit einem schweren deutschen Akzent. An seiner Stimme war nichts Amerikanisches, sie war in fünfundzwanzig Jahren ganz europäisch geblieben.

Zum anderen: Anrufe, die für ihn bestimmt waren, ließ er nicht von anderen erledigen.
Zum dritten: Die Schule war keine Fabrik. Nicht jeder, der es wollte, durfte dort arbeiten.
Trotz der eben erlittenen Abfuhr faßte ich den Entschluß, mein Leben in Chicago zwar einerseits nach meinem Mann, andererseits aber auf irgendeine Weise nach Bettelheim auszurichten.
Ich hatte noch zehn Tage Ferien, ehe ich nach Frankreich zurückreisen mußte. Vor meiner Heirat wollte ich nicht mehr in die Vereinigten Staaten kommen; ich mußte jetzt schon für das gemeinsame Leben vorsorgen. Unsere Familien hatten uns finanzielle Unterstützung versprochen, und es stand mir frei, zu studieren, wenn ich wollte. Nur die Studiengebühren, die in den Vereinigten Staaten sehr hoch sind, mußte ich selbst aufbringen.
Ich hörte mich um und erfuhr, daß Bettelheim an der Universität Chicago lehrte und daß die Orthogenische Schule der Universität angeschlossen ist. Sofort immatrikulierte ich mich an der Graduate School of Education im Universitätsbezirk, denn an dieser Abteilung hielt Bettelheim im Herbst eine Vorlesung. Er hatte mich nicht beschäftigen wollen, aber er konnte mich nicht daran hindern, bei ihm zu studieren. Wer Bettelheims Bücher nicht gelesen hat, wird sich über meinen Eigensinn wundern.
Um die Studiengebühren zu verdienen, nahm ich eine Halbtagsstellung im französischen Sprachlabor – ebenfalls im Universitätsbezirk – an. Was mir die Universität also mit der einen Hand für meine Arbeit im Sprachlabor gab, würde sie mir mit der anderen Hand für die Vorlesung von Bettelheim und einem Philosophieprofessor, den ich mir ebenfalls ausgesucht hatte, wieder nehmen.
Beruhigt kehrte ich nach Frankreich zurück. Ich hatte in Chicago gesehen, was mich dort vor allem interessierte: Die Dreizimmerwohnung in einem ärmlichen Viertel im Südwesten der Stadt, wo mein Mann und ich leben wollten. Die Universität meines Verlobten, wenige Minuten entfernt, nüchtern, ganz aus Glas und Stahl. Meine eigene Universität schließlich, alt, nach dem Vorbild von Cambridge erbaut, mit weiten Rasenflächen, auf denen Eichhörnchen huschten und Studenten lagerten.
Zwischen diesen drei Polen würde ich sicher ein ereignisreiches Leben führen.

2. *Kapitel*

Am 4. September 1970 kam ich endgültig nach Chicago. Daß mein Mann schon zwei Jahre dort gelebt hatte, war sehr hilfreich für mich, denn er konnte mir die vielen Auskünfte geben, die der Ausländer braucht und im allgemeinen nicht leicht erhält. In der ersten Woche erledigte ich den Behördenkram, sowohl beim Einwanderungsamt als auch an meiner Universität.

Von unserer Wohnung bis zu meiner Universität war es so weit, daß wir einen Wagen kaufen mußten. Zum einen bestand keine günstige Verbindung mit öffentlichen Verkehrsmitteln, zum anderen konnte man diese nicht benutzen, ohne sein Leben aufs Spiel zu setzen, denn das Viertel, in dem wir wohnten, ist ebenso wie die Universität Chicago vom schwarzen Ghetto umgeben, in das man sich nicht hineinwagen darf. Wir hatten Glück und fanden einen Gebrauchtwagen in gutem Zustand zu erschwinglichem Preis. Ich übte mit dem Wagen, mein Mann zeigte mir den Weg von uns zur Universität und wieder zurück. Bei Semesterbeginn konnte ich ihn allein fahren. In den folgenden Monaten legte ich die Strecke sicher tausend- oder zweitausendmal zurück, und sie ist in meiner Erinnerung merkwürdig symbolisch geworden für die Zeit, die ich hier zu beschreiben versuche. Je mehr ich mich an Bettelheim anschloß, um so größere Bedeutung gewann für mich der Wagen. Ohne ihn konnte ich nicht zu dem Mann gelangen, den Laurent und ich den »Alten« nannten, den ich aber hier »den Professor« nenne, um ihm die gebührende Achtung zu erweisen.

Es war ein besonders schöner Herbst. Täglich schien die Sonne, und wir hatten Temperaturen bis zu 25 Grad. Morgens gegen 9 Uhr fuhr ich los und setzte meinen Mann an seiner nur fünfhundert Meter entfernten Universität ab. Die Studenten wirkten dort lernbegierig und trugen das Haar kurz. Mit ihren technischen Fachbüchern unter dem Arm eilten sie in die Hörsäle.

Ich fuhr weiter. Bald kam ich ans Seeufer und fuhr den schönen Lake Shore Drive in südlicher Richtung entlang. Zehn Minuten am Lake Michigan, der völlig glatt unter einem reinen Himmel dalag. Dann bog ich rechts ab in den Hyde Park und zur Universität Chicago. Ich parkte unter den Kastanien vor einem der hübschen Häuschen,

die von Professoren oder Studenten bewohnt werden, und ging zu Fuß zu dem Bau, in welchem sich die Abteilung für romanische Sprachen und das Sprachlabor, meine Arbeitsstätte, befanden.
Hier trugen die Studenten bunte Hemden, die Haare hingen ihnen lang herunter; sie schienen viel Zeit zu haben und neben der Arbeit an der Universität vor allem leben zu wollen. Kurz vor Beginn der Vorlesungen schlenderten sie lässig vom Rasen oder von den »coffee-shops« daher und warteten vor den Hörsälen, noch an ihren »Hamburger« kauend, auf den Professor. Ich selbst gewöhnte mir sehr rasch an, Französisch zu unterrichten und dabei die Füße auf den Tisch zu legen und eine Zigarette oder ein Glas Cola in der Hand zu halten.
Gern würde ich länger bei diesen wenigen glücklichen Tagen vor Bettelheims erster Vorlesung verweilen. Es geschah nichts Weltbewegendes. Ich war in Frieden mit mir selbst und legte bald die äußeren Anzeichen einer Höheren Tochter aus Paris ab. Meine Haare schlang ich nicht mehr zu einem Knoten, sondern ließ sie offen, und ich trug die Kordhosen meines Mannes. Zur Mittagszeit gesellte ich mich zu den Studenten, die ich im Französischen unterrichtete, und gemeinsam verspeisten wir unsere »Hamburger« auf dem Rasen oder am See und lasen dabei die Universitätszeitung. Danach trennten wir uns. Ich ging in die Bibliothek und las Freud. Gegen 16 Uhr stieg ich in den Ford und fuhr los in Richtung Norden,unserer Wohnung zu.

3. Kapitel

Am 29. September 1970 hielt Bettelheim die erste Vorlesung. Schon am Tag vorher hatte ich mich vergewissert, wo der Hörsaal lag, damit ich mich nicht verirrte, wenn es soweit war. Ich hatte Angst, zu spät zu kommen.
Am Tag der Vorlesung zog ich meine Pariser Kleider an und steckte das Haar hoch, ohne mir über die Ursachen meines Verhaltens Rechenschaft abzulegen. Pünktlich beendete ich meine französischen Unterrichtsstunden und ging allein zum Essen, um früher in die Bibliothek zu kommen, wo ich ein Kapital zu Ende lesen wollte, ehe

Bettelheims Vorlesung begann. Auf die Kladde, die ich mir eigens dafür gekauft hatte, schrieb ich sauber meinen Namen, meine Adresse und das Thema der Vorlesung: »Theorien der Persönlichkeitsdynamik«.

Punkt 17 Uhr betrat ich den Hörsaal. Etwa zwanzig Studenten waren schon da. Ich setzte mich in die dritte Reihe vor das Katheder, um dem Vortragenden möglichst nahe zu sein und mich doch, falls es notwendig sein sollte, hinter meinem Vordermann verstecken zu können. Zwei Minuten verstrichen. Ich hätte gern eine Zigarette geraucht. Das Schild »Rauchen verboten« direkt vor mir hinderte niemanden; obwohl es verboten war, rauchten Professoren und Studenten seelenruhig in allen Universitätsräumen. Dieser Hörsaal bildete keine Ausnahme. Um mich herum wurde auch schon geraucht. Trotzdem hielt ich mich zurück. Heute weiß ich, daß ich gut daran tat; die folgenden Ereignisse bewiesen es. Aber woher wußte ich, ehe ich den Professor persönlich kennengelernt hatte, daß ich mich gezwungen fühlen würde, jegliche Faulheit, Verträumtheit und Lässigkeit abzulegen?

Geräuschlos betrat Bettelheim den Hörsaal. Ehe er zum Podium kam, blieb er neben einem Studenten stehen und fragte ihn, ob er lesen könne. Erstaunt bejahte der Student.

»Nun, dann ist jetzt der Zeitpunkt gekommen, da Sie Ihre Fähigkeiten nutzen sollten«, sagte Bettelheim und deutete auf das Verbotsschild.

Dann stieg er auf das Podium, setzte sich vor uns und betrachtete sein Auditorium. Er sagte kein Wort, und ich fragte mich, ob er überhaupt nie den Mund aufmachen würde.

Er war vollständig kahl und trug eine Brille mit dicken Gläsern, hinter denen uns seine großen, hellblauen Augen musterten. Er trug einen konventionellen braunen Anzug. Seine schwarze Aktentasche hatte er neben seinen Stuhl gestellt. Ich weiß, daß er klein ist, aber in meiner Erinnerung ist er groß. Groß und mager. Ich erinnere mich nicht mehr, wie lange er schweigend dasaß, aber ich weiß noch, daß er oft seine Vorlesung so begann.

Ein Student brach das Schweigen. Er hob die Hand, und mit einer Bewegung des Kinns forderte Bettelheim ihn zum Sprechen auf. Der Student wollte wissen, warum Bettelheim das Rauchen untersagte. Der Professor schien überrascht zu sein und entgegnete kurz, es handle sich um eine Sicherheitsmaßnahme der Feuerwehr. Sonst nichts. Wieder herrschte Schweigen. Dann fragte Bettelheim in demselben gleichmäßigen Tonfall, ob alle ihn hören könnten.

»Nein!« riefen die Studenten, die hinten saßen.

»Dann rücken Sie bitte nach vorn. Ich werde nicht lauter sprechen, damit ich diejenigen, die schlafen möchten, nicht störe.«

Im folgenden wurde es schwieriger. Ich verstand nicht recht, was er sagte, und dabei hörte ich ihn gut. Damals glaubte ich, sein starker Akzent erschwere das Verständnis und sei neben der Unvollkommenheit meiner englischen Sprachkenntnisse ein großes Hindernis. Heute glaube ich eher, daß ich nicht begreifen wollte. Bettelheim sprach von der Psychoanalyse, ihrem Entstehen, ihrem Wesen und ihrem Ziel, und zwar so eindringlich, daß mich der Ernst des Gegenstandes bedrängte. Lieber schützte ich sprachliche Schwierigkeiten vor, als mich überzeugen zu lassen, daß die Psychoanalyse mich persönlich anging. Als Bettelheim zur Geschichte der Psychoanalyse kam und seinen Vortrag neutraler hielt, verstand ich sein Englisch mühelos.

Er stellte einige Fragen über Freuds Anfänge, zweifellos wollte er damit den Stand unserer Kenntnisse prüfen. Klopfenden Herzens hob ich die Hand. Er rief mich auf. Ich beantwortete seine Frage richtig und überlegte mir, ob er wohl an meinem Akzent erkannt habe, daß ich Französin war. Als er weitersprach, meinte ich, er frage, woher ich stamme. Ich entgegnete, ich käme aus Paris, aber da wiederholte er seine Worte, und ich merkte, daß er mich nach den Lehrern Freuds in Frankreich gefragt hatte. Ich stotterte den Namen Charcot, aber dann verhaspelte ich mich. Ich hatte mich verraten. Vor allen andern hatte ich den Beweis geliefert, daß ich mich nicht so sehr für das interessierte, was Bettelheim mich lehren konnte, als für die Beziehung, die er zu mir knüpfen würde. Meine eigene Eitelkeit entsetzte mich. Ich verabscheute mich plötzlich und verbrachte den Rest der Vorlesung in peinlicher Verwirrung, die mich den ganzen Abend nicht losließ. Auf dem Nachhauseweg fuhr ich zu schnell, und nachts schlief ich schlecht.

Dieses Gefühl der Bestürzung und der Enttäuschung mir selbst gegenüber überfiel mich später noch oft. Einen Tag um den andern mußte ich mir eingestehen, daß ich nicht die war, die ich zu sein glaubte. So hatte ich für geistiges Interesse gehalten, was nur persönliches Interesse war. Ich hatte mich auf den Namen Bruno Bettelheim gestürzt, wie der Ertrinkende nach dem Strohhalm greift, und diese Tatsache mit einem respektableren Deckmantel getarnt: der Lernbegierde. Ich hatte mich für intellektuell gehalten und war doch nur ein dummes Gänschen.

Was hatte ich von Bettelheims geistvollem, schwierigem Fachbuch behalten? Was war mir von dieser Lektüre geblieben außer einem fragwürdigen Interesse für den Mann, der den Überlegungen zur Behandlung des kindlichen Autismus sechshundert Seiten gewidmet hatte? Ich entsann mich meiner Besorgnis vor der Abreise in die Vereinigten Staaten, der Fragen nach meiner Lebensgestaltung im fremden Land, der Erleichterung, die ich empfunden hatte, als ich erfuhr, daß ein berühmter Psychoanalytiker dort praktizierte; ich hatte mich sofort auf seinen Namen konzentriert, jegliche Objektivität über Bord geworfen und meine Tageseinteilung nach ihm ausgerichtet. Hätte ich ebenso reagiert, wenn es nicht Bettelheim, sondern Erikson, Piaget oder Tartempion gewesen wäre? Wahrscheinlich. Ich wollte nichts anderes als eine Garantie dafür, daß ich meinem Mann nicht zur Last fallen würde, sondern aus einer persönlichen Betätigung die Energie schöpfen könnte, die es mir ermöglichen müßte, nicht zu scheitern.

Noch am gleichen Abend nahm ich mir wieder das Buch vor, danach wollte ich Bettelheims andere Bücher, die noch nicht ins Französische übersetzt waren, lesen. Ich überwachte mich streng: Ich wollte meine Aufmerksamkeit ganz auf Bettelheims Überlegungen, auf seine Bewältigung therapeutischer Probleme richten und meinem Verlangen, den Mann in seinen Schriften kennenzulernen, nicht nachgeben.

In der nächsten Vorlesung bemühte ich mich, mein peinliches Versagen wiedergutzumachen. Ich sagte kein Wort und schrieb eifrig mit. Bettelheim hatte erklärt, am Schluß des Studienjahres würden Gebiete geprüft, die wir uns durch Lektüre aneignen sollten. Was er in der Vorlesung behandle, sei nicht Gegenstand des Examens. Er teilte uns eine lange Bücherliste aus.

Der Oktober war nun schon weit fortgeschritten. Die Kastanien warfen ihre Blätter ab, und es war dunkel, wenn ich gegen 18 Uhr in den Ford stieg und nach Hause fuhr. Wir führten wie viele junge Ehepaare ein zurückgezogenes, einfaches, aber von vielen Freuden versüßtes Leben. Laurent hatte sehr viel Arbeit, und ich auch. Ich weiß nicht mehr, wie wir auf die Idee kamen, einen Hund anzuschaffen, aber eines schönen Tages kauften wir einen, und ich nahm ihn manchmal ins französische Sprachlabor mit. Wenn ich Laurent in seiner Universität abholte und auf ihn warten mußte, ließ ich den Hund in den Hörsaal schlüpfen, damit Laurent wußte, daß ich da war. Abends, wenn sich Laurent über das Zeichenbrett beugte, verbiß ich mich in die Bücher, die uns Bettelheim empfohlen hatte. Aber ich las zu langsam und geriet ins Hintertreffen.

Ich kannte bald viele Studenten und Professoren an meiner Universität, aber sie ließen mich gleichgültig, denn ich wandte zuviel Energie auf meine Lektüre und auf das Nachdenken über das Gelesene, als daß ich mit Amerikanern hätte Freundschaften pflegen können. Meine Bemühung, mich an das Leben in Chicago zu gewöhnen, war einem anderen Bestreben gewichen: Ich wollte in ein Gedankensystem eindringen, das mir nicht ganz fremd war, das ich aber doch nicht sehr gut kannte, nämlich das psychoanalytische Denken.

Einmal sprach Bettelheim von Freud, bei einer anderen Gelegenheit von einer Mutter, die ihr Kind zu trösten versucht, und dann wieder von Plato. Welchen Gegenstand er auch abhandelte: er verbreitete in seiner Vorlesung eine so persönliche Atmosphäre, daß jeder von uns sich ständig direkt angesprochen fühlte.

Ich meldete mich weiterhin nur selten zu Wort und bemühte mich, nicht aufzufallen. Einmal – daran erinnere ich mich noch – machte er mich wirklich wütend. Als ich eine Frage beantwortete, verzog Bettelheim angewidert das Gesicht und fegte meine Sätze mit einem Schulterzucken beiseite, ohne sie einer Erwiderung zu würdigen. Er hatte ein Talent dafür, seine Zuhörer in zwei Gruppen zu spalten: Die einen sogen seine Worte in sich auf und lachten über seine Scherze, die anderen begegneten seinen Aussagen mit unverhohlener Arroganz. Ich entsinne mich eines Studenten, der ihn eines Tages fragte, warum er die Jugend hasse. So mußte sich dieser Mann, der sein ganzes Leben der Rehabilitation von Kindern und der Unterweisung von Studenten gewidmet hatte, beschuldigen lassen, er hasse die Jugend. Sein Bestreben, uns dahin zu führen, daß wir uns selbst erkannten und der Bedrohung der Selbstanalyse standhielten, war so stark, daß er uns nichts ersparte. Oft brachte er die Zuhörer zur Verzweiflung, ehe er die aufgeworfenen Probleme löste.

Wir waren ein großes Semester, etwa dreißig; das ist an den amerikanischen Universitäten selten. Bettelheim selbst gab zu, eine kleinere Gruppe wäre besser gewesen, aber er wolle seinen Untericht denen, die bei ihm etwas lernen wollten, nicht vorenthalten.
Von diesem Unterricht, der mich so stark beeindruckte, kann ich nur schlecht berichten, vielleicht weil der Professor keine echte Methode anwandte. Je nach Tageszeit, Laune, Gesprächspartnern und Atmosphäre im Hörsaal zog er einen Gegenstand dem andern vor und behandelte ihn in dieser oder jener Weise. Es fiele mir leicht, seine originellen Formulierungen wiederzugeben, seine Siege in allen Diskussionen aufzuzählen, seinen Abscheu angesichts der Dummheit und Überheblichkeit mancher Studenten zu beschreiben, insgesamt also seinen Unterrichtsstil zu schildern. Aber das wäre oberflächlich. Seine Vorlesungen jedoch waren keineswegs oberflächlich. Obwohl sie oft in einen Einzelkampf zwischen einem Studenten und dem Professor ausarteten, waren sie so grundlegend wichtig wie das Leben selbst.
Das Leben war stets der Mittelpunkt, und ich wurde mir im Lauf der Zeit bewußt, daß ich mich getäuscht hatte, wenn ich die Psychoanalyse als Persönlichkeitstheorie, als Forschungsmethode oder auch als Behandlungsweise aufgefaßt hatte. Sie war – so wurde mir jetzt klar – vor allem anderen ein Weg, das Leben anzupacken. Vielleicht auch der Glaube an die Bedeutung des Menschen, an die Wichtigkeit dessen, was ihm widerfährt, der Wahl, die er trifft, und der Gefühle, die ihn dazu treiben. Ich erinnerte mich an die Vorwürfe gegen die Psychoanalyse, die ich in Frankreich gehört hatte: Man sagte, sie habe die Tendenz, die Menschen in eine Norm zu zwängen. Im Unterricht des Professors erkannte ich, daß dies nicht zutraf, sondern daß sie im Gegenteil auf den einzelnen abzielt, daß sie sich bemüht, ihm jegliche Möglichkeit zu eröffnen, seinen individuellen Charakter auszuprägen, und daß sie ihn auf diese Selbstverwirklichung hoffen läßt.
Wie vermittelte Bettelheim diese Erkenntnis? In erster Linie durch seinen scharfen Blick. Seinem Adlerauge entging nichts, er gehörte zu denen, die niemanden übersehen. Mitten im Gespräch sagte er beiläufig, man habe die letzte Vorlesung geschwänzt, man schreibe mit, statt zuzuhören, man tuschle seinem Nachbarn Bemerkungen zu, die man lieber dem ganzen Semester zugute kommen lassen solle. Er hatte auch ein sehr feines Gehör und verstand das, was man sagte, bes-

ser als das, was man sagen wollte. Ein Mädchen meldete sich einmal zu Wort und begann:
»Ich möchte Sie nicht unterbrechen, aber ...«
»Warum tun Sie es dann?« fragte Bettelheim und blickte sie erstaunt an. »Man soll nie tun, was man nicht tun will.«
Verdattert schwieg die Studentin.
»Sehen Sie«, setzte der Professor hinzu, »man betrügt immer nur sich selbst.«
Sein Interesse am Leben und am Einzelmenschen trat in seinen Vorlesungen deutlich zutage. In den ersten Stunden bemühte er sich allerdings, unser Wissen zu ordnen, und ging deshalb auf die Geschichte der Psychoanalyse und gelegentlich auch auf die großen Strömungen ihrer Theorie ein. Aber im Grunde hielt er das nicht für seine Aufgabe. Wie ich schon sagte, hatte er uns die Lektüre so vieler Bücher empfohlen, daß es mir unvorstellbar schien, sie alle zu verarbeiten. Hier zeigte sich sein Wunsch, uns Bildung zu vermitteln und doch die Vorlesungsstunden dem Leben vorzubehalten. Wenn wir Unwissenheit verrieten, war er immer enttäuscht, ja voller Verachtung.
Ich erinnere mich noch an seine entsetzte Miene, als er uns einmal aufforderte, die Namen der drei großen griechischen Tragödiendichter zu nennen, und wir mehr als dreißig Sekunden brauchten, bis sie uns einfielen. Er selbst war ein Mensch mit umfassender, tiefgreifender, ausgesuchter Bildung, aber sie diente ihm sozusagen nur als Sprungbrett für ein besseres Verständnis des Lebens. Die griechische Tragödie, bei der zuerst ein einzelner Schauspieler Monologe hielt, während der Chor in rhythmischem, lyrischem Gesang dazu Stellung nahm, und die später weitere Personen einführte und damit Handlung und Dialog entwickelte, dem Chor aber seine Rolle eines Kritikers beließ, erschien ihm als zutreffendes Bild für das Leben des Kindes, seinen Dialog mit den Eltern und die Kommentare der Gesellschaft. Wir sollten die griechische Tragödie nicht als kulturelles Phänomen, sondern als Veranschaulichung eines Gedankens auffassen. Plato wußte wie Freud – so führte Bettelheim aus –, daß der Mensch sein Leben lang nach einem Ideal strebt und sich deshalb bemüht, die gegensätzlichen Kräfte des Es und des Über-Ich zu integrieren. Er erzählte die Geschichte von dem Mann, der einen Rappen und einen Schimmel vor seinen Wagen gespannt hat. Die Pferde zie-

hen in entgegengesetzten Richtungen. In der Ferne glänzt ein Stern, den der Mann erreichen möchte. Ja – es lag tatsächlich alles schon bei Plato beschlossen. Der Professor zitierte Plato nicht deswegen so gern, weil er geschickt zu argumentieren verstand, sondern weil auch er das Leben und den Menschen kannte und liebte.

Es wurde November. In unserer Straße tauchten an den Fenstern die ersten Lichterketten auf – weihnachtliche Vorboten. Der Hausbesitzer schmückte auch unsere Fenster damit. Eines Abends, als Laurent und ich vom Kino zurückkamen, wurden wir von einer Bande von fünf oder sechs Jugendlichen verfolgt, die uns frische Eier ins Gesicht warfen. Die Straße und die Stadt, die ich bis jetzt fast übersehen hatte, wurden spürbar und real. Ich war jetzt imstande, allein in der Innenstadt einzukaufen. An der Tankstelle verstand ich den Tankwart besser. Auch die Aussprache der Farbigen war mir nicht mehr fremd. Laurent und ich planten, die Feiertage bei einem befreundeten Architekt in New York zu verbringen.

In Amerika ist es Sitte, daß Professoren und Studenten ungezwungen miteinander verkehren. So trank ich öfters eine Tasse Kaffee mit meinem Philosophieprofessor oder unterhielt mich nach der Vorlesung mit ihm. Bettelheim dagegen verließ den Hörsaal, sobald die Stunde um war. Man traf ihn nie auf dem Universitätsgelände oder in den Gemeinschaftsräumen. Raschen Schrittes eilte er auf dem Bürgersteig seinem nahegelegenen Haus oder der Orthogenischen Schule zu, jenseits der breiten Allee, die Midway genannt wurde und die ich später so gut kennenlernen sollte. Beherzte Studenten versuchten manchmal, ihn aufzuhalten. Das hatte ich noch nie gewagt.

Das Trimester ging seinem Ende entgegen, und ich mußte mich entscheiden, welche Vorlesungen ich im folgenden Trimester besuchen wollte. Im Vorlesungsverzeichnis hatte ich gesehen, daß Bettelheim nicht las, und mir war nicht wohl bei dem Gedanken, daß ich meine Wahl rein zufällig treffen sollte. Ich dachte, Bettelheim könne mir raten, und ich beschloß, Mut zu fassen und ihn anzusprechen. Nach der nächsten Vorlesung folgte ich ihm. Ich hatte ihn beinahe erreicht, da sank mir das Herz, und ich setzte mich in meinen Wagen. Ich hatte noch das einzige Gespräch, das ich vor sechs Monaten am Telefon mit ihm geführt hatte, im Ohr und hatte Angst vor einer neuerlichen Abfuhr.

Die Gestalt des Professors in Tuchmantel und Pelzmütze entfernte

sich in der Dunkelheit. Plötzlich raffte ich mich auf und lief ihm nach.
Er hatte keine Zeit, um sich ausführlich mit mir zu unterhalten, aber er schlug mir vor, am nächsten Tag in die Orthogenische Schule zu kommen. Mit einem freundlichen Lächeln setzte er hinzu, er würde sich freuen, mir zu helfen.

4. Kapitel

Der breite Midway war einst die südliche Begrenzung zwischen dem Universitätsgelände und dem Ghetto. Inzwischen wurde die Universität erweitert und errichtete einige Gebäude jenseits des Midway. Manche – so der Konferenzbau – sind modern; die Orthogenische Schule ist ein älteres Bauwerk.
Im Winter den Midway zu überqueren, ist unangenehm, denn man ist mehrere Minuten lang dem eisigen Wind, dessen Gewalt die Alleebäume nicht zu brechen vermögen, ausgesetzt. Nachts läuft man Gefahr, überfallen zu werden. Daß man als Einzelperson lange braucht, um über die Straße zu kommen, wußte ich; ein paar Monate später erlebte ich, wie endlos man warten mußte, wenn man eine Kinderschar bei sich hatte, für die man verantwortlich war. Die rasch fahrende Autoschlange wurde von keiner Ampel aufgehalten, und oft mußte ich später die ungeduldigen Mädchen zum Ausharren überreden, bis wir uns sicher auf die breite Fahrbahn wagen konnten.
Von ferne unterscheidet sich die Orthogenische Schule von den anderen Gebäuden durch ihre kleine, hellgelbe Tür mit der hübschen Lampe darüber. Wenn sich jemand in Wind und Wetter verirrte, so würde er wahrscheinlich unter all den grauen Häuserfronten die Tür zur Schule auswählen, um dort Schutz zu suchen ...
Ich klingelte. Ein junges Mädchen öffnete und lächelte mich fragend an. Ich sagte, Dr. Bettelheim habe mich bestellt. Sie bat mich herein. Die Halle roch nach Bohnerwachs. Ein junger Mann kam die breite Holztreppe herunter. In dem Empfangszimmer, in das ich geführt wurde, herrschte völlige Stille. Ich sah ein großes Puppenhaus mit Stilmöbeln, eine Art Thron mit geschnitzten Füßen, eine alte Wiege

und ein glattes Schaukelpferd, auf das ich mich gern gesetzt hätte. An der hinteren Wand standen Bücher bis zur Decke. Ich las die Namen Maria Montessori, Lebovici, Freud, Fenichel ...
Bettelheim trat ein.
»Warum sind Sie nach Chicago gekommen?« fragte er nach kurzer Begrüßung.
»Weil mein Mann hier studiert.«
»Was machen Sie zur Zeit?«
»Ich unterrichte im französischen Sprachlabor.«
»Interessiert Sie diese Tätigkeit?«
»Nicht besonders. Ich würde lieber etwas arbeiten, das mehr mit meinem Beruf zu tun hat.«
»Mit anderen Worten: Sie würden lieber hier arbeiten.«
Diesen Gedanken hatte ich aufgegeben, seit Bettelheim mir mitgeteilt hatte, er beschäftige keine Stimm- und Sprachtherapeutin. Ich war verdutzt und geriet ins Stottern.
»Ja«, stammelte ich, »gewiß, wenn es möglich wäre ...«
Ich weiß nicht mehr genau, wie unsere kurze Unterredung weiterging, aber ich erinnere mich, daß der Professor einen merkwürdigen Gesichtsausdruck bekam, als ich sagte, ich sei verheiratet. Den Grund dafür begriff ich erst später. Und da war es zu spät.
Bettelheim ließ den Direktor der Schule holen, dessen Funktion ich nicht gleich verstand. Er sollte mir erklären, welche Stellung man mir anbot. Ich erfuhr, daß der Professor die Schule in sieben Monaten, also im Juni 1971, verlassen wollte und daß er zwar alles, was die Behandlung der Kinder betraf, noch in der Hand hatte, aber doch schon seinen Nachfolger eingeführt hatte. Dieser nahm ihm die Verwaltungsarbeit ab und war für die Schule voll verantwortlich, wenn der Professor verreisen mußte, was gelegentlich vorkam, weil er da und dort zu Fachkonferenzen geladen wurde.
Es war ein jüngerer Mann, ich schätzte ihn auf fünfunddreißig. Er trug weite Samthosen und einen braunen Pullover. Seine Ungezwungenheit war eine angenehme Abwechslung nach Bettelheims höflicher Zurückhaltung. Er wiegte sich in einem großen Schaukelstuhl und erläuterte Einzelheiten der mir zugedachten Tätigkeit einer Erzieherin und Therapeutin. Die Arbeitszeit war offenbar lang; er sagte etwas von einem Vierundzwanzigstundentag, aber ich glaubte, ich hätte mich verhört, und wagte nicht, ihn zu unterbrechen und zu bit-

ten, er möge es wiederholen. Er erläuterte, das Anfangsgehalt betrage gewöhnlich 2 500 Dollar im Jahr, aber er brauche jemanden, der, wie ich, Erfahrung habe, und biete mir deshalb 3 000 Dollar. Ein großes, brünettes Mädchen in kurzem Rock kam in sein Büro. Sie wollte ihn um Rat fragen wegen eines Briefes, den eins der Kinder ihrer Gruppe eben erhalten hatte. Der Direktor, den das Mädchen Bert nannte, stellte uns vor. Er regte an, ich solle mich mit ihr verabreden und bald einmal einen Tag bei ihrer Gruppe verbringen. Dann meinte er, ehe ich mich entschließen würde, solle ich doch an einigen Erzieherkonferenzen teilnehmen und mehrere Tage in der Schule zubringen. Außerdem bat er mich um einen mehrseitigen Lebenslauf.

Als ich abends nach Hause kam, erzählte ich Laurent alles, was sich ereignet hatte. Besonders nachdrücklich erklärte ich ihm, daß ich sehr viel zu tun hätte, falls ich das Angebot des Professors annehmen würde, und daß ich nicht mehr allabendlich zu Hause sein könnte. Eine Mitarbeiterkonferenz, bei der Erscheinen Pflicht sei, finde mittwochs von 21.45 Uhr an statt. Ich müsse sogar am Wochenende gewisse Stunden in der Schule verbringen; der Direktor habe mir gesagt, um welche Zeit es sich handle, aber ich hätte es nicht richtig verstanden.

Heute frage ich mich, ob ich mich so in das »orthogenische Abenteuer« gestürzt hätte, wenn mir Berts Auskünfte restlos klar gewesen wären.

Die innere Ruhe, das Gefühl der Beglückung und Fülle, das ich bis dahin empfunden hatte, ging verloren. Ruhige Abende erlebten wir nicht mehr. Zum Lesen hatte ich keine Zeit. Mein Briefwechsel mit Frankreich beschränkte sich auf zwei Briefe wöchentlich an meine Mutter, in denen nur noch von der Schule die Rede war. – Und dabei hatte ich mich noch nicht einmal fest entschlossen, eines Tages die Stelle anzunehmen.

Bettelheims Vorlesungen gewannen neue Bedeutung für mich. Ich hatte sie bis dahin aus persönlicher Neigung, aus Interesse, zum Vergnügen besucht. Nun hing ich an seinen Lippen und fürchtete, ein einziges nicht verstandenes Wort könnte meinen Erfolg an der Schule gefährden. Früher war ich abends wohlgelaunt nach Hause gekommen; ich brannte darauf, Laurent zu erzählen, was der Professor gesprochen hatte. Jetzt kehrte ich sorgenvoll zurück, wiederholte im

Geist die wichtigsten Punkte, die behandelt worden waren, und war unglücklich, weil ich mich nicht Wort für Wort an das Gesagte erinnern konnte – als bringe ein fehlender Stein das ganze Gedankengebäude zum Einsturz. Je näher das Examen rückte, desto weniger vermochte ich mich auf die Lektüre zu konzentrieren. Ich blieb eine Stunde am selben Absatz hängen, ohne zu begreifen, was ich las. Nebenher die Philosophievorlesung zu besuchen, wurde bald unmöglich, und ins Sprachlabor kam ich zu spät.

5. Kapitel

Ich ging zu der Mitarbeiterkonferenz, die Bert angekündigt hatte. Er führte mich in ein großes, helles Zimmer mit blaß gemusterten Tapeten. An den Wänden standen beigefarbene Bänke, auf denen schon etwa dreißig junge Frauen und Männer meines Alters saßen. Bert stellte mich vor, ich lächelte befangen in die Runde, und ein Mädchen rückte zur Seite, um mir Platz zu machen. Dem Gespräch, das sich entspann, konnte ich nur mühsam folgen, weil ich nichts von den Vorkommnissen wußte, um die es sich handelte. Wenige Minuten später kam Bettelheim herein. Er hatte eine Hand in der Jackentasche, ging mit langsamen, geräuschlosen Schritten durchs Zimmer und setzte sich neben den Direktor.
»Worum geht es?« fragte er.
»Katherine trug einen zerknitterten Rock, Sandalen und eine nicht mehr frische Bluse, als sie die kleine Sarah begrüßte«, erläuterte Bert.
Bettelheim richtete seinen hellen Blick auf Katherine, die nicht weit von mir entfernt saß, deren Gesicht mir aber durch ihre Haarmähne verborgen war. Bert fuhr fort:
»So begrüßt man kein Kind, das zu Besuch kommt.«
»So begrüßt man überhaupt keinen Besucher«, stellte Bettelheim fest.
Alle schwiegen. Mir war die Situation peinlich, und ich hatte das Gefühl, durch meine Anwesenheit eine schlimme Indiskretion zu begehen. Wie konnte man mich zu einer derart intimen Unterredung zulassen? Ich hatte plötzlich Angst, selbst nicht richtig angezogen zu sein. In der Verlegenheit griff ich in meine Handtasche und holte ei-

ne Zigarette heraus. Ich zündete sie an und bat meine Nebensitzerin, mir den Aschenbecher zu reichen. Sie gab ihn mir, flüsterte mir aber lächelnd zu:
»Normalerweise wird bei der Konferenz nicht geraucht.«
Hastig drückte ich die Zigarette aus und verbrannte mir dabei die Finger. Das Blut stieg mir in die Wangen.
Nach der Konferenz trat Bert zu mir und schlug mir vor, mich jetzt mit der Erzieherin, die ich in seinem Büro kennengelernt hatte, zu verabreden. Wir vereinbarten, daß ich den Nachmittag und Abend des folgenden Dienstag mit ihr und ihrer Gruppe verbringen sollte. Ich fragte, um welche Zeit ich frei sei, und erhielt die Antwort: »Elf Uhr.«
Über den Midway ging ich zur Universität zurück. Vor der Vorlesung hatte ich noch eine Stunde Zeit und ging in die Bibliothek, denn ich hatte noch nicht alle Hoffnung aufgegeben, vor der Prüfung mit meiner Lektüre fertig zu werden. Leider ging aus den Fragen der Studenten zu Beginn jeder Vorlesung hervor, daß die meisten von ihnen viel weiter waren als ich. Aus Frankreich hatte ich mir einige Bücher schicken lassen, aber das genügte nicht, um den Rückstand aufzuholen.
Wenn Bettelheim sprach, konnte man immer etwas lernen. Seine Studenten kamen in die Vorlesung mit der Gewißheit, gewandelt daraus hervorzugehen. Dieser Eindruck drängte sich mir auch später bei allen direkten und indirekten Kontakten mit dem Professor auf. Mitten im alltäglichsten Gespräch konnte er eine Bemerkung fallenlassen oder – noch häufiger – eine Frage stellen, die einem zum Bewußtsein brachte, daß man die Dinge auf Umwegen angriff. Er legte uns eine einfachere, weniger verstiegene Sicht des Lebens nahe. Nur selten beantwortete er unsere Fragen, aber oft veränderte er innerhalb weniger Sekunden unseren Gedankengang. Die gelegentlich grausame Ironie, die er sehr gern einsetzte, war nie umsonst. Ich erinnere mich an einen Vortrag über die Rolle der Mutter, in dessen Verlauf ein junger Mann sich zu der Frage veranlaßt fühlte:
»Meinen Sie also, daß nur eine Mutter Mutter sein kann?«
»Gewiß«, entgegnete Bettelheim eisig. »Nur eine Mutter kann Mutter sein.«
Er schwieg und musterte den Studenten. Dann setzte er hinzu:
»Wenn Sie aber ein Mittel wissen, um diesen Zustand zu ändern, so verraten Sie es mir. Ich bin nicht zu alt zum Lernen.«

Ich wußte, daß der Student seine beiden Kinder allein aufzog. Er tat mir leid, weil er diese Schärfe über sich ergehen lassen mußte. Gleichzeitig wurde mir aber klar, daß es kein unglücklicher Zufall war, sondern daß Bettelheim vielleicht dem verzweifelten Bemühen des Mannes, sich in eine Mutter zu verwandeln, ein Ende gesetzt hatte. Wieder einmal hatte sich der Professor kategorisch für die Einfachheit ausgesprochen. Es ist besser, sich damit zu begnügen, was man ist, und man sollte keine heldenmütigen Anstrengungen machen, um sich in etwas zu verwandeln, was man niemals sein kann. Der Vater soll Vater bleiben. Wenn er die Mutter sein will, nimmt er seinen Kindern beide Eltern weg. Diese Überlegung ist wie alle Gedankengänge Bettelheims so elementar, daß ich mich fast schäme, sie hier wiederzugeben. Sie wurde aber nach einer langen Auseinandersetzung ausgesprochen, in einem Augenblick, als wir beinahe daran verzweifelten, ein Knäuel abstrakter, müßiger Gedanken zu entwirren: Wer kann die Rolle der Mutter übernehmen, was ist die Rolle der Mutter ... Mit seiner Einfachheit erhellte der Satz wie ein Projektor die übersehenen Grundlagen des Lebens. Nur eine Mutter kann Mutter sein. Eine Stiefmutter kann Stiefmutter sein, ein Vater kann Vater sein, eine ältere Schwester kann eine ältere Schwester sein. Darin liegt kein Werturteil (kann eine Stiefmutter manchmal ein Kind nicht besser erziehen als die leibliche Mutter? Kann ein Vater nicht seinem Kind Mutterliebe schenken wie eine echte Mutter?). Bettelheim erinnerte daran, daß es in allen denkbaren Lebensumständen kein »Mittel« gibt, jemanden in eine Mutter zu verwandeln, der es nicht ist. Um sich nicht in aussichtslosen Veränderungsversuchen zu verstricken, tut man gut daran, dies nicht zu vergessen.

6. Kapitel

Meinen ersten Tag bei den Kindern in der Schule habe ich in unguter Erinnerung. Ehe ich aber davon berichte, möchte ich auf einen Begriff eingehen, der in unseren Gesprächen ständig auftauchte und der das Leben aller Angestellten der Schule prägte: die Schicht. Schicht bedeutet Arbeitstag, aber es bedeutet auch, daß man seine

Aufgaben nicht alleine bewältigen muß. Die Schicht antreten heißt den Kollegen ablösen und statt seiner Dienst haben. An der Schule untersteht jede Gruppe von Kindern zwei Erziehern, die umschichtig Dienst tun – das Wort ist durchaus gerechtfertigt. Ob Anfänger oder alte Hasen – für jeden hatte seine Schicht die größte Bedeutung, und unsere Laune hing von ihrem Verlauf ab. Wir erlebten gute und schlechte Schichten, aber alle waren hart. Ich habe für die Schicht alle möglichen Adjektive gehört und selbst verwendet, nur nicht das Wort »einfach«. Die schwierigste war natürlich die berüchtigte Vierundzwanzigstundenschicht, von der Bert gesprochen hatte. In dieser Schicht lebte man aber andererseits am ungezwungensten mit den Kindern, weil man so lange bei ihnen war. Jede Schicht der Woche besaß ihren eigenen Charakter, und je nach unserer Persönlichkeit und dem Wesen der Kinder entwickelten wir eine Vorliebe für die eine oder andere Schicht. Ich war dienstags und freitags nie gern im Dienst, während mir die Sonntagabendschicht besonders gefiel, obwohl ich natürlich innerlich grollte, weil ich am Wochenende arbeiten mußte.

An dem vereinbarten Dienstag ging ich also wie abgemacht um ein Viertel vor drei Uhr zu der Erzieherin. Die Atmosphäre im Mitarbeiterzimmer war ganz anders als vor drei Tagen während der Konferenz, der ich beigewohnt hatte. Die Schiebetür im Hintergrund war offen, und man blickte in eine Kochnische, in der sich mehrere Erzieherinnen zu schaffen machten. Es roch gut nach frischen Hörnchen und Schokoladetörtchen. Auf einem niedrigen kleinen Tisch lag ein Stapel Briefe, auf einem anderen standen Dosen mit Erfrischungsgetränken. Ich erfuhr, daß sich täglich um 14.45 Uhr die diensthabenden Erzieherinnen hier zusammenfanden, um das Vesper für ihre Kinder vorzubereiten und ihre Post zu lesen. Man nannte es die Dreiviertelversammlung. Ich fragte, wo die Kinder um diese Zeit seien, und man sagte mir, sie seien bei ihren Lehrern. Elaine, die Erzieherin, mit der ich den Nachmittag und Abend verbringen sollte, erläuterte mir, ihre Gruppe, »Strandritter« genannt, umfasse acht Mädchen im Alter von fünf bis zwanzig Jahren.

»Zwanzig Jahre!« wiederholte ich überrascht.

»Ja, das ist ziemlich viel, aber Sie werden merken, daß man bald das Gefühl für das Alter der Kinder verliert. Hier ist alles anders als draußen.«

»Wie lange leben die Kinder schon hier?«
»Vor zwei Wochen nahmen wir ein kleines Mädchen auf. Eine ist aber schon zehn Jahre bei uns.«
Diese Zahlen beängstigten mich. Irgend jemand rief:
»Gehen wir! Es ist drei Uhr . . .«
Die Erzieher und Erzieherinnen ergriffen ihre Tabletts mit Obst, Törtchen, Coca Cola, Fruchtsäften. Elaine bat mich, eine Viertelstunde zu warten, damit sie ihren Kindern meinen Besuch ankündigen könne, und dann durch die zwei feuerfesten Türen zu gehen und in der Halle an der letzten Tür links anzuklopfen. Sie setzte hinzu:
»Ich habe Ihnen sonst keine Ratschläge zu geben. Nur möchte ich Sie bitten, sich nicht auf die Betten der Kinder zu setzen. Das ist ihr Reich. Vielleicht stellen sie Ihnen persönliche Fragen, die Sie nur zu beantworten brauchen, wenn Sie Lust dazu haben.«
Das Mitarbeiterzimmer leerte sich in kürzester Frist. Ich bekam Angst. Einige Minuten blieb ich allein. Dann kamen nacheinander ein paar junge Männer herein. Sie warfen sich auf die Bänke, und ich entnahm ihren Worten, daß sie ihre Arbeit beendet hatten. Sie waren Lehrer und hatten die Kinder der Obhut ihrer Erzieher überlassen. Hinter den Kulissen war also die Ablösung erfolgt: Die Lehrer hatten jetzt frei, während die Erzieher ihre Schicht antraten. Die Kinder waren von den Unterrichtsräumen in die Schlafsäle gegangen. Niemand sprach mich an. Ich kam mir auf meiner Bank recht dümmlich vor. Ich drückte meine Zigarette aus, denn sicher durfte man bei den Kindern nicht rauchen, und stand auf. Die zwei schweren, feuerfesten Türen, die die Schlafsäle vom vorderen Teil der Schule trennen, fielen hinter mir ins Schloß. Ich klopfte am Schlafsaal der »Strandritter«. Dünne Stimmchen riefen: »Herein!« Ein winziges Mädchen mit Ponyfransen bis über die Augen lief auf mich zu und sagte:
»Willkommen in der Orthogenischen Schule!«
Ich bedankte mich und wunderte mich insgeheim über soviel Höflichkeit. Später erfuhr ich, daß dieses Mädchen der Neuankömmling in der Gruppe war. Damit erklärte sich, daß sie noch Spuren gesellschaftlichen Benehmens an sich trug.
Hinten in dem riesigen Schlafsaal erblickte ich einen runden Tisch, an dem Kinder saßen, Elaine mitten darunter. Eßwaren, Pralinen und Getränke lagen und standen überall herum. Ich trat näher. Elaine

stellte mich mit Vornamen vor und sagte, ich komme aus Frankreich. Eins der Kinder forderte mich auf, mich zu setzen. Dann nahmen sie ihr Gespräch wieder auf, als sei ich gar nicht da, und wiederum fühlte ich mich als Eindringling, wie bei der Mitarbeiterkonferenz. Die Mädchen wandten sich einzeln an Elaine und schienen auf ihre Reaktion gespannt zu sein. Sie sprachen ein wenig verschüchtert, aber mit großem Ernst, und obwohl ich nicht alles begriff, weil sie von mir unbekannten Leuten und Orten redeten, konnte ich deutlich erkennen, daß jedes Wort wichtig war. Es ging um kleine Tagesereignisse, um Vorkommnisse während des Unterrichts, und Elaine hörte aufmerksam zu. Sie äußerte sich selten; sie schenkte Obstsaft nach, bot Schokolade an oder bat ein Kind, das Mädchen, das gerade sprach, nicht zu unterbrechen.
Von den acht Mädchen hörte nur eine, die kleinste, nicht zu. Sie lief um den Tisch, plapperte Elaines Namen und zog sie von Zeit zu Zeit an den Haaren, bis sie sich plötzlich auf den Boden warf und anfing, spitze Schreie auszustoßen. Ich glaubte, sie höre nicht zu; vielleicht täuschte ich mich. Jedenfalls wurden die zehn folgenden Minuten zu einem echten Alptraum. Unerträgliches Gebrüll schallte im Schlafsaal. Elaine bat die Kleine mehrmals, still zu sein und ihr zu sagen, was ihr fehle, aber ohne Erfolg. Sie fragte die andern, ob im Unterricht irgend etwas geschehen sei, aber keiner war etwas aufgefallen. Elaine schlug dem Kind vor, sich aufs Bett zu legen, weil es dort bequemer sei als auf dem Fußboden. Da die Kleine sich nicht aufraffen konnte, trug Elaine sie auf ihr Bett. Dort saß sie und brüllte mit starren, tränenlosen Augen aus vollem Halse weiter.
Eine der Älteren sagte:
»Dr. B. macht seine Runde, ich habe ihn eben im Flur gehört.«
Tatsächlich trat Bettelheim einen Augenblick später geräuschlos ein. Er kam langsam auf uns zu, seine Kreppsohlen knirschten leise. Wenige Zentimeter vor der kleinen, tobenden Mimi blieb er stehen. Augenblicklich erstarrte sie in vollkommenem Schweigen. Niemand sprach ein Wort, aber die erwartungsvolle Stille, die jetzt eingetreten war, trug keinen Anflug von Furcht.
»Na, na!« sagte er mit seinem dicken Akzent.
Sanft nahm er die kurzen Zöpfe des Kindes in die Hand.
»Ich höre Schreie . . . Weißt du, wer da so schreit?«
»Ich!« brüllte Mimi und strampelte mit den Beinen.

»Du?« entgegnete Bettelheim und hob die Brauen. »Und warum schreist du so?«
Schweigen.
»Nun? Warum schreist du so? Hast du vielleicht eine kleine Schreidose im Bauch?« beharrte er freundlich.
»Nein!« rief Mimi und zapppelte mit den Füßen.
»Ach so! . . . Warum dann?«
»Ich habe eine Wut!«
»Du hast eine Wut? Und warum hast du eine Wut?«
»Wegen der Sitzungen!«
»Ach deshalb!« sagte Bettelheim und ließ ihre Zöpfe los. »Deshalb. Jetzt weiß ich doch, warum du so laut schreist.«
Mimis Antwort schien allen einzuleuchten. Mir war sie ein Rätsel. Eins der Kinder sprach den Professor an und stellte ihm eine Frage wegen eines Briefes seiner Eltern. Nachdem er die Frage beantwortet hatte, betrachtete er uns schweigend und ging so geräuschlos fort, wie er gekommen war.
Die Essenszeit kam: Viertel vor sechs Uhr. Wir gingen in den Speisesaal hinunter. Zum ersten Mal sah ich die Kinder der Schule alle beisammen. Jede Gruppe hatte einen Tisch für sich; es waren vier Tische mit Jungen, vier mit Mädchen, und bei der Tür der Tisch für die Mitarbeiter. Das Geschirr war hübsch gemustertes Porzellan. Elaine fragte zuerst jedes Kind, was es trinken wolle, und schenkte dann das Gewünschte ein. Sie hatten die Wahl zwischen Wasser und Coca-Cola. Dann reichte mir Elaine einen Teller mit Brathuhn, Beilagen und Salat. Ich hatte keinen Appetit. Alle waren freundlich zu mir; Elaine lächelte mir zu, und die Kinder waren nicht aufdringlich. Trotzdem hätte ich viel darum gegeben, wenn die Zeit um gewesen und die innere Spannung von mir gewichen wäre.
»Essen Sie nichts?« fragte meine Nachbarin, die die älteste der Gruppe zu sein schien.
»Ich habe keinen Hunger«, murmelte ich kläglich.
»Sie sollten aber doch etwas essen«, fuhr sie fort. »Es ist wichtig.«
Bettelheim betrat den Speisesaal und kam mit dem jetzt wohlbekannten Schritt an unseren Tisch.
»Ihr habt heute einen Gast von weither«, sagte er zu den Kindern.
Ich lächelte.
Nach der Süßspeise gingen wir wieder in den Schlafsaal hinauf. Elai-

ne sagte, sie werde jetzt die Mädchen baden, die gerne gebadet sein wollten. Sie verschwand im Badezimmer, und man hörte Lachen und Plätschern. Ich war allein mit den übrigen Kindern. Ein Mädchen lag lesend auf dem Bett, zwei Mädchen spielten auf dem Fußboden, andere unterhielten sich. Ich wußte nicht, was ich tun sollte. Ich hatte Angst, neugierig zu erscheinen, wenn ich eines der Mädchen ansprach. Eine Zeitung lag auf dem Tisch, ich nahm sie und las darin.

Nach etwa einer Viertelstunde ging Elaine, mit Kinderkleidern beladen, an mir vorbei und fragte, ob sie mir etwas sagen dürfe. Wir gingen zum Schlafsaal hinaus.

»Sie sollten nicht Zeitung lesen«, sagte sie. »Die Kinder müssen annehmen, Sie interessierten sich nicht für sie, und sie werden sich fragen, was Sie hier eigentlich suchen.«

Ich entschuldigte mich. Dann beschloß ich, das brünette Mädchen anzureden, das mir geraten hatte, mein Abendbrot zu essen. Stockend fragte ich sie, was sie lese. Sie lächelte, als sie Antwort gab, und bot mir an, mir ihre Bücher zu zeigen. Dann stellte sie mir ein paar Fragen über meine Heimat. Das Gespräch versandete. Ich stand auf und ging im Schlafsaal herum. Ich betrachtete die Bilder an den Wänden, die Kinderzeichnungen, die Bücher auf einem der Regale. Schon streckte ich die Hand aus, um eines aufzuschlagen, als eine leise Stimme hinter mir ertönte:

»Ich glaube, Sie sollten die Besitzerin des Buches erst um Erlaubnis bitten ...«

»Oh! Es tut mir entsetzlich leid«, stotterte ich errötend. »Ich dachte, es gehöre niemand im besonderen.«

Es war das gleiche brünette Mädchen, das mich zurechtgewiesen hatte. Während meiner ganzen Zeit an der Schule war ich ihr besonders zugetan, weil sie mich so taktvoll auf meine ersten Fehler aufmerksam gemacht hatte. Sie hieß Emma.

Vielleicht sollte ich mehr auf das Verhalten dieser Kinder eingehen. Die Orthogenische Schule ist schließlich eine Heilanstalt. Ich hatte drei Jahre theoretische Studien und drei Jahre Berufserfahrung hinter mir und hätte eigentlich mehr Abstand haben sollen. Aber ich fand mich in eine andere Welt versetzt, in die alle außer mir eingewöhnt zu sein schienen. Deshalb war ich zu sehr mit meinen eigenen Schwierigkeiten beschäftigt, um die Probleme der anderen beobachten zu können.

Offen gestanden: Mimis Schreikrampf am Nachmittag schien mir eine richtigere Reaktion auf ihr inneres Unbehagen zu sein als meine Verkrampfung und die vielen Ungeschicklichkeiten, die ich beging. Ich wußte es damals nicht, aber die Zeit war nicht fern, da mir die Außenwelt absonderlich vorkam. Vorher aber mußte ich den Ablauf der Tage in der Schule kennenlernen und mich einer langwierigen, schmerzhaften Anpassung unterziehen.

Im Verlauf weniger Stunden hatte ich es bereits auf drei grobe Verstöße gebracht. Dabei glaubte ich, wohlerzogen zu sein. Wie konnte es aber dann geschehen, daß ich das Essen, das mir gereicht wurde, ablehnte, daß ich in Anwesenheit meiner Gastgeber Zeitung las und daß ich die Hand nach einem Gegenstand ausstreckte, der mir nicht gehörte und den zu berühren mir niemand gestattet hatte? Wahrscheinlich deswegen, weil ich sofort erfaßt hatte, daß die Gesten und Verhaltensweisen der Außenwelt hier nicht gültig waren, und sie deshalb einfach ablegte. Aber es war mir nicht gelungen, im Ausgleich dafür die echte Herzenshöflichkeit zu finden, von der Kinder und Erwachsene in der Schule lebten. In kürzester Zeit war ich in eine gewisse Roheit zurückgefallen, und aus diesem Grund fühlte ich mich völlig verloren.

Elaine hatte mir vorgeschlagen, mich nach dem Abendimbiß zurückzuziehen. Gegen zehn Uhr fragte sie die Kinder, was sie essen wollten, ehe sie zu Bett gingen. Jemand schlug Pizza vor, und alle waren einverstanden. Wieder setzten sich alle um den runden Tisch, und die Atmosphäre war viel gelöster als beim Nachmittagsvesper. Bald darauf erhob ich mich, bedankte mich bei den Kindern für ihre Gastfreundschaft und sprach den Wunsch aus, sie ein anderes Mal noch besser kennenzulernen.

Es war fast elf Uhr, als ich in umgekehrter Richtung durch die feuersicheren Türen schritt. Endlich atmete ich auf! Im Mitarbeiterzimmer unterhielten sich zwei Erzieherinnen, ein Glas Mineralwasser in der Hand. Aus Bettelheims Büro drang das Geklapper einer Schreibmaschine. Der Professor arbeitete noch zu dieser späten Stunde.

Ich war erschöpft. Katherine, die Erzieherin, die vor einigen Tagen wegen ihrer Kleidung getadelt worden war, kam mit einem schweren Tablett herein.

»Bist du schon fertig?« fragte jemand.

»Keineswegs, ich habe noch nicht einmal den Imbiß ausgeteilt. Hat Dr. B. seine Abendrunde in den Schlafsälen schon gemacht?«
»Ich glaube nicht.«
»Hoffentlich verzichtet er darauf, sonst komme ich wieder nicht vor Mitternacht ins Bett.«
Laurent mußte jeden Augenblick kommen. Ich freute mich auf ihn, denn er war Teil meiner Welt, und was er sagte, verstand ich. Ich fragte mich, ob wohl Post für mich zu Hause liege; ein Brief aus Frankreich hätte mir Freude bereitet. Außerdem mußte ich am nächsten Morgen früh aufstehen, denn Elaine hatte mich gebeten, sie um neun Uhr aufzusuchen, um meinen Besuch zu besprechen. Es klingelte. Ich nahm Mantel und Handtasche, stieg in den Ford und kauerte mich neben Laurent auf den Sitz. Es schneite.
Ich wußte nichts zu erzählen, ich konnte nicht von meinen Erlebnissen berichten und noch viel weniger meine Angst erklären.
In jener Nacht hatte ich zum ersten Mal einen Traum, der mich in den folgenden Monaten noch oft quälte. Ich stieg in den Ford und betätigte den Anlasser. Ich war allein und wollte in die Schule fahren. Aber bald hörte ich ein merkwürdiges Geräusch. Ich stellte fest, daß alle vier Reifen platt waren. Ich konnte nicht weiterfahren. Die Telefonzelle war weit weg, jenseits des Lake Shore Drive, und ich traute mich nicht, ihn zu überqueren, um dorthin zu kommen. Niemand hielt an, und ich blieb allein neben meinem unbrauchbaren Wagen stehen.

7. Kapitel

Das Examensfieber verbreitete sich in der Universität gerade zu der Zeit, als es mich endgültig verließ. Ich gab jeden Ehrgeiz in dieser Richtung auf, sobald ich einmal die Schlafsäle der Schule betreten hatte. Ich konnte nicht alles machen und merkte nur zu gut, daß ich meine Kräfte ungeteilt einsetzen mußte, um das zu tun, was ich jetzt unternehmen wollte. Erzieherin zu werden würde mich eine Zeitlang sämtlicher Möglichkeiten berauben, mir dann aber neue Lebenschancen geben.
Der Beruf fesselte mich, vielleicht wegen der Aussicht, mich darin selbst zu verändern, weit mehr als ich andere verändern würde. Ehe

ich daran denken konnte, Kinder zu heilen, mußte ich selbst gesund werden. Seit meiner ersten Berührung mit der Schule fühlte ich mich krank. Natürlich machte ich die dort herrschende Atmosphäre verantwortlich, aber im tiefsten Grunde wußte ich, daß dies nicht die Ursache meines Unbehagens war. Ich mußte sie anderswo suchen, wahrscheinlich in der Einfachheit der Empfindungen, von der ich schon im Zusammenhang mit Bettelheims Vorlesungen gesprochen habe und die ich nun mit eigenen Augen ohne Scheu gelebt und ausgedrückt sah von Kindern und Erwachsenen, denen ich plötzlich zu gleichen wünschte.

Mimis Schreikrampf war zwar erschreckend und ärgerlich gewesen, hatte aber gleichzeitig in mir eine geheime Eifersucht ans Licht gebracht: Ich konnte mich nicht entsinnen, daß ich mich jemals so aufgeführt hätte. Sich aufs Bett zu setzen und stundenlang zu brüllen, weil man eine Wut hat, erschien mir plötzlich so natürlich, daß ich mich fragte, wie ich aufwachsen konnte, ohne mir dieses Vergnügen zu leisten. Außerdem konnte man sich wohl nur in der Schule diesem Vergnügen rückhaltlos hingeben. Wenn ich einmal zu den Erziehern gehörte, die ich so gelockert schwatzen und scherzen gehört hatte, könnte ich vielleicht auch, falls ich es noch wollte, meinen Gefühlen auf ähnliche Weise Luft machen. Solange ich aber noch außerhalb lebte, war Zurückhaltung besser, denn Laurent hätte dieses Verhalten wohl kaum ertragen. Sicher wäre ich selbst aufgebracht gewesen, wenn Laurent einen derartigen Ausbruch in Szene gesetzt hätte. In der Schule und nur dort konnte man also zu den unverbildeten Emotionen zurückfinden, nach denen ich mich plötzlich sehnte. Und ich fühlte mich krank, weil ich in Verkrampfung und Verkünstelung erstarrt war und nicht sicher wußte, ob ich mich daraus lösen könnte, ohne zusammenzubrechen. Nichts gegen Selbstbeherrschung, aber ich litt unter diesem Konflikt.

Die Vorlesungen gingen weiter. Bettelheim fragte immer zu Beginn, ob wir Fragen zu unserer Lektüre hätten. Es war Anfang Dezember, noch zwei Wochen bis zur Prüfung. Die Studenten interessierten sich nicht mehr so sehr für die Vorlesung; viele blieben zu Hause, um für sich zu lernen. Ich hatte mich von diesem Zwang befreit und setzte mich jedesmal in den Hörsaal mit der nie enttäuschten Hoffnung, etwas Neues über das Leben zu erfahren.

Ich sagte schon, daß Bettelheim an den einzelnen glaubte. Von einer

der letzten Vorlesungen des Trimesters habe ich noch eine kurze, einfache Wortfolge lebhaft in Erinnerung: »Er und nur er allein.« Wie war Bettelheim darauf gekommen? »Er und nur er allein . . .« Worum ging es? Wer war dieser einmalige, dieser außergewöhnliche Mensch, der, nur er allein . . . Ich entsinne mich. Es handelte sich um ein Baby. Bettelheim hatte diejenigen von uns, die ein Kind hatten, gefragt, was sie empfänden, wenn ihr Kleiner schreit.
»Ich sorge mich«, entgegnete eine junge Mutter.
»Ja, das ist richtig. Sie sorgen sich. Aber warum sind Sie besorgt?« fragte der Professor.
»Ich frage mich, was ihm fehlt.«
»Wovor haben Sie Angst?«
»Ich weiß nicht – vielleicht tut ihm etwas weh –.«
»Und was machen Sie?«
»Ich gehe zu ihm und nehme ihn in die Arme. Ich wiege ihn.«
»Ja, und diese Besorgnis, von der Sie gesprochen haben?«
»Ich . . . Das kommt darauf an . . .«
»Aber hören Sie mal, Sie haben Ihr weinendes Baby im Arm – was fragen Sie sich da?«
»Ich frage mich, warum es weint!«
Die junge Frau wurde ärgerlich. Ich wußte auch nicht, was Bettelheim von ihr wollte. Gereiztheit verbreitete sich im Raum, die Studenten seufzten.
»Welche Frage stellt man sich, wenn man jemanden sieht, der in Not ist?« beharrte Bettelheim.
»Man fragt sich, ob man ihm helfen kann.«
»Stimmt«, erwiderte der Professor. »Sie fragen sich, ob es Ihnen gelingen wird, Ihren Kleinen zu beruhigen.«
Er legte eine Pause ein. Oft vermittelte er uns das Gefühl, wir seien Kamele, die sich umsonst placken. Nicht selten ließ er sarkastische Bemerkungen fallen, zum Beispiel: »Man braucht tatsächlich ein Semester genialer Studenten, um derart unerwartete Antworten zu bekommen.« Jetzt fuhr er fort:
»Sie haben also Ihren Kleinen im Arm und sind unruhig, weil Sie nicht wissen, wie Sie ihm helfen sollen. Nach einer gewissen Zeit beruhigt sich das Kind. Was geschieht dann?«
Schweigen. Die Studenten seufzten nicht mehr, sie scharrten mit den Füßen.

»Was empfinden Sie?«
»Na ja, ich bin erleichtert und stolz!«
Die junge Frau antwortete, als seien die Fragen in ihrer Selbstverständlichkeit geradezu sinnlos. Sie konnte ihren Ärger kaum noch bezähmen.
»Ja, Sie sind zufrieden, Sie empfinden Freude. Und Ihr Kleiner?«
Schweigen.
»Und der Kleine, was empfindet er?«
»Wenn er nicht mehr weint, muß er wohl auch zufrieden sein.«
»Ich höre gut. Aber jetzt, da Ihre Empfindungen sich von Besorgnis zu Freude gewandelt haben – was empfindet da Ihr Kleiner?«
Wiederum Schweigen. Die Studenten platzten beinahe. Eine halbe Stunde war vergangen, bis man festgestellt hatte, daß sich eine Mutter freut, wenn sie ihr Kind getröstet hat. Überragend. Und jetzt würde man noch endlos Zeit vergeuden, um die Psychologie des Säuglings zu ergründen. Schließlich wurde geantwortet, zuerst zaghaft, dann ironisch. Manche Antworten sollten verblüffen, andere von hoher Intelligenz zeugen. Alle fegte der Professor achselzuckend beiseite und sagte:
»Ich dispensiere den Studenten, der die Antwort findet, von meiner Vorlesung und vom Examen. Wer mir sagen kann, was der Kleine in der eben beschriebenen Lage empfindet, kann von mir nichts mehr lernen.«
Als sich plötzlich viele Hände hoben, bemerkte er scherzend:
»Ich sehe, daß die Aussicht, mich nicht mehr zu sehen, Ihren Geist anregt ...«
Aber keine Antwort genügte ihm. Als wir es alle vergeblich versucht hatten, zeigte sich Müdigkeit auf seinem Gesicht, und er erklärte:
»Der Kleine ist glücklich, weil er empfindet, daß er und nur er allein seiner Mutter diese Freude zu bereiten vermochte.«
Wieder einmal war der einfachste Gedanke der richtige. Wir schwiegen nachdenklich. Ich wußte, daß eine Mutter ihr Glück aus dem Glück ihrer Kinder schöpft. Aber diese Auffassung erschien mir verschwommen und unfruchtbar im Vergleich zu dem, was Bettelheim vorgetragen hatte. Er setzte hinzu:
»Das ist eine Wechselwirkung.«
An diese Vorlesung denke ich oft zurück. Ich denke immer daran, wenn ich in Versuchung komme, mich wieder der »allgemeinen Psy-

chologie« zuzuwenden, die so häufig angewandt wird, die man wie einen schwammigen Filter in der Presse, in Erziehungsbüchern, im täglichen Gespräch verbreitet findet. Ich denke immer daran, wenn ich in Gefahr gerate, zu vergessen, daß jenseits der Grundsätze der Psychologie, der Soziologie, der Ethnologie, jenseits auch der Menschenbeobachtung und der Verhaltensforschung der einzelne Mensch steht: einmalig, genial, befähigt, Gefühle zu wecken und zu empfinden, die nur er allein hervorbringen kann und die man stets a posteriori einer Empfindungsgruppe, einer Reaktionsweise, einem Gedankenschema zuordnen kann. Im Augenblick ihres Entstehens sind diese Gefühle einmalig, völlig unvorhersehbar und auch unersetzlich. Ich denke immer daran, wenn ich mich in meine Kindheit zurückversetze und mir vorzustellen versuche, daß ich mit einer anderen Mutter ein anderes Kind gewesen wäre, wobei ich nur zu oft zu betonen versäume, daß meine Mutter mit einem anderen Kind auch anders gewesen wäre. Ich denke immer daran, wenn ich meine Umgebung beobachte und dabei meine Einwirkung auf sie überblicke, immer, wenn ich ein Problem eilig lösen möchte und mich mehr auf meine lückenhaften theoretischen Kenntnisse verlasse als auf mein Wissen von mir selbst.

Von Bettelheims Schülern und Schülerinnen bin ich nicht die einzige, die den Sinn der Worte »er und nur er allein« begriffen hat. Ich erinnere mich, daß einmal eine ehemalige Erzieherin die Kinder in der Schule besuchte. Sie war weggegangen, weil sie heiratete, und sie hatte, wie die Kinder wußten, inzwischen selbst ein Baby bekommen.

»Bist du gern eine Mutter?« fragte einer der Jungen, mit denen sie sich lange beschäftigt hatte.

»Ich bin nicht ›eine Mutter‹«, entgegnete sie leise. »Ich bin Diana, und mein kleines Töchterchen heißt Rachel.«

8. Kapitel

Ich übergab Bert den ausführlichen Lebenslauf, um den er mich gebeten hatte und den ich mit großer Mühe und Laurents Hilfe aufgesetzt hatte. Darin beschrieb ich das bürgerlich-intellektuelle Milieu, in dem ich aufgewachsen war, meinen Studiengang und die Motive, die mich veranlaßt hatten, den Beruf der Stimm- und Sprachtherapeutin zu ergreifen. Bert verlor nie ein Wort über diesen Bericht.
An den Mitarbeiterkonferenzen nahm ich weiterhin teil. Die Kinder, von denen gesprochen wurde, kannte ich noch nicht, und ich konnte mir immer noch nicht genau vorstellen, wie die Mitarbeiter lebten. Daher mußte ich mich jedesmal mehr überwinden, an der kleinen gelben Tür zu klingeln, meinen Mantel im Flur abzulegen, mich zwischen zwei unbekannte Menschen zu setzen und den stets sehr lebhaften Auseinandersetzungen zuzuhören. Im Laufe der Zeit fühlte ich mich in diesem Kreis immer fremder. Am meisten Angst hatte ich, wieder einmal einen Tag mit den Kindern verbringen zu müssen, und deshalb eilte ich davon, sobald die Konferenz aus war. Die Mitarbeiter versammelten sich an allen Wochentagen für fünfviertel oder eineinhalb Stunden, das eine Mal direkt vor, das andere Mal unmittelbar nach dem Mittagessen. Alle Erzieher und Therapeuten waren anwesend, und die Lehrer, die zu dieser Tageszeit Dienst hatten, kamen umschichtig. Damit wenigstens einmal in der Woche sämtliche Mitarbeiter beisammen waren, fand mittwochs von 21.45 bis 23 Uhr eine Konferenz statt. Im Anschluß daran stellte eine Erzieherin Getränke und Appetithäppchen auf die Tische, und ein allerletzter Imbiß beschloß den Abend.
Die Konferenzen begannen pünktlich, und es war peinlich, wenn man zu spät kam. Manchmal hörte man leise die Tür gehen, und eine Gestalt huschte auf Zehenspitzen an der Wand entlang und glitt auf eine Bank.
Eine Erzieherin erinnert sich heute noch, wie sie einmal wenige Minuten nach Beginn der Konferenz ins Zimmer trat und Bettelheim sie wieder fortschickte mit der Anweisung, über den Grund ihres Zuspätkommens nachzudenken. Es war aber nicht so sehr die Strenge des Professors, sondern eher der spontane Wunsch der Mitarbeiter, der sie zur Pünktlichkeit anhielt. Ich habe nicht viele Konferenzen

versäumt, solange ich in der Schule war, aber wenn es vorkam, hatte ich stets das lebhafte Gefühl der Benachteiligung, denn ich wußte, daß bei jeder Konferenz »etwas passierte«. Die meisten Konferenzen wurden auf Band aufgenommen, mit der Maschine geschrieben und abgelegt, so daß wir uns jederzeit informieren oder unser Gedächtnis auffrischen konnten.

Es war noch zwei Wochen bis Weihnachten. In mehreren Konferenzen wurde die Gestaltung des Heiligen Abends und der Feiertage behandelt. Man bildete freiwillige Festkomitees von drei oder vier Erziehern, die sich untereinander besprachen und dann bei der Mitarbeiterkonferenz ihre Pläne der Kritik ihrer Kollegen und des Professors unterwarfen. Mir kamen diese Pläne sehr ausgeklügelt vor, aber ich wußte noch zu wenig von der Schule, um das beurteilen zu können. Allerdings erinnere ich mich, daß Bettelheim sagte, Weihnachten sei ein religiöses Fest, und man solle sich vorsehen, daß es nicht unter zuviel Aufwand begraben werde.

Von den Konferenzen, bei denen die laufenden Angelegenheiten der Schule besprochen wurden, waren mir die am liebsten, bei denen es um einen allgemeinen Gegenstand ging, die eine gemeinsame Reflexion erbrachten und die im Grunde den Vorlesungen des Professors glichen. So beklagten sich einmal bei einer Mittwochabendkonferenz die Erzieherinnen, sie hätten so viele Gänge zu machen, um die Geschenke für ihre Kinder einzukaufen, und wir kamen auf die Schwierigkeiten des Schenkens zu sprechen.

Es war genau wie im Hörsaal. Eine unglückselige Erzieherin wurde vom Professor aufs Korn genommen und mit Fragen bombardiert, während auf den Bänken das Gefühl der Solidarität spürbar um sich griff. Das arme Mädchen hatte am selben Vormittag ihren Geldbeutel verloren in einem Kaufhaus, in dem sie für ihre Kinder Weihnachtsgeschenke besorgen wollte. Solche Vorkommnisse ließ der Professor niemandem durchgehen. Während die Erzieherin alle möglichen Erklärungen vorbrachte – die Menschenmenge, den Zeitmangel –, saß der Professor wartend da und klimperte mit einem Geldstück. Schließlich war sie es müde, sich zu verteidigen, und begann, wirklich nachzudenken. Und allmählich gerieten wir alle in eine echte Auseinandersetzung. Das Nebensächliche rückte beiseite und machte dem eigentlichen Geheimnis des Weihnachtsfestes und der Geschenke Platz.

»Meine Mutter bemühte sich immer, weder meine Schwester noch mich zu verletzen«, erinnerte sich eine von uns, ein Mädchen mit kurzen, dunkelblonden Haaren, einem reizvollen Gesicht und einer stockenden Sprechweise.

Nach kurzer Pause fuhr sie fort:

»Als meine Schwester einen eigenen Haushalt gründete, schenkte ihr meine Mutter ein Fernsehtischchen. Mir schenkte sie damals auch eines, obwohl ich es gar nicht aufstellen kann.«

Wir verfielen in tiefes Schweigen. Wahrscheinlich dachten auch die andern genau wie ich an vergangene Weihnachtsfeste, die wir längst vergessen hatten und die jetzt plötzlich in unserem Erwachsenenleben wieder auftauchten.

»Ihre Mutter legte also größeren Wert darauf, gerecht zu sein, als Ihnen eine Freude zu machen«, sagte Bettelheim.

Die Erzieherin errötete. Sie schüttelte den Kopf und gab keine Antwort.

»Die Rolle des Weihnachtsmanns besteht darin, daß er den Kindern die Belastung der Dankbarkeit erspart«, sprach der Professor weiter. »Man braucht niemandem zu danken, wenn der Weihnachtsmann das Geschenk bringt.«

»Wir haben gute Freunde in Europa, sie sind jünger als wir und haben ein Töchterchen, dem wir jedes Jahr ein Weihnachtsgeschenk schicken«, erzählte der Professor. »Wir hatten die Kleine nie gesehen, und wir taten es vor allem, um den Eltern Freude zu machen. Letztes Jahr schenkten wir eine Puppe. Die Kleine fragte, von wem die Puppe sei, und die Eltern erklärten ihr, daß ich Dr. Bettelheim heiße und weit fort in einem anderen Land lebe. Wahrscheinlich weil ich weit fort war und sie mir keine Dankbarkeit zu bezeigen brauchte, schloß die Kleine die Puppe in ihr Herz und gab ihr sogar meinen Namen. Als ich bei einer meiner letzten Europareisen die Familie besuchte, wurde mir also zu meiner Überraschung ›Bettelheim‹ vorgestellt ...«

9. Kapitel

Kurz danach schlug Bert mir vor, Katherines Gruppe zu besuchen. Ich hatte noch den demütigenden Tadel wegen ihrer Kleidung im Ohr, und es war mir nach wie vor peinlich, daß ich Zeuge gewesen war, als sie abgekanzelt wurde. Gleichzeitig schien mir, wer so behandelt werde, müsse etwas Schlimmes verbrochen haben, womöglich zum wiederholten Male, und ich glaubte, Katherine sei eine schlechte Erzieherin. Deshalb war ich enttäuscht, daß ich ausgerechnet zu ihrer Gruppe gehen sollte. Bert sagte noch, ich müsse jetzt an allen Mitarbeiterkonferenzen teilnehmen, also fünfmal in der Woche, und man wolle mich endgültig einstellen.

Ich ging zu der Sekretärin, die die Formalitäten erledigte, und legte ihr das Studentenvisum vor, das zugleich meine Aufenthaltserlaubnis für die Vereinigten Staaten war. Die Sekretärin zog Erkundigungen ein und teilte mir daraufhin mit, ich könne mit diesem Visum keine bezahlte Ganztagsbeschäftigung bekommen, sondern brauchte ein Einwanderungsvisum. Noch am gleichen Tag besorgte ich mir die erforderlichen Unterlagen und ließ in der Stadt in einem ärmlichen Übersetzungsbüro, das mir der Einwanderungsbeamte genannt hatte, meine französischen Zeugnisse übersetzen. Außerdem wurde mir gesagt, es könne Monate dauern, bis mein Antrag bearbeitet werde.

Der Prüfungstag kam. Bettelheim verteilte die Themen. Ehe er wegging, bat er eine der Studentinnen, die Arbeiten nach der Prüfung in der Schule abzugeben. Ich drehte mich um, weil ich sehen wollte, wer Zugang zur orthogenischen Schule hatte.

In der darauffolgenden Woche gab uns Bettelheim die Arbeiten zurück. Er bemerkte dazu nur:

»Je weniger ich zu den Prüfungsarbeiten sage, um so besser ist es.« Dann wechselte er das Thema.

Katherine betreute eine Gruppe von halbwüchsigen Mädchen, die zwischen 18 und 22 Jahre alt waren. Zu fünft lebten sie im »Adolescent Unit«, das jeder nur »Unit« nannte. Es war ein kleiner Bau genau gegenüber dem Schlafsaalgebäude gelegen. Dort befanden sich die Wohnungen der heranwachsenden Jungen und Mädchen. Im

Erdgeschoß lag ein Wohnzimmer mit bequemen Sesseln, einem Klavier, vielen Büchern und schönen Reproduktionen; außerdem der Clubraum, ein großes, mit dunklen Holztischen und -stühlen rustikal eingerichtetes Zimmer mit Kochnische und einer kleinen Bar, wo man Eis und Obstsaft für die Kinder holen konnte. Die Glastüren des Wohnzimmers und des Clubraums gingen auf einen hübschen Innenhof hinaus. Der Teich war zu dieser Jahreszeit abgelassen, aber im Sommer schwammen dort Goldfische.
Wie damals, als ich Elaine besucht hatte, traf ich mich mit Katherine im Mitarbeiterzimmer zur Dreiviertelversammlung, die dem Dienstbeginn um 15 Uhr voranging. Ich stellte ihr ein paar Fragen, aber sie antwortete kaum oder mit wenigen, so rasch hervorgestoßenen Worten, daß ich nichts verstand. Sie schwatzte mit anderen Erziehern, lief von einer Ecke in die andere, machte Witze, ahmte Bettelheim nach, knabberte an einem Keks und trank einen Schluck Coca Cola. Still und verängstigt saß ich auf dem Rand einer Bank.
»Freut euch, es ist 3 Uhr!« rief jemand.
»Noch zwei Minuten bis!« verbesserte ein Erzieher.
»Ich habe keine Uhr, mir schlägt also keine Stunde.«
»Keine Uhr haben – das ist der richtige Trick!«
»Wer hat die Schlüssel zum Schwimmbad?«
Ich wurde blaß. Katherine bestätigte meine Befürchtungen:
»Haben Sie keinen Badeanzug dabei? Macht nichts, dann bleiben Sie eben am Rand mit den Kindern, die nicht baden.«
Sie stand auf und ergriff ihr Tablett. Sie war schon fast an der Tür, da wandte sie sich noch einmal um und sagte kurz:
»Kommen Sie in fünf Minuten. Wir gehen gleich ins Schwimmbad.«
Dann lief sie hinaus, ohne daß ich sie hätte fragen können, wo ihre Räume lagen.
Eine oder zwei Minuten lang war ich allein. Dann kamen wie beim ersten Mal nacheinander junge Männer und Frauen herein, zündeten sich Zigaretten an, öffneten den Kühlschrank, scherzten und entspannten sich. Seit ich täglich an den Mitarbeiterkonferenzen teilnahm, begriff ich den Tagesablauf etwas besser, wenigstens während der Woche: Die Erzieherinnen weckten die Kinder, kleideten sie an und gaben ihnen das Frühstück. Um 9 Uhr brachten sie sie zu den Lehrern ins Unterrichtsgebäude. Nun standen sie bis 15 Uhr unter der Obhut der Lehrer. Dann nahmen die Erzieherinnen ihren Dienst

wieder auf, und die eigentliche Schicht, die erst nach dem Schlafengehen der Kinder endete, begann. Wie es am Wochenende war, wußte ich noch nicht. Ich wußte nur, daß die Erzieher die ganze Zeit für die Kinder sorgten, weil kein Unterricht stattfand.

Es war Zeit. Ich fragte einen Lehrer, wo der Schlafsaal der »Siedler«, Katherines Gruppe, liege. Er sagte es mir, und ich durchquerte das Wohnzimmer, ging durch zwei Türen, stieg eine Treppe hinauf, ging durch eine dritte Tür, hielt einen Augenblick den Atem an und klopfte an der vierten Tür.

»Herein!« rief jemand kurz.

Unter den jungen, von langen Haaren eingerahmten Gesichtern entdeckte ich Katherine nicht gleich.

»Geneviève«, sagte sie, »das ist Judith, Nancy, Maud, Nelly.«

Ich lächelte in die Runde. In der Eile konnte ich mir nicht merken, welches Mädchen welchen Namen trug. Eins der Mädchen wirkte wie zwölf, die andern wie vierzehn. Sie saßen um ein niedriges Tischchen herum. Der Raum war hell. Nach einer peinlich stillen Minute hörte ich hinter mir ein leichtes Rascheln. Ich wandte mich um.

»Das ist Sarah«, sagte Katherine. »Sie ist erst seit ein paar Tagen bei uns.«

Zu dem Kind sagte sie:

»Komm, setz dich neben mich!«

Das Mädchen zögerte und kam dann trippelnd näher, die schwarzen Augen starr auf mich gerichtet. Sie bemühte sich, mir nicht zu nahe zu kommen, und machte deswegen einen großen Umweg. Schließlich setzte sie sich steif neben Katherine, die ihr ein Bonbon anbot. Sie lehnte ab.

»Doch«, drängte Katherine, »du mußt etwas essen. Warte, ich suche dir eines aus.«

Sie wickelte ein Schokoladenbonbon aus dem Silberpapier und reichte es Sarah, die mich noch immer anstarrte. Mechanisch nahm sie das Bonbon und spielte damit, bis es in ihren Fingern schmolz.

»Es ist Zeit fürs Schwimmbad«, mahnte eins der Mädchen.

»Habt ihr alle eure Handtücher und eure Badeanzüge?«

Zum Schwimmbad waren es von der Schule aus wenige Minuten zu Fuß. Eins der Mädchen erklärte mir freundlich, sie gingen zweimal in der Woche zum Schwimmen, dienstags und freitags, die Mädchen um halb vier, die Jungen um halb fünf Uhr.

Katherine knüpfte den Kindern die Bänder ihrer Wollmützen unter dem Kinn und überzeugte sich, daß die Mäntel richtig zugeknöpft und die Fausthandschuhe angezogen waren. Ich begriff diese Fürsorge für junge Mädchen, die sich zweifellos selbst anziehen konnten, nicht ganz. Sie ließen es aber gern geschehen. Mit vertrauensvoller Natürlichkeit streckten sie Katherine ihr Gesicht oder ihre Hände entgegen, damit sie einen Knopf zumachte oder eine Schleife enger knüpfte, und diese Natürlichkeit ließ mich einsehen, warum die Insassen der Schule »Kinder« genannt wurden, wie alt sie auch waren.

Wir gingen hinaus. Ich war mit dem Wagen gekommen und hatte ihn vor der Schule geparkt. Jetzt warf ich ihm einen sehnsüchtigen Blick zu: Wenn es nur schon Abend wäre und ich auf den schwarzen Skaisitz schlüpfen und in Richtung Norden starten könnte! Wortlos schritt ich mit den Siedlern dahin. Ich überragte sie alle um mehrere Zentimeter, und wegen meiner Größe fühlte ich mich idiotisch. Dieses Gefühl, die Größte und zugleich die Dümmste zu sein, hatte ich seit meiner Jugend nicht mehr empfunden. Damals, etwa mit fünfzehn, hatte mich die Angst gequält, daß meine Schulkameradinnen mit Leichtigkeit Aufgaben lösten, mit denen ich mich stundenlang herumschlug. Meine Größe von 1.70 war mir keineswegs eine Hilfe, sondern ließ meine Hemmungen nur um so auffälliger, mein linkisches Wesen um so verdächtiger erscheinen.

Meine Furcht vor Heranwachsenden und meine Überzeugung, daß sie fürs Leben besser ausgerüstet seien als ich, flackerten im Zusammensein mit den Siedlern sofort wieder auf. Ich ging neben den Mädchen her, überlegte mir besorgt, was sie wohl denken mochten, und war sicher, daß sie das unschöne Gekräusel meiner Haare in der feuchten Luft und die Dreckspritzer an meinen Beinen – ich war in eine Pfütze getreten – genauestens wahrnahmen.

Nachdem wir den Midway überquert hatten, waren es nur noch wenige Meter bis zum Schwimmbad. Katherine sagte, die Mädchen, die nicht badeten, sollten unter meiner Obhut beim Becken sitzen bleiben. Unwillkürlich dachte ich, daß die Armen an mir keine große Hilfe hätten, denn ich bedurfte der Obhut ebensosehr wie sie.

In den Umkleideräumen, wo wir uns jetzt befanden, entkleideten sich die Mädchen, zogen ihre Badeanzüge an und setzten ihre Bademützen auf. Ich lächelte ein paar »Strandrittern« zu, die ich im Vor-

beigehen erkannte. Dann flüchtete ich mich auf eine Bank. Wenige Minuten später gingen alle geschlossen in die Schwimmhalle. Ich setzte mich mit den Kindern, die mir anvertraut waren; die anderen hatten ihre Badetücher um sich geschlungen und warteten auf das Zeichen des Bademeisters und auf die Erlaubnis der Erzieherinnen, ins Becken zu gehen.
Von keinem der Mädchen, die ich beaufsichtigte, wußte ich den Vornamen, aber sie alle kannten meinen. Einige stellten mir Fragen über Frankreich, andere wollten wissen, warum ich nach Chicago gekommen war. Manche übersahen mich völlig.
Ich warf verzweiflungsvolle Blicke auf die Uhr. Der Zeiger wollte nicht vorwärts rücken.
»Geneviève!«
Ein Mädchen mit glatten Haaren rief mich. Sie gehörte zu den Siedlern, ich erkannte sie.
»Vicky schlägt sich!« sagte sie.
Mir wurde bang. Wer war Vicky?
»Wie bitte?« fragte ich schwach.
»Vicky ohrfeigt sich«, wiederholte das Mädchen und deutete auf ein hübsches, blondes Mädchen, das mich reglos anstarrte.
Um mich herum sprach niemand ein Wort. Ich fing Vickys Blick auf und hielt den Atem an. Warum sollte ich eingreifen? Die Worte »Vicky schlägt sich« hatten anklagend, aber auch wie ein Alarmsignal geklungen.
»Bist du das Mädchen, das sich selbst schlägt?« fragte ich die kleine Blondine.
»Ich tu's nicht mehr!« entgegnete sie und biß sich auf die Unterlippe.
Einen Augenblick später klatschte sie sich leicht mit der Hand auf die Wange, wobei sie mich unverwandt ansah. Die Reaktion der anderen Kinder ließ nicht auf sich warten. Sie riefen Vicky zu, sie solle sofort aufhören, und wandten erneut ihre Blicke auf mich. Ich wurde allmählich ärgerlich. Ich verstand nicht, warum ich aufgefordert wurde, ein Mädchen zu tadeln, das ich nicht kannte, für das ich also keine Autorität war. Außerdem wußte ich nicht, warum sie sich ohrfeigte, und noch weniger, warum die anderen Mädchen sich deswegen so aufregten. Ich konnte Vicky nicht befehlen, ein Spiel aufzugeben, das allem Anschein nach harmlos war, und ihre Kameradin-

nen hielt ich einfach für »Petzerinnen« in dem Sinn, den das Wort hat, wenn man klein ist und die oberste Regel unter Geschwistern besagt, daß man nie jemanden anzeigen darf.
»Mach nur weiter, wenn es dir Spaß macht«, sagte ich zu Vicky.
Alle warfen mir entsetzte Blicke zu. Das Mädchen mit den glatten Haaren murmelte:
»Wie kann man nur!«
Ein anderes Mädchen stand auf und sagte, sie wolle Fran holen, Vickys Erzieherin. Ich zog mich in mich selbst zurück, und alle schwiegen. Aus dem Augenwinkel beobachtete ich, wie das Kind, das aufgestanden war, zum Becken ging, sich vorbeugte und etwas zu der Erzieherin sagte, die sofort aus dem Wasser kam und auf uns zuschritt. Zu Vicky sagte sie in einem Ton, der keinen Widerspruch duldete, sie sollte ihre Tricks bleibenlassen. Dann wandte sie sich zu mir und erläuterte, Vicky drohe immer, sich absichtlich eine Verletzung zuzufügen, und damit verängstige und erpresse sie ihre Kameradinnen. Ich versuchte, mich für meine Ungeschicklichkeit zu entschuldigen, und stammelte einige Worte. Bald war es Zeit, in die Umkleideräume zu gehen.
An den weiteren Verlauf des Nachmittags und Abends erinnere ich mich nicht mehr genau. Katherine und die Siedler unterhielten sich lange, und ich konnte nicht zuhören, weil mich der Zwischenfall im Schwimmbad umtrieb. Ich fühlte mich gekränkt bei dem Gedanken, daß mir mein Gerechtigkeitsgefühl, mein Wunsch, nicht gegen jemanden einzuschreiten unter dem Vorwand, von anderen dazu angestachelt worden zu sein, und schließlich auch meine Skrupel so übel ausgelegt worden waren.
Diese Schule behagte mir gar nicht.
Bei einer Mitarbeiterbesprechung wegen des Weihnachtsessens wurde ich gefragt, ob ich dabeisein werde. Ich schaute zu Bert und warf ihm einen fragenden Blick zu.
»Ganz wie Sie wollen«, sagte er.
»Sie wissen ja, daß ich im Augenblick Schwierigkeiten mit den Behörden habe, mein Visum ist nicht in Ordnung, und ich weiß nicht, ob ich überhaupt die Arbeitsgenehmigung bekomme«, sagte ich heuchlerisch.
»Ach, das hatte ich ganz vergessen ... Dann ist es vielleicht besser, Sie kommen nicht zu dem Festessen.«

Als ich an diesem Tag die Schultür hinter mir schloß, war ich mir nicht sicher, ob ich sie jemals wieder öffnen würde. Den Hauptschlüssel und den Haustürschlüssel, die man mir in der vorhergegangenen Woche ausgehändigt hatte, nahm ich mit.

10. Kapitel

Das Examen war vorüber, und die Atmosphäre im Hörsaal entspannte sich schlagartig, als Bettelheim eintrat, um seine letzte Vorlesung zu halten. Er selbst war freundlicher, weniger eifrig darauf bedacht, uns zu überzeugen, und unseren Bemerkungen gegenüber duldsamer. Wir besprachen die letzten Fragen, die er uns entlockte und die noch nicht geklärt waren. Die Zeit schritt fort, und wir sahen mit Bedauern dem Abschied entgegen. Im nächsten Trimester las Bert, und ich hatte mich bei ihm eingeschrieben.

Wahrscheinlich ermutigt durch die Aussicht, den Professor nicht mehr zu sehen, hob ein Student die Hand und verglich ihn unter irgendeinem Vorwand mit Solschenizyn. Bettelheim fühlte sich geschmeichelt. Das Gespräch sprang von einem Gegenstand zum andern. Kurz berührten wir die verschiedenen Sprachstörungen, und Bettelheim erwähnte Dr. Tomatis. Er fragte mich etwas über ihn, und ich antwortete ausweichend.

Draußen wurde es dunkel. Der Professor hatte noch nie die Zeit überzogen; er würde es auch heute nicht tun.

»Nun«, sagte er, als es soweit war, »wir müssen schließen. Ich freue mich, daß ich die vergangenen drei Monate mit Ihnen zusammensein konnte. Ihre Fragen habe ich nicht beantwortet, das wäre ein gewagtes und in jedem Fall fruchtloses Unterfangen gewesen. Aber ich hoffe aufrichtig, Ihnen geholfen zu haben, daß Sie sich die richtigen Fragen stellen.«

Daraufhin blickte er uns einige Augenblicke schweigend an. Dann wünschte er uns lächelnd ein frohes Weihnachtsfest, erhob sich, zog seinen Mantel an, stülpte sich die Pelzmütze auf und verließ den Hörsaal.

Am andern Tag flogen Laurent und ich nach New York. Die Vorstellung, an der Schule zu arbeiten, verfolgte mich nicht mehr, sobald wir Chicago hinter uns gelassen hatten. Die paar Tage in New York benützten wir zum »Feiern«, wie Laurent und Arnaud das nannten, und bis wir vom Kennedy-Flughafen abflogen, verschwendete ich kaum einen Gedanken an Bettelheim. Meine Mutter, die zu Besuch gekommen war, fand allerdings, ich sähe schlecht aus. Sie kehrte nach Paris zurück mit dem Eindruck, ich sei nicht glücklich. Mich quälte der Gedanke, daß ich mich bald entscheiden mußte. Ich wußte: wenn ich in die Schule zurückkehrte, würde ich sie nicht so bald wieder verlassen. Ich mußte die einzige Fluchtmöglichkeit ergreifen, wenn ich es wollte.

Auf dem Rückflug waren wir beide schweigsam. Es war der 2. Januar 1971.

Ich überlegte mir, daß ich nachmittags entweder im Sprachlabor um Verlängerung meiner Tätigkeit einkommen oder aber Bert aufsuchen konnte, um mich bei ihm zu entschuldigen, daß ich wortlos verschwunden war, und um ihn zu bitten, mich in die Schar seiner Mitarbeiter aufzunehmen.

Die Landebahnen des O'Hare-Flughafens waren so überfüllt, daß unsere Maschine eine Stunde in der Luft kreisen mußte, ehe sie landen durfte. Leicht fanden wir den Ford aus den zweitausend Autos heraus, weil er allein die Spuren der zwei Schneestürme trug, die während unserer Abwesenheit gewütet hatten. Laurent säuberte fluchend den Wagen und taute mit seinem Feuerzeug die Türschlösser auf. Zum Glück sprang er sofort an. Wir hatten uns sehr verspätet.

»Setz mich bitte am Civic Center ab«, sagte ich zu Laurent. »Ich will nachfragen, was mit meinem Visum ist. Ich treffe dich dann zu Hause.«

Als ich die State Street überquerte, nahm ich mir vor, sofort in die Schule zu gehen und die Waffen zu strecken, falls mein Antrag positiv beschieden würde und ich die Genehmigung erhielte, eine bezahlte Arbeit anzunehmen, wenn auch nur vorübergehend. Das durfte ich nicht auf den nächsten Tag verschieben.

Der Beamte teilte mir mit, mein Einwanderungsgesuch sei angenommen worden, aber es dauere noch lange, bis die Papiere ausgefertigt würden. Mit der Bescheinigung, die er mir gab, dürfe ich jedoch arbeiten.

Eine halbe Stunde später trat ich durch die kleine gelbe Tür.

»Wie sind Sie hereingekommen?« fragte eine der Sekretärinnen.

»Mit meinem Schlüssel«, entgegnete ich kurz angebunden. »Ist Bert da?«
Er kam gerade die Treppe herunter, und ich bat ihn um eine Unterredung. In seinem Büro erklärte ich ihm, ich hätte die ganze Woche darauf verwendet, mit dem Einwanderungsamt zurechtzukommen, und ich hätte die Arbeitserlaubnis erhalten. Er lächelte und sagte, er freue sich sehr. Dann fragte er, ob ich bei den Siedlern arbeiten wolle. Ich entgegnete, es sei mir einerlei, bei welcher Gruppe ich arbeite, und das war die Wahrheit.
Als Bert mich zur Tür begleitete, trafen wir Bettelheim.
»Geneviève kommt nun doch zu uns«, sagte Bert.
»Schön, dann haben Sie also Ihre Meinung geändert?«
»Ja.«
Die Hintergründe dieses kurzen Gesprächs erfuhr ich nie.
In den nächsten paar Tagen änderte sich nichts an meiner Stellung unter den Mitarbeitern, und keiner sprach mehr von den Siedlern. Während der Besprechungen beobachtete ich Katherine verstohlen, um mir klarzuwerden, ob ich sie, mit der ich die Verantwortung für eine Gruppe übernehmen sollte, sympathisch fand oder nicht. Ich konnte nicht begreifen, warum sie nie mit mir sprach; sie tat, als kenne sie mich nicht. Ich meinte, sie müsse mit mir über die Kinder sprechen, mich von allem unterrichten und mir von ihrer Schicht erzählen. Aber sobald die Konferenz zu Ende war, unterhielt sie sich lebhaft mit irgendeinem der Anwesenden und übersah mich völlig. So formte sich mir ihr Bild nur aus dem, was ich bei den Konferenzen mitbekam. Bald merkte ich, daß sie wie niemand sonst an der Schule geradezu ein Talent dafür besaß, Berts oder Bettelheims Unwillen zu erregen. Ich gewann aus allem nur den Eindruck, daß man mich einer schlechten Erzieherin beigesellt hatte.
Einmal begann eine Konferenz damit, daß Bettelheim langsam hereinkam. Die linke Hand hatte er in der Jackentasche, den rechten Arm ließ er hängen. Auf dem Weg zu seinem Platz auf dem Sofa bemerkte er auf einem Tisch eine kleine Uhr. Das war um so auffälliger, als im Mitarbeiterzimmer vor jeder Konferenz alles säuberlich aufgeräumt wurde.
»Wem gehört das?« fragte Bettelheim und hob die Uhr hoch.
»Judith«, seufzte Katherine im Ton eines Menschen, der weiß, daß er sich Unannehmlichkeiten zuzieht.

»Und warum liegt die Uhr hier?«
»Ich muß sie reparieren lassen. Judith hat sie überdreht.«
»Wenn Sie Ihre Uhr jemandem gegeben hätten, damit er sie zum Uhrmacher bringt, und wenn Sie dann diese Uhr auf einem Tisch herumliegen sehen würden – was würden Sie dann denken?«
»Daß diesem Jemand meine Uhr egal ist«, stieß Katherine zwischen den Zähnen hervor.
»Daß Sie diesem Jemand egal sind!« berichtigte Bettelheim und wechselte das Thema.
Ein anderes Mal kam es zu einer Auseinandersetzung zwischen Katherine und dem Professor aus einem Anlaß, der sich meiner Kenntnis entzog. Der Professor sagte abschließend zu Katherine:
»Sie müssen sich entweder entschließen, mit Ihrer Kollegin zusammenzuarbeiten, oder alle zehn Schichten der Woche übernehmen.«
Aus diesen paar Worten schloß ich, daß die Erzieherin, die mit Katherine zusammen die Gruppe betreute, und die Siedler selbst Grund gehabt hatten, sich über Katherine zu beklagen. Das nahm mich vollends gegen sie ein.
Ich muß gestehen, daß die Art, wie Katherine behandelt wurde, mir eine gewisse Genugtuung bereitete. Einerseits, weil ihre lange Dienstzeit an der Schule mich zwar beeindruckte, aber doch auch eifersüchtig machte. Andererseits, weil ich so naiv war, nicht auf den Gedanken zu kommen, daß eine Erzieherin, die bei den Konferenzen so oft getadelt wurde, trotzdem bei ihren Kindern beliebt sein könnte. Ich stellte mir also vor, die Siedler würden erleichtert sein, wenn sie mich als Erzieherin bekämen, und sie würden die Hoffnungen, die Katherine enttäuschte, auf mich übertragen.
Wenn ich so meinen ersten Eindrücken nachgehe, stelle ich mit Schrecken fest, wie festgefahren meine damaligen Anschauungen waren. Für mich war eine Erzieherin, die bei einem Fehler ertappt wurde, zwangsläufig eine schlechte Erzieherin. Eine schlechte Erzieherin wurde unweigerlich von ihren Kindern gehaßt. Eine Uhr auf einem Tisch liegenzulassen, war eine unverzeihliche Nachlässigkeit.
Gegen Ende dieser ersten Januarwoche erinnerte man sich plötzlich daran, daß ich auch noch da war. Katherine sprach mich an und fragte mich, ob ich am kommenden Freitag, Samstag und Sonntag Zeit hätte und arbeiten könne.
Natürlich hatte ich Zeit. Es war das letzte Mal, daß mir diese Frage

gestellt wurde. Katherine erging sich daraufhin in Erläuterungen, die ich nicht begriff. Es ging darum, sich an andere Gruppen anzuschließen. Da ich die Schule noch wenig kannte, sei es wohl schwierig für mich, die ersten Schichten allein zu übernehmen. Es folgten unzählige Einzelheiten über den Tagesablauf, die ich allesamt nicht richtig verstand.

Katherine machte mich allerdings mit Steve bekannt, der zwei Funktionen ausübte: Er war Erzieher der Jungengruppe, die den Siedlern entsprach und den Schlafsaal über ihnen bewohnte, und er war Direktor des Unit, also der Verantwortliche für die Behandlung der zwei Gruppen von Heranwachsenden, die in diesem schon beschriebenen Teil der Schule lebten.

Steve war gut dreißig Jahre alt, ein großer, starker Mann mit braunem Haar und einer Locke, die ihm bis auf die Brille fiel. Er war mir schon früher aufgefallen, als er einmal bei einer Besprechung darauf hinwies, daß einige Erzieherinnen – er nannte sie beim Namen – die Kochnische im Clubraum nicht aufräumten. Diese Kochnische sei vor allem für die Heranwachsenden bestimmt, und ab sofort habe niemand mehr Zutritt, der sich nicht aufraffen könne, die Küche in tadellosem Zustand zu hinterlassen. Mir hatte er mit diesen Worten einen unangenehmen Eindruck gemacht. Katherine erläuterte mir nun, sie werde sich bemühen, meinen Tagesplan mit Steves Unternehmungen abzustimmen, damit ich mich bei Schwierigkeiten an ihn wenden könne.

Als ich Laurent berichtete, welche Arbeitszeiten am kommenden Wochenende für mich vorgesehen waren, verzog er das Gesicht. Weder er noch ich erfaßten damals, daß dies keineswegs die Ausnahme war und daß wir in New York, ohne es zu ahnen, auf lange Monate hinaus unser letztes gemeinsames Wochenende verbracht hatten.

11. Kapitel

Am Freitag, den 8. Januar, dem Tag meiner ersten Schicht, nahm ich wie jeden Freitag an der Mitarbeiterkonferenz von 12.45 bis 14 Uhr teil.

Bis zur Dreiviertelversammlung vor Schichtbeginn hatte ich eine dreiviertel Stunde Zeit. Ich saß auf einem Sofa und bemühte mich, meiner Angst Herr zu werden, als Katherine fragte, ob sie mich sprechen könne. Sie zog mich in den Flur hinaus und fragte geradeheraus:

»Tragen Sie einen BH?«

Ich kannte das englische Wort dafür nicht und mußte zu Katherines Verlegenheit fragen, was das sei. Sie erklärte es mir tapfer und setzte, um sich zu entschuldigen, hinzu, die Siedler hätten nach meinem Besuch ihre Vermutung geäußert, ich trüge keinen BH. Ich war wie vor den Kopf geschlagen. Ich habe nicht viel Busen und hatte immer gedacht, man sähe nicht, ob ich einen Büstenhalter anhatte oder nicht. Jetzt hatte ich plötzlich das Gefühl, ich sei unanständig gekleidet. Ich wußte mir nicht zu helfen, denn ich hatte das Auto nicht und konnte nicht rasch nach Hause fahren, um mich umzuziehen. In meiner Verwirrung hastete ich in ein Kaufhaus auf der 55. Straße und kaufte den ersten besten Büstenhalter. Im Laufschritt kehrte ich in die Schule zurück und kam keuchend an, gerade recht für die Dreiviertelversammlung.

Am Freitag stand wie dienstags Schwimmen auf dem Programm. Ich hatte mir absichtlich keinen einteiligen Badeanzug gekauft und sagte deshalb bei der Besprechung, ich müsse wie das letzte Mal außen bleiben. Eine Erzieherin bemerkte, das sei ärgerlich, denn man brauche genügend Mitarbeiter im Wasser, um das ganze Becken zu »beschatten«, und ich solle mir unbedingt bis zum nächsten Mal alles Notwendige besorgen.

Katherine teilte mir mit, die Siedler sollten nach dem Essen den Abend mit den »Bibern« verbringen, und stellte mich der Erzieherin dieser Gruppe vor.

Die Schule umfaßte acht Gruppen: vier Jungengruppen und vier Mädchengruppen. Die beiden Gruppen mit den ältesten Jungen und Mädchen, die teilweise die Universität besuchten, wohnten im Unit. Die drei übrigen Mädchengruppen, darunter die Strandritter und die Biber, und die drei übrigen Jungengruppen lebten im Schlafsaalgebäude, die einen im Erdgeschoß, die anderen im ersten Stock. Die Kinder selbst hatten nach langen Überlegungen mit Hilfe der Erzieher die Gruppennamen ausgewählt.

Um 15 Uhr bewaffnete ich mich mit meinem Hauptschlüssel und

meinem Hausschlüssel, mit einem Tablett voller Getränke und Kekse und nahm meinen ganzen Mut zusammen.
Die Türen auf die Straße konnte man von außen nur mit dem Schlüssel öffnen, während sie innen einen Drehknopf hatten. Auf den Schlüsseln war »Nachahmung verboten« eingraviert.
Der Hauptschlüssel öffnete die zahllosen Türen von Wandschränken, Kammern und Nebenräumen, die den Kindern Gefahr bringen konnten. So waren die Türen zur Küche, zu den Kochnischen, zur Waschküche, zum Nähzimmer, zu den Werkstätten und zu den Turnsälen ständig verschlossen, und die Kinder konnten diese Räume nicht ohne einen Mitarbeiter betreten.
Dagegen blieben das Spielzimmer, der Club, das Wohnzimmer und die Schlafsäle immer offen.
Die Kinder konnten also hingehen, wohin sie wollten, auch zur Schule hinaus, aber innerhalb der Schule hatten sie keinen Zugang zu gefährlichen Orten. In jedem Schlafsaal befand sich außerdem ein verschlossener Schrank, in dem alles aufbewahrt wurde, was möglicherweise Schaden anrichten konnte: Scheren, Nadeln, giftige Farben, Medikamente, aber auch Glasflaschen wegen der Gefahr von Verletzungen durch Scherben, alle Spiele, die mit Batterien betrieben wurden, Transistorradios, Sprühflaschen, die explodieren können, wenn man sie anritzt, und schließlich auch das Geld, denn es verkörpert die Gefährlichkeit des Lebens in der Außenwelt und ist in der Vorstellung vieler Kinder ein Symbol für Delinquenz. Der Umgang mit diesem Schrank war nicht ganz einfach, weil wir dauernd in Versuchung waren, zur Strafe Dinge darin wegzuschließen und somit seinen Sinn und Zweck gänzlich zu verfälschen. Die Kinder sollten auf ihre Bitte hin einen beliebigen Gegenstand aus dem Schrank bekommen, und wir mußten darauf achten, daß sie sich nicht damit verletzten und er sofort wieder unter Verschluß kam, sobald das Kind ihn ausgebraucht hatte.
Ich möchte mich aber nicht weiter über den Hauptschlüssel auslassen; er allein könnte ein Buch füllen. Ich hoffe, daß er von selbst seinen Platz in meinem Bericht findet, denn er war ebenso wie die kleine gelbe Haustür oder der Ford ein wichtiger Faktor in meinem damaligen Leben.
Außerdem war ich, wie gesagt, auch mit einem Tablett bewaffnet. In letzter Sekunde war mir eingefallen, daß jede Schicht mit kleinen

Erfrischungen beginnt. Ich wußte nicht, wo ich das Tablett, die Getränke und die Törtchen oder Kekse herbekommen sollte.
»Wo gibt es Limonade und Obstsäfte?« fragte ich.
»Im Cola-Schrank.«
Die Erzieherin, die mir diese Auskunft gab, plauderte sofort mit ihrer Kollegin weiter.
»Entschuldigen Sie bitte, es tut mir leid, wenn ich Sie störe, aber ich weiß nicht, wo der Cola-Schrank ist.«
»Unten an der Treppe im Flur.«
Ich hatte keine Ahnung, welcher Flur gemeint war, aber ich fand ihn. Unten an der Treppe lagen fünf Türen. Ich öffnete eine nach der andern mit meinem Hauptschlüssel. Manche Schlösser gaben nicht gleich nach, und ich dachte schon, man brauche einen besonderen Schlüssel. Hinter der ersten Tür fand ich Stapel von Cornflakes-Paketen und eine Kühltruhe, hinter der zweiten einen Vorrat von Kleenex-Tüchern, hinter der dritten einen Flur, hinter der vierten eine Dame an einer Nähmaschine, hinter der fünften endlich die Limonade. Ich begegnete jemandem, den ich fragte, wo die Tabletts seien. In der Küche, hieß es. Die Zeit drängte. Die riesige Küche erstreckte sich über zwei Räume; aussichtslos, dort etwas zu finden. Das Küchenpersonal gab mir freundlich Auskunft, und eine Frau fragte mich sogar nach meinem Namen. Jetzt fehlten noch die Keks und die Papierbecher und -teller, die ich auf den Tabletts der anderen Erzieherinnen gesehen hatte. Ich fand sie nach ebenso großer Mühe. Als ich wieder im Mitarbeiterzimmer anlangte, war es zwei Minuten vor drei Uhr.
Was meinen Mut betrifft, so war er durch die Sache mit dem Büstenhalter gewaltig gesunken. Mich quälte die Aussicht, in wenigen Sekunden vor den Mädchen zu stehen, die ich kaum kannte und mit denen ich acht oder neun Stunden hintereinander verbringen mußte. Fünf Paar Augen würden sich auf mich richten, um die Frage zu klären: Trägt sie einen oder trägt sie keinen? Schlimmer noch als diese Befürchtung war die Demütigung, die ich empfand, weil ich, nur auf eine Frage von Katherine hin, davongelaufen war und mir einen Büstenhalter gekauft hatte. Peinigend war auch der Gedanke, daß den Kindern bewußt war: Sie hatten mich zur Änderung meiner Bekleidungsgewohnheiten veranlaßt.
Die Erzieher machten die täglich gleichen Bemerkungen über die Uhr-

zeit; die einen sagten, es sei drei Uhr, die anderen, es sei noch eine Minute bis drei Uhr. Schließlich standen alle auf. Die meisten gingen in den Schlafsaalbau, Steve und ich zum Unit. Ich stieg die Stufen hinauf, schritt durch die beiden letzten Türen, die mich noch vom Schlafsaal der Siedler trennten, und war dort.

Die Räume waren noch leer. Ich stellte mein Tablett auf dem niedrigen Tischchen in dem kleinen Gemeinschaftsraum ab. Durch drei offene Türen sah man in drei Schlafzimmer. Judith und Nancy teilten ein Zimmer, Maud und Sarah ebenfalls, während das zweite Bett in Nellys Zimmer nicht belegt war. Auf allen anderen Betten saßen Stofftiere und Puppen, hübsch ordentlich, und warteten wie ich. Neben jedem Schlafraum lag ein Badezimmer; Bettelheim persönlich hatte die Wand- und Bodenfliesen für diese Badezimmer ausgesucht. Eine letzte Tür im Gemeinschaftsraum führte zu Katherines Zimmer und war verschlossen. Alle Erzieher und Erzieherinnen wohnten in der Schule mit Ausnahme von mir, weil ich verheiratet war, und Steve, der sich mit seinem höheren Gehalt eine Wohnung außerhalb leisten konnte.

Der Lehrer brachte die Mädchen bis zur Schlafsaaltür. Ich hörte, wie er ihnen liebevoll einen schönen Nachmittag wünschte. Eine nach der andern kamen die Mädchen herein, sagten kurz guten Tag und gingen durch den Gemeinschaftsraum in ihre Zimmer. Ich blieb allein. Wie ich feststellte, machten die Kinder die Türen zu ihren Schlafzimmern nicht zu. Die Zeit schlich dahin.

Als erste erschien Nancy unter ihrer Zimmertür und sagte:

»Es ist sicher bald Zeit, daß wir zum Baden gehen. Sie müssen nachsehen, ob Sarah und Nelly ihre Handtücher, ihre Badeanzüge und ihre Bademützen haben.«

Nelly hatte alles beisammen. Aber wie sollte man in Sarahs Schrank irgend etwas finden? Die Sachen lagen unordentlich herum, und auf meine Fragen entgegnete sie: »Ich finde es schon.« Leider fing sie nicht an zu suchen. Ich wagte ihre Sachen kaum zu berühren, denn ich kannte sie ja noch nicht und hatte aus dem Zwischenfall mit dem Buch im Schlafsaal der Strandritter die Lehre gezogen, daß ich nichts anfassen durfte, was mir nicht gehörte. Im Gemeinschaftsraum warteten Nancy und Judith, die schon fertig waren, und drängten, weil wir sonst zu spät kommen würden. Wir sollten uns einer anderen Gruppe anschließen und mit ihr zum Schwimmbad gehen,

denn ich als Neuling durfte die Kinder nicht allein über die Straße führen.
»Wir dürfen die andern nicht warten lassen!« mahnte Nancy.
»Sarah hat eben Pech gehabt, sie darf nicht ins Wasser, sie muß am Rand sitzen bleiben«, bemerkte Judith.
Ich gab zu, daß dies tatsächlich die beste Lösung sei. Wir gingen hinunter, die Kinder zogen ihre Mäntel und Handschuhe an. Wir waren bereit zum Aufbruch, als Judith auf Sarah deutete und sagte, sie habe keine Mütze aufgesetzt und brauche eine, weil es draußen kalt sei.
Ich kniff die Lippen zusammen. Ich fand, daß sie Sarah wie einen Idioten behandelte. Mir wurde heiß vor Zorn. Heute habe ich eher den Eindruck, daß Judith mich wie einen Idioten behandelte und daß ich mich deswegen innerlich aufbäumte.
Auf dem Weg zum Schwimmbad sprach niemand mit mir. Judith, Nancy und Maud gingen mit ihren Freundinnen aus der anderen Gruppe. Neben mir trippelten Nelly, die Angst hatte, auf dem Glatteis auszurutschen, und Sarah, die den Kopf hängen ließ und deren langes, wirres schwarzes Haar ihr Gesicht vor mir verbarg.
Auch im Schwimmbad beachtete man mich kaum. Emma kam lächelnd auf mich zu und erklärte, sie bade heute nicht. Ich hatte Elaine gefragt, warum Emma in der Schule sei. Ihre Sanftheit und ihr feiner Takt, ihr kluger Blick, ihre ausgeglichenen Züge zogen mich an und verwirrten mich zugleich. Elaine erzählte mir, wie Emma sich anfänglich in der Schule aufgeführt hatte, wie sie mit dem Kopf gegen die Wand gerannt war und Elaine, die doch 1.76 groß ist, nicht mit ihr fertig wurde.
Es war fünf Uhr und dunkel, als wir zur Schule zurückkehrten. Noch dreiviertel Stunden bis zum Abendessen. Ich hatte Angst, die Zeit mit den Kindern, denen ich nichts zu sagen wußte, im Schlafsaal zu verbringen, aber es blieb mir nichts anderes übrig.
Judith und Nancy gingen in ihr Zimmer. Niemand berührte die Erfrischungen, die ich aufgestellt hatte. Sarah nahm sich ein Buch, marschierte auf und ab und las dabei laut. Unermüdlich wiederholte sie einzelne Absätze, fünfmal, zehnmal, ehe sie zum nächsten überging. Maud, die an der Roosevelt University im Zentrum von Chicago studierte, sagte, sie habe zu arbeiten, und vertiefte sich in ein Geschichtsbuch. Nur Nelly war noch im Gemeinschaftsraum.

Von allen Kindern war sie am schwächlichsten und bleichsten. Ihre Schultern waren schmal, ihre Hände rot und rissig. Sie war in der Gruppe das einzige Mädchen mit kurzen Haaren. Ich schätzte sie auf zwölf. Sie trug einen kurzen grünen Trägerrock und eine weiße Bluse mit aufgekrempelten Ärmeln.
Sie sah mich mit ihren blauen Augen an und lehnte die Limonade, die ich ihr anbot, dankend ab. Ich glaube, sie stellte mir ein paar Fragen über Paris oder meine Angehörigen; genau weiß ich es nicht mehr. Aber an ihre leise Stimme und ihre zögernde, vorsichtige Sprechweise erinnere ich mich. Sie fragte mich, ob ich ihr Zimmer sehen wolle. Wie ich schon sagte, bewohnte sie es allein. Die Fenster gingen auf den Innenhof hinaus. An die Wände hatte sie ein paar ungeschickte Zeichnungen von eckig aussehenden Mädchen und Häusern geheftet. Ich erkundigte mich nach allem, ich bemühte mich, nichts auszulassen und echtes Interesse zu zeigen. Es war keine Heuchelei, wenn ich mich derart anstrengte, spontan zu wirken, denn mein Wunsch, mit Nelly Bekanntschaft zu schließen, war aufrichtig, wenn ich auch fast nichts von dem verstand, was sie erzählte.
Als sie mir ihr Zimmer gezeigt hatte, fragte ich, ob ich auch ihr Badezimmer sehen dürfe – nein, ich glaube, sie schlug es mir selbst vor. Ich wünschte, ich wüßte es genau. Jedenfalls öffnete ich die Tür mit ihrer Erlaubnis und erstarrte vor Schrecken.
Ehe ich irgend etwas wahrnehmen konnte, schlug mir übler Gestank nach Exkrementen entgegen. Ich blickte mich um. Auf dem Boden lagen die Kleenex-Tücher dreißig oder vierzig Zentimeter hoch. Die Badewanne quoll davon über, ebenso das WC. Es war ein Meer von Papier, und die Furcht überwältigte mich einen Augenblick, der Mund stand mir offen, und ich brachte keinen Ton heraus. Schließlich stammelte ich ausdruckslos:
»Aber – was ist denn da passiert?«
»Nichts ist passiert«, erwiderte Nelly seelenruhig. »Ich will mein Bad so.«
Wie dumm von mir! Endlich war es Essenszeit. Wir gingen in den Speisesaal hinunter. Ich nahm meinen Platz am Mittelgang ein, die Kinder setzten sich um den runden Tisch. Man hatte mir gesagt, ich solle ihre Essenswünsche berücksichtigen. Ich fragte sie also einzeln, was und wieviel sie haben wollten, und bemühte mich fast unter-

würfig, ihnen alles recht zu machen. Als Judith an die Reihe kam, betrachtete sie meine Hände, die das Salatbesteck umklammerten, und fragte:

»Macht Sie das Ausgeben nervös?«

»Heute macht mich alles nervös«, entgegnete ich so einfach wie möglich.

Den Abend verbrachten wir mit den Bibern im Wohnzimmer und im Clubraum. Ich irrte von einem Kind zum andern und versuchte vergeblich, ins Gespräch zu kommen, um meine innere Angst zu übertönen. Die Erzieherin der anderen Gruppe sorgte für alle, für ihre Kinder wie für meine, und ich war eifersüchtig.

Als es Schlafenszeit war, gingen wir in den Schlafsaal hinauf. Es war 10 Uhr abends.

Wieder war ich allein im Gemeinschaftsraum, während sich die Mädchen in ihren Schlafzimmern zu schaffen machten. Ich hörte Judith und Nancy plaudern. Maud war in ihrem Badezimmer, und Sarah hatte sich angezogen auf ihr Bett gelegt, mitten zwischen ihre vielen Bücher. Die kleine Nelly war in ihrem Badezimmer verschwunden.

Nach einer Viertelstunde kamen Judith und Nancy und baten mich, den Schrank aufzuschließen. Feige gehorchte ich, ohne zu fragen, was sie haben wollten. Wie alle anderen Erzieherinnen hatte ich die beiden Schlüssel an meinem Gürtel befestigt. Judith nahm ein Töpfchen Gesichtscreme und zwei Fläschchen heraus, von denen sie eines Nancy reichte. Ich schloß den Schrank wieder zu, während die Kinder in ihr Zimmer zurückkehrten. Ich hätte sie fragen müssen, was sie mit den Fläschchen vorhatten, aber ich meinte, ich könne ihnen vertrauen. In Wirklichkeit schüchterten sie mich viel zu sehr ein, als daß ich ihnen irgendeine Frage zu stellen gewagt hätte.

Wieder war ich allein, als ich ein leichtes Klicken hörte und mich umdrehte. Die Schlafsaaltür ging langsam auf, dicke Kreppsohlen knirschten. Bettelheim trat ein. Beim Klappen der Tür, die hinter ihm ins Schloß fiel, erschienen Nancy, Judith und Maud. Sarah rührte sich nicht; sie blickte nicht einmal auf. Nelly hatte in ihrem Badezimmer wahrscheinlich nichts gehört.

Die drei Mädchen standen reglos unter ihren Schlafzimmertüren und schauten den Professor erwartungsvoll an. Er sagte guten Abend, fragte kurz, wie es ihnen gehe, warf einen Blick in Nellys leeres

Zimmer, begrüßte Sarah und verschwand, wie er gekommen war. Sacht zog er die Tür hinter sich zu.

Es war Viertel vor elf. Ich hatte Laurent gesagt, ich hätte um elf Uhr frei, und befürchtete, ihn warten lassen zu müssen.

Aus Nellys Badezimmer hörte ich immer wieder Wasserrauschen. Ich trat an Sarahs Bett und fragte, ob ich ihr helfen dürfe, ein Nachthemd anzuziehen. Sie lehnte schläfrig ab. Ich wünschte ihr gute Nacht und knipste ihr Nachttischlämpchen aus. Maud lag jetzt im Bett und hatte sich wieder in ein Lehrbuch vertieft. Ich fragte sie, ob sie immer abends lese, und sie bejahte. Daraufhin ermahnte ich sie, nicht zu lange zu lesen, um sich nicht zu überanstrengen. Ich löschte die Deckenlampe. In allen Räumen brannte die ganze Nacht ein blaues Nachtlichtchen.

Im Gemeinschaftsraum schaltete ich die Stehlampe aus. Da die Schlafzimmertüren immer offenstanden, hätte das Licht die schlafende Sarah stören können. Außerdem dachte ich mir, der dunkle Gemeinschaftsraum könnte vielleicht die Mädchen, die noch wach waren, zum Schlafen veranlassen.

Ich zog den Vorhang vom Fenster und sah den Ford vor der Schule stehen. Laurent war also da.

Judith stellte wortlos das Fläschchen und das Cremetöpfchen auf den niedrigen Tisch. Jetzt fehlte noch das Fläschchen, das sie Nancy gegeben hatte. Sollte ich es zurückfordern? Nancy ersparte mir die Entscheidung und brachte es von selbst. Um 11.15 Uhr knipste Judith ihre Deckenlampe aus. Nancy schlief schon. Nelly war immer noch in ihrem Badezimmer, und ich hörte dieselben Geräusche von fließendem Wasser. Sie kam erst kurz vor Mitternacht heraus und fragte mich, ob sie mich zu lange habe warten lassen. Ich entgegnete, sie brauche sich um mich keine Sorgen zu machen. Sie zeigte mir ein unsichtbares Wehwehchen an einem Finger und fragte, ob ich glaubte, daß es sich entzünden würde. Ich beruhigte sie. Sie verlangte aber ein Pflaster, und ich verband den Finger.

Es war fast Mitternacht, als ich den Schlafsaal verließ. Meine Schläfen dröhnten. Ich schritt durch die zwei Türen ins Mitarbeiterzimmer und traf dort zu meiner Überraschung Bettelheim, der sich mit einigen Erziehern unterhielt und eine Tasse Tee in der Hand hatte. Ich hatte nicht gewußt, daß Bettelheim jede Nacht die Mitarbeiter am Ende ihrer Schicht erwartete, um sie nach Beobachtungen und

Schwierigkeiten zu fragen, ihnen zuzuhören und die Dinge mit ihnen zu besprechen. Da er zu dieser späten Stunde gern in kleinen Schlucken eine Tasse Tee trank, nannten wir diese letzte Konferenz kurz den »Tee«.
Ich traute mich nicht, einfach den Aufenthaltsraum zu durchqueren und zu gehen, deshalb setzte ich mich. Ich hoffte sehr, daß es nicht zu lange dauern würde und ich bald Laurent wiedersehen könnte, der mich sicher im Empfangszimmer erwartete, dort, wohin man mich bei meinem ersten Besuch in der Schule geführt hatte und wo das große Puppenhaus und der geschnitzte Thron standen. Eine Viertelstunde nach Mitternacht erhob sich der Professor und wünschte uns eine gute Nacht.
Die Kälte fiel mich an, als ich einen Augenblick später vor der Schule stand, dabei trug ich einen warmen Pelzmantel. Zähneklappernd setzte ich mich neben Laurent, und wir fuhren in der stillen Nacht über den Lake Shore Drive nach Hause. Ich ging sofort zu Bett und lag viele Stunden schlaflos, mit offenen Augen, juckender Kopfhaut und schmerzenden Fingernägeln.

12. Kapitel

Am nächsten Tag, also Samstag, fing mein Dienst wie am Vortag um 15 Uhr an. Da aber am Wochenende keine Mitarbeiterkonferenz stattfand, konnte ich den ganzen Vormittag zu Hause bleiben und brauchte erst bis zur Dreiviertelversammlung in der Schule zu sein. Ein Tablett, Getränke und Kuchen zu finden, war nicht mehr schwierig. Wie am Freitag setzte ich mich auf ein Sofa und schwieg. Die anderen Erzieher bewegten sich mit einer Leichtigkeit, die zu meiner Verkrampftheit in großem Gegensatz stand.
Mancher mag sich darüber wundern, daß ich in meinen Anfängen an der Schule von den anderen Mitarbeitern so übergangen wurde. Um das zu begreifen, mußte ich erst erleben, daß ich selbst Neulinge außer acht ließ. Wenn auch alle Anfänger die Qual der Isolierung durchmachen müssen, bei mir dauerte es besonders lang, denn ich wohnte ja nicht wie die andern in der Schule. Dort war eben nur

mein Arbeitsplatz, und es war deshalb schwer, Bekanntschaften zu schließen. Was hätte ich auch zu einem Kollegen sagen sollen, wäre ich angesprochen worden? Wenig. Ich hätte geseufzt, wie hart es sei, und hätte wissen wollen, ob es ihm am Anfang ähnlich ergangen war. Hätte ich zu hören bekommen, es sei für alle hart, so wäre das vielleicht ein kleiner Trost gewesen. Wenn ich allerdings die jungen Leute beobachtete, wie sie lachend zu ihren Schlafsälen gingen, wie sie ohne Hemmungen mit dem Professor sprachen, wie sie freimütig bei der Konferenz das Wort nahmen, konnte ich mir nicht vorstellen, daß sie auch einmal schlaflos, verwirrt, verängstigt und einsam gewesen sein sollten.

Und Katherine? Katherine glich einem Meteor. Manchmal lief sie durchs Mitarbeiterzimmer, ohne mir einen Blick zuzuwerfen, oder blieb stehen, um jemanden etwas zu fragen; aus ihren Worten schloß ich, daß bei ihren Mädchen Dinge vorgingen, die ihr problematisch waren. Ich meinte, sie hätte mich davon unterrichten sollen, denn ich konnte meinen Dienst nicht richtig tun, wenn ich von den Kindern, die mir anvertraut waren, überhaupt nichts wußte. Aber sie sagte nie etwas von selbst, und meine Fragen tat sie obenhin ab. Ich glaube, ich haßte sie damals.

An jenem Samstag wartete ich also, bis es drei Uhr wurde und Katherines Schicht endete, während meine begann. Die Kinder hatten am Wochenende keinen Unterricht und verbrachten beide Tage mit ihren Erziehern. Eine Schicht ging von 7.45 bis 15 Uhr, die andere von 15 Uhr bis zum Schlafengehen, samstags wie sonntags. Das ergab also vier Schichten, und die Erzieher mußten jeden Samstag und jeden Sonntag Dienst machen.

Zehn Minuten vor drei Uhr tauchte Katherine im Mitarbeiterzimmer auf. Sie ließ die Kinder ein paar Minuten allein, um ihre Briefe zu lesen, die ich ihnen am Anfang meiner Schicht aushändigen sollte. Ich durfte die Post auch lesen, aber ich konnte mich nicht dazu überwinden. Anderer Leute Briefe zu lesen, war in meiner Familie die denkbar schlimmste Indiskretion, und ich verstand nicht, warum es im geringsten therapeutisch sein sollte, diese Taktlosigkeit hier zu begehen. Da ich die Kinder noch nicht kannte, hätte ich allerdings mit ihren Briefen auch nichts anfangen können. Ich hätte nicht vorhersehen können, welche Neuigkeiten sie möglicherweise verwirrten; ich wäre auch nicht in der Lage gewesen zu entscheiden, ob ich einen

Brief zurückhalten und den Inhalt mit dem Meister besprechen sollte, ehe ich ihn der Empfängerin übergab. Trotzdem war ich eifersüchtig, als ich jetzt Katherine beobachtete, wie sie die Umschläge aufschlitzte, die Briefe las und sie mir dann ohne Kommentar reichte. Schlimmer noch: Sie sagte gelegentlich ein paar Worte dazu, aber nicht zu mir!

In dieser geistigen Verfassung wartete ich auf den Dienstbeginn.

Pünktlich um drei Uhr betrat ich den Schlafsaal der Siedler. Sie saßen im Kreis um Katherine, begrüßten mich mit einem kurzen »guten Tag«, und ich lächelte ihnen zu.

Judith lag auf dem Sofa. Nancy unterhielt sich mit Katherine. Nelly strich sich nervös die Fransen aus der Stirn. Maud schwieg. Sarah musterte mich mit zusammengekniffenen Augen, als blende sie das Licht. Wieder einmal hatte ich das Gefühl, zu stören.

Bald darauf ging Katherine weg und ließ mich allein mit den Kindern. Linkisch nahm ich ihren Platz in dem tiefen blauen Sessel ein, einem Geschenk Bettelheims für die Kinder. Während ich die Gläser mit Mineralwasser und die Törtchen herumreichte, fragte ich jedes Mädchen einzeln, wie es den Vormittag verbracht habe. Da ich den Schulbetrieb noch nicht sehr gut kannte, war es einfach, das Gespräch mit solchen Fragen in Gang zu halten. So erfuhr ich mancherlei, und gleichzeitig verging die Zeit – das war leider für mich die Hauptsache.

Judith und Nancy waren aufgeschlossen. Sie plauderten gern und waren freudig erregt, weil ich Französin bin. Beide waren eitel, fast geziert, und interessierten sich für alles, was ich ihnen von Paris erzählte. Ich genoß bei ihnen ein Ansehen, das ich zu untermauern veruchte, weil ich auf das geringste Zeichen der Anerkennung lauerte. Im übrigen besaßen sie beide die Eigenschaften, die mir stets abgegangen waren: Sicherheit im Benehmen und eine offenkundige Leichtigkeit, mit Menschen ihres Alters Freundschaft zu schließen. Deswegen imponierten sie mir. Wahrscheinlich hatten sie ihrer Umgebung so sehr imponiert, daß sie schließlich beide in der Orthogenischen Schule gelandet waren. Möglicherweise war meine Haltung der genaue Abklatsch des Verhaltens ihrer Eltern. Das war gewiß eine schwache Leistung von mir. Aber es war nun mal so.

Während Judith und Nancy mir also in gewisser Beziehung von meinen fünf Kindern am »ansprechbarsten« erschienen, jagten sie mir auch die größte Angst ein. Wenn sie sich in ihrem Zimmer unterhielten, ohne daß ich sie verstehen konnte, war ich stets überzeugt, daß sie über mich klatschten, und ihr Gespräch erschien mir so geheim, daß ich es nicht zu unterbrechen wagte, sei es auch nur, um ihnen zu sagen, es sei Zeit zum Abendessen. Außerdem war ich sicher, daß sie genau wußten, wieviel Uhr es war, und wollte sie nicht mit dieser Mahnung beleidigen.

Ich glaubte damals, meine allerersten Schichten seien am schwierigsten, und im Lauf der Zeit werde sich ein gelockertes Verhältnis zwischen den Kindern und mir einstellen. In Wirklichkeit waren die Mädchen einer neuen Erzieherin gegenüber besonders freundlich und gaben sich große Mühe, zuvorkommend und höflich zu sein. Deshalb war der Anfang mit den Siedlern leichter als mit einer Gruppe jüngerer Kinder, die so umtriebig sind, daß der Anfänger oft keine Ordnung halten kann und einen erfahreneren Kollegen zu Hilfe rufen muß. Meine Gruppe stellte mich lediglich vor die Schwierigkeit, meine eigene Verängstigung zu überwinden und unerbittlich zum Grund meiner Schüchternheit vorzudringen.

Die Zeit schlich dahin. Wir spielten Karten oder machten ein anderes Gesellschaftsspiel, ich weiß es nicht mehr genau. Die Spielregeln lernte ich mühsam, weil mein Wortschatz auf diesem Gebiet unzulänglich war.

Ich trug einen grauen Rock und einen weißen Pullover. Sarah brach plötzlich ihr Schweigen und sagte:

»In Weiß gleichen Sie einem Engel . . .«

»Und dabei bin ich gar nicht engelhaft!« erwiderte ich beklommen.

Sie bestand aber darauf. Doch, doch, ich gliche einem Engel. Ich empfand mich selbst als unförmig, linkisch und dumm – was sollte ich sagen? Sarah ließ sich nicht entmutigen.

»Haben Sie die Bücher von . . . gelesen?«

Ich verstand den Namen des Autors nicht. Ich bat sie, ihn zu wiederholen, und begriff ihn wieder nicht. Verwirrt entschuldigte ich mich und forderte sie auf, mir ein drittes Mal zu sagen, wen sie meine.

»Nein, es macht nichts, es ist mein Fehler«, sagte sie mit einem zaghaften Lächeln.

»Oh, es tut mir so furchtbar leid . . .«

»Sie spricht von Victor Hugo«, fiel Judith ein, die etwas Französisch gelernt hatte und die Aussprache kannte.

»Victor Hugo! Aber natürlich! Ja, gewiß, ich habe manches von ihm gelesen, vor allem Gedichte ...«

Sarah begann, einiges auf Englisch vorzutragen, was ich nicht erkennen konnte. Dann fragte sie mich, ob ich an Gott glaube. Ich war so unvorsichtig, mich mit ihr in ein sehr merkwürdiges Gespräch über mystische Dinge einzulassen. Die anderen Kinder hörten in beunruhigendem Schweigen zu.

17.45 Uhr, endlich Essenszeit! Wir sollten im Club mit den Hopi essen, einer Gruppe von Mädchen, die ihrer Entwicklung, wenn auch nicht ihrem Alter nach wesentlich jünger waren als die Siedler. Wie am Tag zuvor hatte ich nicht mehr viel zu tun und überließ der anderen Erzieherin die Führung.

Die zwei Tische im Club wurden gedeckt, und wir nahmen Platz. Ich setzte mich zwischen Nelly und Sarah, Judith und Nancy gegenüber. Ein oder zwei Kinder der anderen Gruppe kamen zu uns, Maud setzte sich an den anderen Tisch.

Das Essen war gut, und alle aßen mit Appetit, ausgenommen Judith, die nur grünen Salat und ein wenig Quark haben wollte. Nelly knetete jeden Bissen in den Fingern, ehe sie ihn in den Mund steckte, aber es schien ihr zu schmecken. Als abgedeckt werden sollte, merkte ich, daß Sarah nichts angerührt hatte, obwohl sie selbst gewünscht hatte, daß ich ihr reichlich auftat.

»Hast du keinen Hunger?« fragte ich.

»Nein«, entgegnete sie mit ihrem dünnen Stimmchen.

Ich wußte nicht recht, was ich tun sollte.

»Möchtest du lieber etwas anderes?«

»Nein danke.«

Ich überlegte kurz. Man hatte mir gesagt, daß wir die Kinder essen lassen sollten, was und wieviel sie wollten. Am nächsten Tag würde sie sicher besser essen. Also ergriff ich ihren Teller, doch kaum hielt ich ihn in der Hand, als Judith und Nancy in Entrüstungsschreie ausbrachen.

»Das gibt es doch nicht! Sie muß etwas essen!«

»Was, sie hat überhaupt nichts gegessen? Sie muß aber unbedingt etwas zu sich nehmen!«

Die beiden Mädchen brachten mich allmählich in Wut. Immer ließen sie mich fühlen, daß ich mich ihrer Meinung nach nicht genug um Sarah kümmerte.

»Es steht Sarah frei, nichts zu essen, wenn sie will«, erwiderte ich deshalb kurz angebunden.
»Das finde ich nicht!« sagte Nancy.
»Wir sprechen oben darüber.«
Gegen halb zehn Uhr gingen die Hopi zu Bett. Wir brachten den Clubraum in Ordnung und gingen ebenfalls in unseren Schlafsaal. Ich hatte Angst vor der drohenden Auseinandersetzung.
Es war alles wie tags zuvor: Nelly verschwand in ihrem Badezimmer, Sarah schlüpfte in den Kleidern zwischen die Laken. Sie deckte ihr Bett kaum auf und ließ die zahllosen Bücher darauf liegen. Maud legte sich auf ihr Bett und schlug ein Schulbuch auf, Judith und Nancy unterhielten sich angeregt in ihrem Zimmer. Wie am Vorabend löschte ich bei Sarah das Licht. Dann nahm ich allen Mut zusammen und betrat das gegenüberliegende Zimmer. Nancy zog sich hastig aus; sie ging gern früh zu Bett. Ihr volles, schwarzes Haar reichte ihr bis in die Taille. Nancys glänzende Mähne ist mir unvergeßlich. Sie packte sie mit einer Hand, rollte sie geschickt um ihr Handgelenk und steckte sie mit zwei Haarnadeln zu einem losen Knoten. Judith lag auf ihrem Bett. Zerstreut streichelte sie ein Plüschreh. Als ich eintrat, hob sie den Kopf.
»Würden Sie mir bitte meine Sachen geben?« fragte sie und deutete auf den Schrank.
Ich schloß ihn auf und reichte ihr die Fläschchen und das Cremetöpfchen. Dann packte ich den Stier bei den Hörnern.
»Sollen wir uns über den Vorfall beim Essen unterhalten?«
Nancy setzte sich auf ihr Bett, Judith hatte sich wieder hingelegt. Beide blickten mich an.
»Ich finde, man sollte ein Kind nicht zum Essen zwingen«, stammelte ich.
»Aber das ist doch idiotisch!« rief Nancy barsch. »Natürlich muß man Kinder zum Essen zwingen! Oder meinen Sie, es sei gut, wenn man sie fasten läßt?«
»Man sollte ihnen aber nicht dadurch das Essen verekeln, daß man sie zwingt ...«
»Aber man muß doch essen! Das ist unbedingt nötig. Sonst kann man nicht leben!«
»Sarah wird nicht gleich sterben, wenn sie einmal eine Mahlzeit ausläßt«, sagte ich.

»Vielleicht«, meinte Judith. »Aber sie weiß es nicht. Wenn Sie nicht darauf bestehen, daß sie etwas ißt, denkt sie nur, es sei Ihnen einerlei, ob sie kräftig ist oder nicht.«
»Sie müssen den Kindern zeigen, daß Sie sich um ihre Gesundheit kümmern!« betonte Nancy.
Ich schwieg. Die Mädchen hatten recht. Warum erlaubte ich mir das Gefühl, ich hätte eine Schlacht verloren? Vor mir hatte ich zwei intelligente Kinder, die mir anvertraut waren. Sie hatten mir eine der wichtigsten Pflichten meines neuen Berufs erklärt. Warum vermochte ich das nicht ganz einfach anzuerkennen? Warum fiel es mir so schwer, ihnen für ihre Hilfe zu danken?
Ich bedankte mich, aber widerwillig. Und eine halbe Stunde später geriet ich wieder in eine dumpfe Wut, denn ich hatte die beiden gebeten, ihr Licht nicht zu lange brennen zu lassen.
»Katherine erlaubt uns, das Licht anzulassen«, sagte Judith.
Diese Antwort traf mich an einer empfindlichen Stelle. Meine Eifersucht auf Katherine flammte sofort auf. Ich wußte nichts zu erwidern. Der Name Katherine und die damit verbundene Autorität ließen mich verstummen. Kläglich trat ich den Rückzug an:
»So? Das wußte ich nicht.«
Es war jetzt 11 Uhr. Wie am letzten Abend hatte Bettelheim eilig und ohne viel Worte seine Runde gemacht und Nelly nicht sehen können, weil sie in ihrem Badezimmer steckte. Immer wieder hörte ich Wasser plätschern.
Auch an diesem Abend blieb ich bis 23.30 Uhr im Schlafsaal. Nelly war spät aus ihrem Versteck hervorgekommen. Sie trug zwei Nachthemden übereinander und klagte wieder über unsichtbare Wehwehchen, die ihr Sorge bereiteten und die ich verbinden mußte.
Im Mitarbeiterzimmer trank Bettelheim Tee mit anderen Erziehern, die ebenfalls aus dem Dienst kamen. Ich setzte mich stillschweigend. Ich traute mich nicht, durch den ganzen Raum zu gehen und mir in der Teeküche eine Tasse Tee zu holen. Ich hatte nicht durchs Fenster geschaut, ob Laurent schon da war, und ich befürchtete, ihn wieder warten lassen zu müssen.
Meine ganze Schicht hatte ich damit zugebracht, meine Furcht zu bezähmen. Sarah hatte ich falsch behandelt, und Judith und Nancy hatten mich darauf aufmerksam gemacht. Dann hatte ich ewig gewartet, bis Nelly endlich aus ihrem Badezimmer kam. Wie ich den

Gesprächen entnahm, hatten die anderen Erzieher in dieser Zeit wichtige Unterredungen mit ihren Kindern geführt, neue Beobachtungen über ihr Verhalten angestellt, ihren Charakter besser kennengelernt und tieferes Verständnis für ihre Störungen gewonnen; sie beendeten den Tag reicher, als sie ihn begonnen hatten.
Laurent und ich fuhren wieder in scharfer Kälte nach Hause. Das Glatteis glitzerte im Scheinwerferlicht. Auch in dieser Nacht schlief ich kaum.

13. Kapitel

An diesem Sonntagmorgen war ich sehr niedergeschlagen. Wie ein Berg stand vor mir die Pflicht, ein drittes Mal Dienst zu machen, ein drittes Mal in die Arena geworfen zu werden. Spät und keineswegs ausgeruht stand ich auf. Laurent und ich frühstückten ausgiebig zusammen. Der Himmel war strahlend blau und wolkenlos. Laurent schlug vor, mit dem Hund auf den großen Rasen seiner Universität zu gehen. Ich war so verkrampft, daß ich am liebsten in meinen vier Wänden geblieben wäre, aber ich stimmte trotzdem zu und sagte mir, dabei käme ich vielleicht auf andere Gedanken.
Jaulend und mit fliegenden Ohren tollte der Hund auf dem Rasen und neckte uns. Laurent duckte sich wie ein Rugbyspieler, um ihn zu fangen. Ich spielte nach besten Kräften mit, aber verstohlene Blikke auf meine Uhr belehrten mich, daß es schon Mittag war, dann ein Uhr ... Wir hatten gerade noch Zeit zum Essen, ehe Laurent mich zur Schule fuhr.
Schon war es drei Uhr, und ich stieg die letzten Stufen, die mich noch vom Schlafsaal trennten, hinauf. Im Gemeinschaftsraum besprachen die Kinder mit Katherine die letzten Einzelheiten. Wir sollten den Abend mit den Falken verbringen, der Jungengruppe, deren Erzieher Steve war und die im zweiten Stock des Unit wohnten. Die Aussicht, einige Stunden in Gesellschaft von Jungen verbringen zu müssen, schien die Siedler aufzuregen; sie fragten sich, was sie anziehen sollten, und Judith sorgte sich, wie sie sich einem Jungen gegenüber verhalten sollte, mit dem sie früher »schwerwiegende« Gespräche ge-

führt hatte. Ich fand diese Ängstlichkeiten ein bißchen lächerlich. Ich war völlig unwissend, und gerade wegen dieser Unwissenheit gestattete ich mir, innerlich Kritik zu üben an dem, was ich an meiner Umgebung beobachtete.

Ich erwähnte bereits, daß jeder von uns seiner Schicht den größten Wert beimaß. Ein Beispiel: Ich war Anfängerin und geradezu krank vor Angst im Blick auf meine neue Verantwortung. Als ich aber merkte, daß Katherine ihre Schicht vor meinen Augen ausdehnte und meine Schicht um diese Zeit verkürzte, wurde ich wütend. Ich hätte alles darum gegeben, wenn sie gegangen wäre und mich mir selbst überlassen hätte, denn ich war überzeugt, sie bleibe nur hier, um ihre Autorität bei den Kindern noch länger zu genießen. Mitanzusehen, welches Vertrauen die Kinder zu Katherine hatten, war mir unerträglich. Kurz zuvor hatte ich noch gebetet, es möge nie drei Uhr werden – jetzt versteifte ich mich darauf, daß die Zeiteinteilung genauestens eingehalten wurde und mir niemand etwas von meiner Schicht stahl.

Katherine ging. Schweigen senkte sich über uns. Ich spürte, daß die Kräfte der Kinder allmählich abnahmen – sie hatten sich bis jetzt um eine wohlwollende Haltung bemüht, aber nun fiel es ihnen schwer. Ich selbst war viel zu sehr in meine eigenen Besorgnisse vertieft, als daß ich, wie es richtig gewesen wäre, die Angst nachempfunden hätte, die sie zweifellos erfüllte, als sie den dritten Tag einer Fremden gegenüberstanden, die sich nicht besser um sie kümmern konnte als ein Babysitter.

Ein Babysitter. Dieses Bild meiner Person schien mir entwürdigend. Selbst mit sechzehn oder siebzehn Jahren hatte ich es abgelehnt, mein Taschengeld auf so trübsinnige Art zu verdienen. Jetzt übte ich also diese unwürdige Tätigkeit aus, und dabei war ich erwachsen, verheiratet, hatte im Studium gut abgeschnitten und meine Berufsaufgaben drei Jahre lang erfolgreich erfüllt.

Sarah betrachtete in ihrem Zimmer ein Kunstbuch. Ich trat zu ihr und fragte sie, ob ich es auch ansehen dürfe. Wir saßen beide auf dem Boden, das große Buch auf den Knien, als Bettelheim unter der Tür erschien.

»Na, wie immer in Kunstbücher vergraben, wie?« sagte er zu Sarah und verschwand.

Ich war verwirrt und hatte den Eindruck, ich fördere eine Beschäfti-

gung, die vielleicht nicht besser war als das, was Sarah zu Hause auch gehabt hätte.
Ich stand auf und verließ ihr Zimmer. Maud war im Gemeinschaftsraum und lernte, wie sie es oft tat. Sie war nicht die älteste in der Schule, aber sie war am längsten dort, fast zwölf Jahre. Das lange Leben in der Schule hatte sie gereift, und sie allein wirkte fast so alt, wie sie wirklich war, nämlich zwanzig. Sie besuchte einen Kindergärtnerinnenkurs an der Roosevelt University und erläuterte mir die Fächer ihres Lehrgangs.
Während ich ihr zuhörte, fragte ich mich, welche tiefsitzende Krankheit sie nach zwölf Jahren überwunden zu haben schien. Ich hatte die Akten der Kinder nicht gelesen, denn ich wollte sie nicht auf diesem Wege kennenlernen. In der Schule ist es übrigens weitgehend üblich, nur mit Höflichkeit und dem Wunsch nach näherer Bekanntschaft, ohne vorgefaßte Meinungen, an die Kinder heranzutreten. Aus diesem Grund ließ Katherine mich allein mit allem fertig werden und erzählte mir nichts von dem, was in ihren Schichten geschah. Die Möglichkeit, mit den Siedlern spontan Kontakt zu finden, hielt ich allerdings damals für Schikane.
Das einzige Kind, das auf mich »real« wirkte, war Nelly. Mit Judith und Nancy war das Gespräch hochgestochen, mit Maud steif und mit Sarah phantastisch. Nelly jedoch, die sich nicht immer klar ausdrückte und sich um offensichtlich harmlose Dinge sorgte, sprach in einem Ton, aus dem die Hoffnung klang, daß unsere Beziehungen eines Tages vielleicht weniger gekünstelt, weniger oberflächlich werden könnten. Nur sie wandte sich an mich wie an einen Menschen und nicht wie an einen Babysitter oder einen Besuch.
Ich erinnere mich noch deutlich, wie sie mir erläuterte, warum es für sie schwierig war, eine Anfängerin zur Erzieherin zu haben. Bei mir hatte sie das Gefühl, nicht nur über sich selbst, sondern auch über die andern wachen zu müssen, während sie Katherine jegliche Sorge um ihre Sicherheit oder die der andern überlassen und sich mit ihren eigentlichen Problemen befassen konnte.
Die kleine Nelly, die mir so klarsichtig ihre Angst vor Unbekannten, ihr Gefühl der Schutzlosigkeit anvertraute, bat mich auf einem merkwürdigen Umweg der Gedanken noch am gleichen Tag, ihr die Fingernägel zu schneiden, weil sie befürchtete, sich damit zu kratzen.

Sie selbst bewaffnete mich mit der spitzen, gebogenen Nagelschere, die ich dem verschlossenen Schrank entnahm. Ihre kleine Hand lag nur halb in meiner großen; sie war bereit, die Hand jederzeit zurückzuziehen, wenn ich die finsteren Pläne, die sie mir zweifellos unterschob, auszuführen versuchen sollte. Als ich sie so zitternd vor mir sah, kannte ich mich plötzlich selbst nicht mehr. Ich hatte Angst, sie zu stechen oder mit der Schere abzugleiten, und ich sah mich mit ihren Augen: wie ein Ungeheuer.
Den Abend verbrachten wir mit den Falken im Wohnzimmer, also im Erdgeschoß des Unit. Steve saß in einem der tiefen Samtsessel und unterhielt sich ruhig mit Jungen und Mädchen. Die Falken glichen dem, was sie waren: junge Männer. Sie hatten mich noch nicht kennengelernt, und zwei von ihnen überschütteten mich mit Fragen, die teilweise so gelehrt waren, daß ich sie nicht beantworten konnte. Wir machten Feuer im Kamin.
Heute frage ich mich, ob es Steves Größe war, die ihm diese ruhige Sicherheit verlieh. Er sprach wenig, lächelte zuweilen und schien nie an den gesellschaftlichen Gebräuchen unserer Generation teilzunehmen. Offenbar brauchte er sie nicht, um andere Menschen kennenzulernen oder ihnen bekannt zu werden. Seine Haltung hatte nichts Aufreizendes, und sein Blick war manchmal beinahe schelmisch, meist aber zutiefst aufmerksam und ernst.
Ich beobachtete meine Kinder. Judith und Nancy bemühten sich sehr, sich freundlich und doch zurückhaltend zu geben. Maud sah im Gespräch ein bißchen dumm aus. Nelly zog andauernd ihren Rock über die Knie, und Sarah saß auf dem Sofa und führte mit ihrer kindlichen Stimme eine schwer verständliche Unterhaltung.
Gegen 10 Uhr verabschiedeten sich die Falken.
Oben im Schlafsaal erinnerte Nancy daran, daß wir noch, wie jeden Sonntagabend, die Wäsche sortieren und in die Waschküche bringen mußten, damit die Waschfrau sie am Montagmorgen gleich in die Maschine stecken konnte. Judith, Maud, Nelly und ich schleppten die Wäschesäcke hinunter und setzten sie im Untergeschoß an dem dafür vorgesehenen Platz ab. Dann verlief der Rest des Abends wie an den Tagen zuvor; die Mädchen gaben sich ihren abendlichen Gepflogenheiten hin, ich irrte von einem Zimmer zum andern.
Die einzige, die keinen Ritus entwickelt zu haben schien, war Sarah. Wenn sie an den beiden vorhergehenden Abenden früh zu Bett

gegangen war, ohne sich zu entkleiden, so war das ein Zufall. An diesem Abend zog sie ein Nachthemd an und schritt in ihrem Zimmer hin und her, ein Buch in der Hand, aus dem sie laut vorlas. Dabei blieb sie an Sätzen hängen, die sie sechs- oder siebenmal wiederholte. Sätze? Nein, eigentlich nur einzelne Wörter, die sie nach mir unverständlichen Gesichtspunkten auswählte.
»Schaum krönte die Wellen, die Wellen, Wellen, Wellen, Wellen, Wellen, die Wellen, Schaum krönte, krönte die Wellen, Wellen ...«
Wenn sie Wörter wiederholte, hob sie die Stimme; den übrigen Text las sie flüchtig. Als ich sie fragte, ob sie nicht zu Bett gehen wolle, blieb sie stehen, als hätte ich sie überrascht oder als befürchte sie, getadelt zu werden.
»Oh!« rief sie. »O ja, gleich!«
Sie drückte ihr Buch an sich, trippelte zu ihrem Bett, hob einen Zipfel der Decke hoch und schlüpfte rasch hinein. Doch wenige Augenblicke später hörte ich, wie sie unter der Decke wieder Textbrocken psalmodierte.
Nelly rief mich und bat, mich allein sprechen zu dürfen. Ich ging in ihr Zimmer, und dort verwickelte sie sich in einen Bericht, dem ich kaum zu folgen vermochte. Es handelte sich um Nancy. Als wir aus dem Wohnzimmer heraufstiegen, nachdem wir uns von den Falken getrennt hatten, hielt Nancy die Flurtür auf, um uns vorbeizulassen, und im Vorüberhuschen hatte Nelly Nancy berührt. Jetzt fragte sie sich, ob sie ihr wehgetan habe. Sie wollte mir zeigen, wie stark sie gegen ihre Kameradin gestoßen war, wagte aber nicht, mich zu berühren. Ich bemühte mich, sie zu beruhigen, und sagte, Nancy hätte sich sicher beklagt, wenn sie einen Schmerz verspürt hätte. Diese nüchternen Überlegungen vermochten aber das besorgte Mädchen nicht zu erleichtern. Sie redete weiter, wobei sie sich mit verkrampfter Hand die Haare aus der Stirn strich. Je mehr sie bei mir Trost suchte, um so weniger fühlte ich mich imstande, ihn ihr zu geben.
»Warum nicht einfach Nancy fragen?« schlug ich schließlich vor.
»Nein, das wäre dumm.«
Und wieder begann Nelly mit einer detaillierten Beschreibung des Zwischenfalls. Aus ihren Worten schloß ich aber, daß sie Nancy höchstens gestreift haben konnte. Wäre ich fähig gewesen, ein wenig Abstand zu gewinnen, so hätte ich begriffen, daß sich Nelly in

Wirklichkeit um etwas anderes sorgte und daß ich mehr auf die Gefühle als auf die Tatsachen zu achten hatte. Mit einer einfachen Frage, zum Beispiel: »Und was quält dich nun wirklich?« hätte ich dem Mädchen helfen können. Dazu hätte ich aber größere Erfahrung gebraucht. So verlor sich Nelly in ihren Erläuterungen, und ich verstrickte mich in meinen beruhigenden Worten.
Plötzlich rief jemand im Gemeinschaftsraum meinen Namen in alarmierendem Ton. Ich verließ Nellys Zimmer und fand Maud, Nancy und Judith an der Tür zu Sarahs Zimmer, aus dem unterdrückte Laute drangen.
»Ich glaube, Sarah ist sehr erregt«, sagte Maud mit unstetem Blick.
Ich trat an Sarahs Bett. Sie hatte den Kopf unter ihr Kopfkissen gesteckt und kreischte wie eine Irre. Es war ein schallendes Gelächter, ein Lachkrampf, der mir Angst einjagte.
»Was hast du denn?« fragte ich.
Sie wandte mir rasch ihr Gesicht zu, keuchte und beobachtete mich. Dann verbarg sie den Kopf wieder im Kissen, und ich sah nur noch ihre wirren braunen Haare und ihren zuckenden Rücken.
»Ich hole jemanden«, sagte Nancy.
»Ich gehe mit!« fiel Judith ein.
Ehe ich ein Wort sagen konnte, liefen sie schon weg. Plötzlich sprang Sarah aus dem Bett.
»Nein, nein!« schrie sie. »Nein, das ist nicht nötig, wartet, es geht mir schon besser ...«
Mit bloßen Füßen stand sie in ihrem rosa Nachthemd auf dem Fliesenboden, zitterte und bettelte. Judith und Nancy beharrten darauf, man müsse jemanden holen, Steve oder Bettelheim oder Bert, einfach jemanden, der Bescheid wußte und der wieder Ordnung bei uns schaffen würde. Sarah tat mir leid, wie sie ohne Erfolg versuchte, die beiden zu überreden. Ich hielt die Mädchen zurück.
»Aber Katherine hat gesagt, wir sollten Hilfe holen, wenn es nötig sei!« rief Nancy heftig.
Wenn es natürlich Katherine gesagt hatte ...
Die beiden gingen hinunter. Es dauerte nicht lange, da kehrten sie schon mit dem Professor zurück. Er wandte sich Sarah zu, während Judith und Nancy in ihr Zimmer gingen.
»Nun«, sagte er und musterte Sarah, die einen Schritt zurückwich und die Augen zusammenkniff. »Nun, was ist denn los?«

Sarah machte den Mund auf, brachte aber eine Zeitlang keinen Laut hervor. Schließlich murmelte sie:
»Nichts, es tut mir leid ...«
»Du führst dich wohl lieber wie eine Verrückte auf, als dich vernünftig zu benehmen, nicht wahr?« fuhr er in gleichmäßigem Ton fort. Dann sagte er gute Nacht und ging hinaus.
Als ich etwas später zu Judith und Nancy ins Zimmer kam, fragten sie, ob es mir nicht recht sei, daß sie Hilfe geholt hätten. Ich entgegnete, sie hätten richtig gehandelt, denn sie seien ja sichtlich beunruhigt gewesen, ich hätte sie aber zurückgehalten, damit sie nicht in ihrer Bestürzung zum Schlafsaal hinausliefen, ohne Sarah, die etwas zu ihnen sagte, auch nur anzuhören.
»Wir hatten Glück«, sagte Nancy. »Wir haben gleich Dr. B. getroffen, und er ist sofort mit uns heraufgekommen.«
Ich hatte mich hinreißen lassen, Judith und Nancy so zu behandeln, als seien sie geistig gesünder als ich, doch diese Episode hätte mir das Ausmaß ihrer Schwäche zeigen müssen. Ich war aber blind.
Spät nachts, als Nelly endlich aus ihrem Badezimmer kam, fing sie mit ihren Erläuterungen zu dem Vorfall mit der Tür von vorn an. Ich fiel fast um vor Müdigkeit, als ich ihr zuhörte. Es war Mitternacht.
Im Mitarbeiterzimmer trank Bettelheim Tee (ich konnte mich noch nicht entschließen, ihn einfach so wie die andern »Dr. B.« zu nennen). Ich befürchtete, er mache mir Vorwürfe wegen meiner Unfähigkeit, allein in meinem Schlafsaal fertig zu werden, aber er blickte nicht einmal auf, als ich ins Zimmer trat. Ich setzte mich. Einen Augenblick des Schweigens nutzte ich aus, um ihn anzusprechen:
»Ich weiß nicht, was in Sarah gefahren ist. Und insbesondere begreife ich nicht, warum die andern sich so aufgeregt haben.«
»Die Kinder kennen Sie nicht, sie vertrauen Ihnen nicht«, entgegnete er geradeheraus.
Dann wechselte er das Thema. Wieder einmal wurde mir klar, wie geringfügig die Probleme waren, die mich beschäftigten, im Vergleich zur Bedeutung der Fragen, die die anderen Erzieher dem Professor unterbreiteten.
Im Empfangszimmer erwartete mich Laurent. Sein erstes Wochenende ohne mich ging zu Ende. Er fuhr mich nach Hause. Ich ging gleich zu Bett und lag die dritte Nacht schlaflos.

14. Kapitel

Montag – ich hatte frei! Die Welt stand mir offen. Ich brauchte lediglich um 12.45 Uhr zur Mitarbeiterkonferenz zu gehen und konnte dann in aller Ruhe nach Hause zurückkehren. Es war wieder herrliches Wetter. Wenn Laurent den Wagen nicht brauchte, wollte ich nördlich zur Stadt hinausfahren, in Richtung Evanston, wo inmitten großer Gärten am See die Villen der Reichen liegen. Dort wollte ich das Auto abstellen und mit dem Hund den verschneiten Uferweg entlanggehen. Die Augen würden mir vor Kälte tränen, und ich würde an frühere Winter und an die Spaziergänge um den großen See im Bois de Boulogne denken. Gegen 16 Uhr, wenn der Horizont sich langsam abendlich verfärbte, wollte ich zurückfahren und mich mit abgeblendeten Scheinwerfern in die Kette der Fahrzeuge einreihen, die der Stadt zurasten. Wie immer würde ich auf dem Lake Shore Drive bis zur 31. Straße fahren. Dann würde sich mir der Vergleich zwischen der weitläufigen Bauweise in Evanston und den nüchternen, schwarz-grünen Universitätsgebäuden in diesem Elendsviertel aufdrängen. Ich würde einen Augenblick im Parkverbot anhalten und versuchen, unter all den eilig herausdrängenden jungen Leuten Laurent zu erkennen.

So malte ich mir den Verlauf dieses Tages aus, als ich aufstand. Wir waren lange liegengeblieben, denn Laurent hatte erst um 12 Uhr Vorlesung. Zum Frühstück ließen wir uns Zeit. Dann setzte ich ihn an der Universität ab und fuhr zur Schule.

Um diese Zeit des Jahres – Mitte Januar – waren die meisten Kinder innerlich stark beschäftigt mit ihrem Besuch bei ihren Angehörigen. Viele der Kinder, die schon lange in der Schule waren, verbrachten die Feiertage zu Hause – nachdem das Weihnachtsfest in der Schule einige Tage vor dem eigentlichen Termin gefeiert wurde.

Erst im Sommer gingen sie wieder nach Hause und hatten dann in den sechs Ferienwochen Zeit zu erproben, wie sich ihre Beziehungen zu ihrer Familie in einem weiteren Behandlungsjahr an der Schule entwickelt hatten. So war es allgemein üblich, aber es gab viele Ausnahmen. Man bezeichnete dieses Zusammensein mit den Eltern als »Besuch«.

In der Mitarbeiterkonferenz wurde daher des längeren über die Probleme gesprochen, die sich einem Kind zu Hause gestellt hatten. Ich hörte nur mit halbem Ohr hin, denn mir lag vor allem daran, bald zu erfahren, wann ich wieder Dienst hätte.

Nach der Konferenz setzte sich Katherine zu mir.

»Wir müssen unseren Dienstplan aufstellen«, sagte sie.

Sie bewaffnete sich mit Papier und Bleistift: Die Woche umfaßte zehn Schichten. Bei zwei Erziehern je Gruppe war klar, daß jeder fünf Schichten übernehmen mußte. Von Montag bis Freitag waren es fünf Schichten von 15 Uhr (nach dem Unterricht) bis zum Schlafengehen; das Wochenende bestand, wie ich schon sagte, aus vier Schichten: am Samstag und am Sonntag je eine Morgen- und eine Abendschicht. Das ergibt zusammen neun Schichten. Die zehnte Schicht verteilte sich auf fünf Morgen; es war das sogenannte »Wekken«. Ein ganzes Trimester lang mußte eine und dieselbe Erzieherin an jedem Morgen von Montag bis Freitag die Kinder wecken, ihnen dazu verhelfen, daß sie dem Tag mit neuem Mut entgegensahen, ihnen ihr Frühstück geben und sie in die Klassenzimmer führen. Die Erzieherin vom Dienst stand selbst so früh auf, daß sie um 7.30 Uhr im Schlafsaal war. Um 9 Uhr, wenn der Unterricht anfing, war das »Wecken« beendet. Diese fünf Dienstzeiten zählten zusammen als eine Schicht.

Katherine sagte, sie habe in diesem Trimester den Frühdienst. Sie schlug mir vor, am Dienstag, Mittwoch, Freitag und Sonntag von 15 Uhr an und außerdem samstags morgens bis 15 Uhr zu arbeiten. Jetzt endlich begriff ich auch, was die berüchtigte Vierundzwanzigstundenschicht war. Ich würde freitags um 15 Uhr die Kinder übernehmen, und erst am Samstag um 15 Uhr würde mich Katherine ablösen. Sie selbst hatte dann 24 Stunden Dienst, bis ich am Sonntag um 15 Uhr wieder zur Schicht kam. Diese Schicht ließ uns nur wenige Stunden Schlaf.

Ich erklärte mich mit diesem Dienstplan einverstanden. Es war mir im Grunde einerlei, an welchem Tag ich Schicht hatte, denn ich hatte noch keine Vorliebe für bestimmte Tage entwickelt. Dagegen bedrückte mich die Aussicht, schon gleich am nächsten Tag wieder Dienst zu tun, denn ich hatte mich nach den vergangenen drei schwierigen Tagen noch nicht wieder gefaßt.

Ich konnte mich nicht aufraffen, nach Evanston zu fahren. Man muß entspannt sein, um die Kraft zu finden, sich zu erholen. Ich fuhr deshalb nach Hause und schrieb einen langen Brief an meine Mutter. Die Schule zu schildern, war mir jedoch unmöglich.

15. Kapitel

Am Dienstag, den 12. Januar, besuchte ich um 9 Uhr Berts erste Vorlesung in der Universität. Diese Vorlesung war aber so technisch, so kenntnisreich und so weit von allem entfernt, was ich in der Schule zu verwirklichen suchte, daß ich beschloß, nicht mehr hinzugehen. Ich hatte also nur noch meine Tätigkeit als Erzieherin und gab einem meiner früheren Studenten französische Privatstunden, die ich nicht einstellen wollte, obwohl Laurent es für sinnlos hielt, sich für ein paar Dollar zu überarbeiten.

Die Abende brauchte ich nicht mehr wie bei meinen drei ersten Schichten mit einer anderen Gruppe zu verbringen, denn man hielt mich jetzt für fähig, meine Gruppe allein beschäftigen zu können. Und während ich mich langsam an den Gedanken gewöhnte, endgültig die Erzieherin der Siedler zu sein, traten die Kinder in die Verteidigung und betrachteten mich nicht mehr als Besuch, sondern als eine greifbare Gefahr, als Eindringling, den sie kaum hinauswerfen konnten, als Bedrohung.

In den drei Jahren, die Katherine als Erzieherin bei den Siedlern war, hatte sie ihre Kollegin nie länger als ein paar Monate halten können, und ich begriff allmählich den Grund dafür. Wenn man eine solche Tätigkeit aufnimmt, hat man süßlich-sentimentale Vorstellungen im Kopf von einer wunderbaren jungen Frau, die das arme, kleine, zärtlichkeitsbedürftige Wesen, dem sie das Leben retten will, liebevoll in ihren Armen wiegt. Wer mehr als eine Woche bei den Siedlern war, mußte erleben, daß sich dieser Traum ins Nichts auflöste. Und wer diesen Schlag verkraften wollte, mußte durch alle Tiefen hindurch und durfte nicht nachlassen, bis er allmählich im Lauf der Monate einen besseren Stand gewann.

Ich bin froh, daß ich nicht aufgegeben habe, selbst um den Preis, den ich dafür bezahlen mußte. Sicher wäre nichts daraus geworden, wenn ich dieses Risiko nicht eingegangen wäre. Ich habe mich im-

mer gefragt, ob meine Vorgängerinnen aus Angst, diesen Einsatz leisten zu müssen, ihre Arbeit so bald wieder aufgaben.
Nelly, die vor allen anderen bereit war, wirklich mit mir zu reden, war auch die erste, die mich haßte. Der Zwischenfall mit Nancy, Nellys Angst, sie habe ihre Kameradin gestoßen, und besonders meine Unfähigkeit, sie auch nur im geringsten zu beruhigen, waren zweifellos Ursachen für ihre heftige Reaktion gegen mich. Ich glaube aber auch, daß sie sich schuldbeladen fühlte, denn allabendlich ließ sie mich bis Mitternacht und darüber hinaus stundenlang warten und gab sich indessen in ihrem Badezimmer geheimnisvollen Riten hin. Wenn sie dann auftauchte, hatte sie gerötete Hände von dem eiskalten Wasser, das um diese Jahreszeit aus dem Hahn floß und das sie nie mit warmem Wasser mischte. Die Ärmel ihrer beiden Nachthemden waren klatschnaß, und sie blickte verstört. Wenn sie in ihr Bett schlüpfte, das ich aufgedeckt hatte, achtete sie darauf, daß ihre Nachthemden die Beine bedeckten. Ich löschte ihre Nachttischlampe nicht, denn sie ließ sie gern die ganze Nacht brennen. Noch lange blieb ich dann an ihrem Bett stehen und hörte ihr zu, wenn sie in ihrer nächtlichen Angst immer weiterredete. Die Aggressivität des Tages trat in den Hintergrund, und jetzt plagten sie die Sorgen. Beunruhigt erinnerte sie sich an eine Bemerkung, die sie tags zuvor gemacht hatte, oder an irgendeine Handlung und erzählte mir unermüdlich die geringfügigsten Einzelheiten vor und nach dem betreffenden Vorfall. Ängstlich verlangte sie meine Meinung zu der Sache. Immer wieder kam sie darauf zu sprechen, in welcher Lage wir beide anläßlich des Ereignisses mit Nancy geraten waren, und jedesmal war sie von neuem enttäuscht über meine Machtlosigkeit. Und wenn sie endlich müde wurde und sagte, ich könne jetzt gehen, sie wolle schlafen, dann verließ ich sie mit einem unbefriedigten Gefühl.
Als ich die kleine Nelly am Anfang meiner nächsten Schicht wiedersah, war sie am Rande der Verzweiflung. Sie konnte meinen Anblick nicht ertragen und floh schon um 15 Uhr in ihr Badezimmer. Allmählich wurde es ihr zur Gewohnheit, fast die ganze Zeit meiner Schichten dort zu verbringen. Sie kam nur zum Essen heraus, und in der kurzen Zeit, die sie bei uns war, erlebte sie immer irgend etwas, das sonst niemand bemerkte und über das sie nicht sofort sprach, das sie aber in Gedanken bis abends folterte, so daß sie dann oder

auch erst am nächsten Tag doch darüber redete. Meist ging es darum, ob sie eine ihrer Kameradinnen gestreift hatte oder nicht. Manchmal war aber das Vergehen, das sie sich vorwarf, in ihren Augen noch viel schlimmer. So saß sie einmal weinend in ihrem Zimmer, zerkratzte sich das Gesicht und gestand mir, sie habe mit ihrem Fingernagel eine Schramme auf Nancys Hand hinterlassen.
Wie bereits erwähnt, stand ich diesen Besorgnissen hilflos gegenüber, weil ich nicht genug Abstand gewann, um sie zu deuten, sondern mich bemühte, Nelly die Ängste, die sie zum Ausdruck brachte, auszureden. Ich vermochte nicht zu erkennen, was sie verbarg und was sie doch so sehr quälen mußte, daß sie nicht darüber sprechen konnte und es hinter all diesen symbolischen Vorfällen versteckte. Ich empfand aber aufrichtige, uneingeschränkte Zuneigung zu ihr. Als sie sich zornig vor mich hinstellte und schrie: »Du bist so groß, ich kann diesen großen Körper nicht riechen, ich hasse dich!«, war ich sehr betrübt und kein bißchen wütend. Ich fragte mich nur verzweifelt, wie ich je das Vertrauen dieses Kindes erringen könne. Abends war ich so niedergeschlagen, daß ich beim Tee kurz mit Bettelheim darüber sprach.
»Nelly haßt mich«, sagte ich. »Sie haßt mich von ganzem Herzen. Ich weiß nicht, was ich tun soll.«
»Was sagt sie denn?« fragte der Meister.
»Daß sie mich haßt. Das wiederholt sie in jeder Tonart.«
»Fordern Sie sie auf, sich etwas genauer auszudrücken und Ihnen zu sagen, was es ist, das ihr so sehr mißfällt, damit Sie sich bessern können.«
Als gehorsame Schülerin befolgte ich am nächsten Tag seinen Rat. Aber Nelly konnte es mir nicht sagen. Sie wußte nur, daß sie mir gegenüber einen Haß verspürte, der sie ihrerseits zerfraß.
Da ich unfähig war, sie davon zu befreien, setzte ich alles daran, in äußerlichen Dingen für sie zu sorgen. Das ließ sie sich gern gefallen, denn sie hatte große Angst, sich zu verletzen, zu stürzen oder sich irgendwie wehzutun. Ich paßte auf, daß sie genügend aß, daß sie sich bei ihren Wutanfällen nicht das Gesicht zerkratzte und daß sie sich die Hände eincremte, wenn sie aus ihrem Badezimmer kam. Ich klebte Pflaster auf die kleinen Pickel, die sie manchmal auf dem Rücken bekam und die sie sonst nachts aufgekratzt hätte. Außerdem vergewisserte ich mich, daß sie immer so viele Kleenex-Packungen

hatte, wie sie wollte. Pro Schicht nahm ich ihr acht oder neun Pakkungen auf dem Rückweg vom Abendessen zu unserem Schlafsaal aus der Vorratskammer mit.

Rückblickend wird mir klar, daß Nelly im Grunde von meinen fünf Kindern die einzige war, die in mir von Anfang an spontane Gefühle weckte. Von den andern fühlte ich mich angezogen und zugleich verängstigt. Das lähmte mich und hinderte mich daran, ihnen gegenüber eine klare Einstellung zu gewinnen, wodurch wir viel Zeit verloren.

Mein Verhalten gegenüber Nelly – ich sah meine Machtlosigkeit ein, stellte aber zugleich meinen guten Willen unter Beweis – konnte ich bei den andern nicht anwenden. Sie gaben mir allerdings auch keinen Anlaß dazu. Selbst wenn sie – wie Nancy – nicht aggressiv waren, hatte ich in ihrem Leben doch nur eine Statistenrolle. Wenn sie mich ansprachen, so meist, um zu fragen, ob wir heute in die Badeanstalt gingen, ob ich den Wetterbericht für morgen gehört habe, ob ich ihnen einen Gegenstand aus dem verschlossenen Schrank geben könne. Oder sie baten mich, im Untergeschoß Toilettenpapier zu holen, auf die Leiter zu steigen und die Glühbirne in der Deckenleuchte auszuwechseln oder ihnen bei Tisch Brot und Milch zu reichen. Manchmal begannen sie ein freundschaftliches Gespräch, und wir unterhielten uns über dieses und jenes, über einen Film, ein Buch, ein Tagesereignis. Aber ich verachtete mich, weil ich mich für diese heuchlerischen Gespräche hergab, die uns vom wahren Grund meiner Anwesenheit bei ihnen ablenkten und uns das dadurch entstehende Mißbehagen nicht fühlen ließen. Im Grund war ich feige.

Um 15 Uhr zu den Kindern zu gehen, war jedesmal eine Qual, die ich Stunden vorher fürchtete. Nie stieg ich die Stufen zum Schlafsaal hinauf ohne den Wunsch, zu stolpern und mir ein Bein zu brechen, um auf diese Weise das orthogenische Abenteuer zu beenden. Aber zweifellos erfüllte mich ein anderer Wille, denn stets erreichte ich ohne Unfall mein Ziel, stellte mein Tablett auf dem niedrigen Tischchen ab und begrüßte die Kinder, die vom Unterricht kamen. Nelly schlüpfte in ihr Badezimmer; Sarah schleppte einen Stapel Bücher herbei und begann sofort zu lesen; Judith schritt verschlossen und mürrisch durch den Gemeinschaftsraum in ihr Zimmer, wo sie sich auf ihr Bett legte und die zahlreichen Briefe las, die ich ihr heraufgebracht hatte; Nancy war zwar freundlicher, hielt sich aber nicht bei mir auf, sondern ging sofort zu Judith und begann mit ihr ein Gespräch, an dem ich brennend gern teilgenommen hätte; Maud konnte nach zwölf Jahren ihren therapeutischen Katechismus auswendig und leistete mir im Gemeinschaftsraum Gesellschaft, weil sie sich wohl sagte, es sei nicht gut für sie, wenn sie sich so absonderte, wie sie es einst getan hatte. Wenn sie sich aber zu mir gesetzt hatte, sagte sie nichts, das es wert gewesen wäre, ausgesprochen zu werden, und wir waren zwar im gleichen Zimmer, bekamen aber keinen Kontakt.

Dienstags und freitags gingen wir ins Schwimmbad. Ich hatte mir einen schwarzen, schmucklosen Badeanzug gekauft, den einzigen, der meiner Meinung nach zu mir paßte. Judith hatte mich gefragt, warum ich vorher nicht mit ins Wasser gegangen sei. Mit ihrem erstaunlichen Einfühlungsvermögen hatte sie wahrscheinlich bemerkt, daß es mir ebenso unangenehm war wie ihr, mich zu entkleiden. Als ich zum ersten Mal mit den Kindern ins Becken ging, kam sie zu mir, legte mir die Hand auf den Arm und sagte:

»Sie sehen sehr gut aus im Badeanzug!«

Freundlich lächelnd machte sie mir dieses Kompliment. Ich bedankte mich beklommen. Wirkte ich so elend, daß die Kinder, die mir anvertraut waren, sich verpflichtet fühlten, mich zu trösten? Oder wollte Judith sich lieber mit andern beschäftigen als zulassen, daß andere sich mit ihr beschäftigten?

Im Wasser war ich ebenso vereinsamt wie im Schlafsaal. Ich wußte nicht, wem ich mich anschließen sollte. Nelly badete selten, Maud zeigte sich übertrieben gesellig, Sarah badete nie, und Judith und Nancy steckten mit Mädchen aus anderen Gruppen zusammen, zu denen ich mich nicht zu gesellen wagte. Ich erinnerte mich an meine Schulzeit, als ich dreizehn oder vierzehn Jahre alt war und mich von den »Cliquen« , aus denen ich stets ausgeschlossen wurde, mächtig angezogen fühlte. Und wie damals hielt ich mich auch jetzt abseits. Es war kein Wunder, daß ich bei meiner ersten Schicht Sarahs Badeanzug nicht gefunden hatte; sie besaß gar keinen und badete nicht. Einen oder zwei Monate später jedoch nahm Katherine sie mit, um einen Badeanzug zu kaufen. Als sie ihn mir zeigte, war ich überrascht, denn es war der gleiche Badeanzug, den ich auch hatte, nur in einer anderen Farbe.

»Merkwürdig«, sagte Katherine. »Ich weiß nicht, wie dein Badean-

zug aussieht, aber Sarah hat ihn natürlich gesehen, denn sie geht ja mit den andern in die Badeanstalt. Sie wollte unbedingt diesen Badeanzug haben. Sie wollte ihn sogar schwarz, aber das paßt nicht für ein junges Mädchen, deshalb habe ich sie zu einem farbigen überredet.«
Damit begann mein Interesse für Sarah. Aber ich will nicht vorgreifen.

16. Kapitel

Bei einer Mitarbeiterkonferenz in dieser zweiten Januarwoche teilte uns Bert mit, Judiths Stiefmutter sei an Brustkrebs operiert worden. Judiths Vater habe seine Tochter in einem Brief davon unterrichtet. Diese Nachricht bestürzte uns. Judiths Mutter war nämlich vor einigen Jahren eben dieser Krankheit zum Opfer gefallen. Ihr Vater hatte sich wiederverheiratet, nachdem Judith, die ihren Schmerz nicht verwinden konnte, in die Schule gekommen war. Sie war jetzt seit zwei Jahren da und stand eben im Begriff, ihre bösen Erinnerungen zu verarbeiten. Nun würde alles wieder aufbrechen.
Ich schloß kurz die Augen. Auch mein Vater war vor drei Jahren an Krebs gestorben. Ich wollte von dieser Krankheit nichts hören.
Es war Freitag, ich hatte Dienst. Wir überlegten uns, wie wir es Judith schonend beibringen sollten, und beschlossen, daß Margaret, eine weißhaarige Dame, die zweimal wöchentlich psychotherapeutische Behandlungen bei Judith durchführte, diese Aufgabe kurz vor meiner Schicht übernehmen sollte. Sie wollte Judith den Brief ihres Vaters übergeben. Im Lauf des Nachmittags würde Katherine kommen und Judith ins Wohnzimmer nehmen, um sich mit ihr auszusprechen.
Um drei Uhr, als ich den Dienst antrat, war Judith schon im Bilde. Ich hatte Katherine gefragt, wie ich mich verhalten solle.
»So, wie Sie es in der gleichen Lage von andern wünschen würden«, hatte sie erwidert.
Ich hätte wahrscheinlich gewünscht, in Ruhe gelassen zu werden. Aber als mein Vater starb und auch schon vorher während seiner langen Krankheit hatte ich ihm und auch meiner Mutter gegenüber

eine Aufgabe zu erfüllen, die mir über meinen Kummer hinweggeholfen hatte. Danach hatte mich das Leben mitgerissen, ich hatte mich verliebt, ich hatte geheiratet, und der Schmerz konnte nicht die Oberhand gewinnen.

Judith dagegen lebte getrennt von den Ihren in einem Heim für Behinderte. Wie sollte sie sich wehren? Ich war immer noch der Ansicht, Leid müsse erstickt, überdeckt, ausgelöscht werden. Welche Behandlung ich mir in derselben Lage gewünscht hätte, wußte ich nicht. Ich hätte nicht gewollt, daß man mich ablenkte, aber auch nicht, daß man mich mitleidig musterte. Ich hätte gewollt, man solle mir ohne Worte zu verstehen geben, daß man unterrichtet war und mitfühlte. Aber aussprechen sollte man das unter keinen Umständen.

Also sagte ich nichts zu Judith. Sie hielt sich in ihrem Zimmer auf. Ich stellte ein Glas Coca-Cola und ein paar Keks an ihr Bett, damit sie zum Nachmittagsimbiß nicht zu uns zu kommen brauchte. Gewöhnlich kam sie ohnehin nicht, weil sie mich mied. An diesem Tag wollte ich ihr aber zeigen, daß ich ihren Wunsch nach Zurückgezogenheit begriff. Wenn ich heute daran zurückdenke, überrascht es mich, in welchem Maß ich das Alleinsein als Heilmittel für alles betrachtete.

Margaret kam zu Judith, und Katherine holte sie eine Zeitlang nach unten, wie sie es versprochen hatte. Die anderen Kinder merkten, daß etwas los war, wußten aber nicht, was es war, und verhielten sich ruhig. Wir gingen zum Essen hinunter. Bert kam zu Judith und legte ihr die Hand auf die Schulter. Die Spannung stieg, und Nancy oder Maud – ich weiß es nicht mehr genau – bat, man möge der Gruppe sagen, was im Gang sei. Mit betrübter Miene erklärte Judith, der Speisesaal sei zwar nicht der richtige Ort dafür, aber sie selbst wolle lieber gleich bekanntgeben, was es mit dem Kommen und Gehen auf sich habe.

»Meine Stiefmutter hat Brustkrebs und ist operiert worden«, sagte sie schlicht.

Die Kinder brachten ihr Mitgefühl zum Ausdruck. Sarah stürzte sich in endlose Beteuerungen wie: »Sicher erholt sie sich wieder!«, und alle waren betreten. Damals hielten wir ihre erstaunliche Freundlichkeit und ihren Wunsch, die Welt möge besser sein, als sie ist, noch für einen Mangel an Taktgefühl.

Wie jeden Abend gingen wir auch an diesem sofort nach dem Essen, gegen 18.30 Uhr, in den Schlafsaal hinauf. Die Kinder der anderen Gruppen wurden um diese Zeit gebadet, aber da ich die Siedler noch nicht gut kannte (es war erst meine vierte oder fünfte Schicht) und da sie ja schon groß waren, badete ich niemanden.
Judith ließ ihr Bad einlaufen. Ihr dichtes, kastanienbraunes Haar, das sie alle zwei Tage wusch und einlegte, steckte sie unter eine Duschhaube. Dann schloß sie ihre Badezimmertür.
Ich war mit Sarah im Aufenthaltsraum. Sie hatte einen Gedichtband gebracht, und wir lasen zusammen. Dabei dachte ich aber an Judith, die zweifellos aufgewühlt war und der ich nicht helfen konnte.
Nancy erschien unter ihrer Zimmertür:
»Geneviève, Judith ruft dich.«
Ich stand rasch auf. An der Badezimmertür stockte ich und klopfte an. Judith bat mich herein. Sie saß in der Wanne, ihr Gesicht war naß, und einige Locken waren aus der Duschhaube gerutscht und klebten ihr im Nacken. Sie sagte, ich möge mich setzen. Das Badezimmer war klein; hätte ich mich auf den Fußboden gesetzt, so wäre ich Judith zu nahe gewesen, und ich wollte nicht indiskret sein. Also setzte ich mich auf den WC-Deckel in der Ecke.
»Ich war ein bißchen aufgeregt«, sagte Judith mit einem zaghaften Lächeln. Dann verstummte sie.
Ich beunruhigte mich, weil sie offenbar nichts mehr zu sagen wußte und vielleicht meinte, sie müsse trotzdem reden, nur um mich nicht umsonst gerufen zu haben.
»Möchtest du, daß ich dir sage, was ich von dir weiß und von der Nachricht, die du heute erhalten hast?« fragte ich deshalb.
Sie war einverstanden, und ich faßte kurz zusammen, was ich von ihrer Lebensgeschichte gehört hatte. Sie selbst hatte mir nichts erzählt und konnte daher nicht wissen, welche »Karten« ich in der Hand hatte. Dann begann sie selbst zu sprechen, nicht so sehr von der Operation und von den Erinnerungen, die sie in ihr weckte, als von ihrer Familie, von ihrer Schwester, von der zweiten Heirat ihres Vaters und davon, wie die Töchter ihm deswegen das Leben schwer gemacht hatten. Ich hörte mit dem größten Interesse zu.
Angst und Mitgefühl bewegten mich, als sie geendet hatte, und ich sagte ihr, daß mein Vater an Krebs gestorben sei. Das war ein unverzeihlicher Fehler, und ich beging Judith gegenüber noch so man-

chen ähnlichen Irrtum, denn sie verlockte mich stets dazu, von gleich zu gleich mit ihr zu reden, und nur zu oft ging ich in die Falle. An jenem Tag jedenfalls machte ich Judith mit meiner Enthüllung zur Mitwisserin, und damit leistete ich ihr einen schlechten Dienst. Ich reichte ihr einen vergifteten Rettungsring, den sie nur zu bereitwillig ergriff, nämlich die Gelegenheit, von mir, meiner Vergangenheit und meinen Problemen zu sprechen, statt ihr zu helfen, sich auf ihre Persönlichkeit, ihre Vergangenheit und ihre Probleme zu konzentrieren. Obwohl ich damals aus Unerfahrenheit das Ausmaß meines Fehlers nicht begriff, ahnte ich doch etwas davon und verließ das Badezimmer mit einem unerklärlichen Schuldgefühl.

Als ich eineinhalb Jahre später meinen Kindern sagte, ich müsse nach Frankreich zurückkehren und mich für ganz von ihnen trennen, erinnerte mich Judith an dieses Erlebnis und sagte mir, welche Schlüsse sie daraus für ihre Beurteilung meiner Person gezogen hatte. In der Zwischenzeit hatte sie nicht darüber geredet.

17. Kapitel

Am andern Morgen, Samstag, weckte ich meine fünf Kinder um acht Uhr. Wenn es schon hart war, spät abends nach Hause zu kommen, war es noch schlimmer, morgens neben dem schlafenden Laurent aus dem Bett zu kriechen, den Hund rasch hinunterzuführen, die Wohnungstür leise zu schließen und mit dem Ford den Lake Shore Drive entlangzurasen, der um diese frühe Zeit verlassen war. Im Osten ging über dem Lake Michigan die Sonne auf.

Um Viertel vor acht Uhr versammelten sich die Erzieher vom Dienst wie vor jeder Schicht im Mitarbeiterzimmer. Am Wochenende zeichnete sich diese morgendliche Konferenz allerdings dadurch aus, daß alle erschöpft waren, denn diejenigen, die am Samstag- oder Sonntagmorgen Dienst machten, hatten jeweils auch die Schicht des vorhergehenden Abends gehabt. Es war die Mitte der Vierundzwanzigstundenschicht, und wir kamen nach einer viel zu kurzen Nacht zusammen, um zu besprechen, was unsere Gruppen im Lauf des Vormittags unternehmen sollten.

Ich brauchte mir nichts Besonderes zu überlegen, denn ich durfte meine Kinder noch nicht außer Haus nehmen. In die Badeanstalt gingen wir immer mit einer anderen Gruppe unter Führung einer dienstälteren Erzieherin.
Um acht Uhr trennten wir uns und gingen in unsere Schlafsäle. Bei mir war noch alles ruhig. Zuerst weckte ich Nancy und zog den Vorhang auf. Dann rief ich leise Judiths Namen, und als sie mir mit einer Kopfbewegung zu verstehen gab, daß sie mich gehört hatte, schlich ich auf Zehenspitzen hinaus und ins Zimmer von Sarah und Maud.
Sarah war schon nicht mehr im Bett. Sie hatte sich im Badezimmer eingeschlossen und saß lesend auf dem WC. (Ich sagte »eingeschlossen«; die Badezimmertüren ließen sich aber aus Sicherheitsgründen nicht verriegeln, und Sarah hatte einfach die Tür zugezogen.) Maud schlief noch. Ich drückte sacht ihre Hand, die auf der Decke lag, und flüsterte:
»Es ist Zeit!«
Maud drehte sich um, blinzelte und sagte guten Morgen. Später bat sie mich, ich solle sie morgens beim Wecken nicht anfassen.
Nelly saß schlaftrunken auf ihrem Bett und fragte mich nach dem Wetter. Dann stand sie vorsichtig auf und schlich in ihr Badezimmer. Ich zog die Vorhänge auf, öffnete das Fenster und deckte ihr Bett auf.
Unter der Woche machte meist Katherine die Betten, weil sie den Weckdienst hatte. Wenn die Kinder zum Unterricht gegangen waren, räumte sie die Schlafzimmer auf. Dreimal wöchentlich kam die Putzfrau. In der Schule galt die Vorschrift, daß alles peinlich sauber sein mußte, daß aber die Kinder nichts tun durften, denn sie sollten ihre Kräfte sparen, um sich auf fruchtbarere Arbeiten als Saubermachen konzentrieren zu können. Mädchen wie Maud und Nancy, die schon lange da waren (Nancy stand im fünften Behandlungsjahr), machten allerdings ihre Betten selbst.
Die Kinder zogen sich allein an. Um neun Uhr gingen wir zum Frühstück hinunter, das am Wochenende eine halbe Stunde später als sonst eingenommen wurde.
Die Lebhaftigkeit an den Nachbartischen stand in großem Gegensatz zum Schweigen an meinem Tisch. Wir hatten uns nichts zu sagen, und dabei hatte der Tag eben erst begonnen! Am Mitarbeitertisch

bei der Eingangstür war das Frühstück umsonst aufgetragen worden, denn wer am Samstagmorgen keinen Dienst hatte, lag noch im Bett und holte den Schlaf nach, der die ganze Woche über fehlte.

Nach dem Frühstück gingen wir wieder in den Schlafsaal hinauf und überlegten, wie wir den Tag ausfüllen wollten. Wir kamen auf den Gedanken, im Wohnzimmer Karten zu spielen, Lieder mit Klavierbegleitung zu singen, vielleicht auch Bücher anzusehen, lauter angenehme Beschäftigungen. Die Kinder setzten eine mürrische Miene auf mit Ausnahme von Sarah, die laut las und mir gelegentlich Fragen zu ihrer gelehrten Lektüre stellte. Sie hatte damals eine Vorliebe für Teilhard de Chardin gefaßt, und sie machte mich oft lächerlich, wenn sie mich wichtigtuerisch in metaphysische Diskussionen verwickelte, bei denen ich sofort den Boden unter den Füßen verlor.

Beim Mittagessen um 12.30 Uhr herrschte die gleiche trübe Stimmung. Nelly schleuderte wütende Blicke, Judith und Nancy lächelten ihren Freundinnen in den anderen Gruppen zu oder flüsterten einander Bemerkungen über einen der Falken ins Ohr, Maud bemühte sich, umgänglich zu sein, Sarah legte wie immer ihre Papierserviette über ihren Teller, damit man nicht sah, daß sie nichts gegessen hatte. Ich war niedergeschlagen. Als ich einen Blick auf Nelly warf, die rechts von mir saß, und sah, wie sie nervös mit den Pommes frites spielte und die Hälfte um ihren Teller herum verstreute, herrschte ich sie an, sie solle ordentlich essen.

Allgemeiner Aufruhr! Alle richteten ihre Pfeile auf mich: Nelly dürfe essen, wie sie wolle, niemand sei verpflichtet, sauber zu essen, und wenn Nelly alles schmutzig machen wolle, sei es ihre Sache. Ich schwieg und klammerte mich an den Gedanken, daß mein Dienst um drei Uhr endete.

Nach dem Essen kam die ausgeklügelte Folter: Zu Beklemmung und Ärger trat Eifersucht, als ich feststellte, daß die Kinder ihre Zimmer in Ordnung brachten und sich schweigend in den Aufenthaltsraum setzten, um auf Katherine zu warten. Judith bat mich sogar, einige Bücher von Sarah aufzuräumen, weil Katherine keine Unordnung dulde. Ich gehorchte.

Punkt drei Uhr löste mich Katherine ab. Um 3.05 Uhr saß ich am Steuer des Ford und fuhr in Richtung Norden. Um 3.20 Uhr endlich

war ich wieder in der Wohnung und konnte mich ausruhen. Am Sonntagmorgen jedoch packte mich erneut die Angst vor dem Zusammensein mit den Kindern, und ich verkrampfte mich zusehends.
Mit dem unvermeidlichen Tablett beladen kam ich zur Ablösung. Die Kinder waren aber nicht wie gewöhnlich im Schlafsaal, sondern mit Katherine im Wohnzimmer, wo sie eben das Ende eines Films mit Humphrey Bogart und Ingrid Bergman sahen. Nelly wandte sich um, und als sie merkte, daß ich hereinkam, fuhr sie sich mit der Hand ins Gesicht.
»Je zorniger du bist, um so mehr zerkratzt du dir das Gesicht. Das ist nicht sehr klug von dir«, sagte Katherine.
Als der Film zu Ende war, stand sie auf, sagte den Kindern Lebewohl und ging.
Von diesem Nachmittag weiß ich nichts zu berichten. Ich verwandte meine ganze Energie darauf, mir den Anschein der Ausgeglichenheit zu geben, denn ich wäre sonst in die Luft gegangen und fühlte mich doch nicht berechtigt, meine Verzweiflung an den Kindern auszulassen. Es war schließlich nicht ihr Fehler, daß ich unbedingt in der Schule arbeiten wollte und daß man mich zu ihrer Erzieherin bestimmt hatte. Ich verstand sogar ihre dumpfe Wut über meine Anwesenheit. Mir erschien es völlig normal, daß sie mich haßten und Katherine liebten, und beinahe hätte ich mich am Beginn meiner Schichten entschuldigt, daß ich statt Katherine Dienst hatte. Ich gab mich geschlagen, und diese Selbstdemütigung steigerte meinen Groll.
Sonntags hatte das Küchenpersonal frei, und das Mittagessen fand nicht im Eßzimmer, sondern im Schlafsaal statt. Eine Gruppe bereitete das Essen zu und brachte es auf Tabletts mit der entsprechenden Anzahl von Tassen, Tellern, Papierservietten und Kunststoffbesteck in die Schlafsäle. Jeden Sonntag übernahm eine andere Gruppe diesen Essensdienst, und da die Schule acht Gruppen umfaßte, kam jede einzelne Gruppe alle acht Wochen an die Reihe.
Die Kinder setzten sich um den niedrigen Tisch, und ich gab die Speisen aus. Das Schweigen wurde nur von Bitten gebrochen:
»Keinen Ketchup mehr.«
»Kein Eis in mein Cola.«
»Wenn ein Stück Hühnerbein da ist, möchte ich es haben.«

Ich vergaß, Nancy zu bedienen. Hastig holte ich das Versäumnis unter vielen Entschuldigungen nach. Gleichzeitig erstarrte ich innerlich bei dem Gedanken, daß sie es zweifellos als Zeichen persönlicher Feindschaft auffassen würde, und prompt übersah ich sie erneut, als ich Getränke nachschenkte.

»Das machst du jetzt schon zum zweiten Mal«, bemerkte sie vorwurfsvoll.

»Ich weiß, und es tut mir schrecklich leid.«

»Bist du zornig auf mich?«

Ich hielt den Atem an. Vielleicht war es am besten, den Stier bei den Hörnern zu packen.

»Ich glaube, ich bin zornig auf die Gruppe.«

Die Mädchen zuckten zusammen. Ich wußte nicht, wo ich hinschauen sollte, ohne ihre fragenden Blicke zu treffen.

»Ganz ehrlich: Ich halte das nicht mehr aus. Ihr sprecht nicht mit mir. Und wenn ihr einmal das Wort an mich richtet, dann soll ich irgend etwas aus dem Schrank herausgeben. Ich fühle mich wie ein großer Schlüsselring, an dem ich angebunden bin. Das bedrückt mich.«

Sie waren sprachlos. In Judiths Wangen stieg eine Röte, die einen Ausbruch ankündigte.

»Wie kannst du so etwas sagen! Wie kannst du nur behaupten, daß wir nicht mit dir sprechen! Am Freitag habe ich dich gerufen, und ich habe dich in mein Badezimmer hineingelassen, wo selbst Katherine nur selten hinkommt!«

»Das stimmt«, gab ich kleinlaut zu.

»Und was erwartest du eigentlich?« rief Nelly. »Du bist doch erst seit acht Tagen bei uns!«

»Du hast ja keine Ahnung! Wir sprechen mehr mit dir als mit deinen Vorgängerinnen, und dabei kennen wir dich kaum!«

Sarah beteiligte sich nicht. Sie gluckste vor Lachen, und als wir sie fragten, was so komisch sei, gab sie keine Antwort.

Ich war überrascht. Auf allgemeine Entrüstung, ja auf Beleidigungen war ich gefaßt gewesen, und nun hörte ich, daß ich Glück hätte, daß sie mich gut behandelten und daß ich keinen Grund zur Klage hätte. Das war sehr lieb von ihnen, und ich schluckte meinen Groll hinunter. Ich war erleichtert, daß ich mich ausgesprochen hatte und daß dem keine Katastrophe gefolgt war. Deshalb bat ich die Kinder, mir meinen Ausbruch zu verzeihen, und setzte hinzu, man brauche Zeit,

um Beziehungen zu anderen aufzubauen; ich sei mir dessen bewußt, und meine Ungeduld sei dumm.
Das bestätigte auch Bettelheim abends beim Tee: »Es dauert seine Zeit.«

18. Kapitel

Bei meiner nächsten Schicht bemerkte Nelly hämisch, Bert habe am Abend zuvor die Runde gemacht, und die Gruppe habe ihm mitgeteilt, was zwischen uns vorgefallen sei.
»Es hatte den Anschein, als finde er dein Gerede sensationell«, zischte sie.
Feindseligkeit blieb zwar weiterhin das vorherrschende Gefühl im Schlafsaal, aber die Kinder gaben mir von da an eine Chance, und mir fiel es leichter, geduldig zu sein. Nellys Wutanfälle wurden seltener. Sie geriet immer noch in Situationen, die sie quälten, und war mir dann böse, weil ich sie nicht klären und vor allem nicht verhindern konnte. Manchmal äußerte sie ihre Wut mit Worten und sagte dann etwa:
»Ich hab nur eines im Sinn, nämlich in deinen Schichten Rabatz zu machen!«
Darauf erwiderte ich lakonisch, das sei nicht schwer, weil ich eine noch unerfahrene Erzieherin sei. Aber ich lernte sie immer besser kennen und vermochte hinter ihrem äußeren Verhalten gewisse Dinge zu erkennen. Sie war und blieb das Mädchen, mit dem ich mich am liebsten abgab, und das spürte sie zweifellos, wenn sie auch so tat, als pfeife sie darauf.
Von meiner Schüchternheit im Umgang mit Judith und Nancy berichtete ich schon. Beeindruckt von ihrer Kraft und Tüchtigkeit, hielt ich mich ihnen fern, denn sie schienen genau die Eigenschaften zu besitzen, die mir fehlten. Doch ein anderes Kind schüchterte mich ebenfalls ein, wenn auch auf ganz andere Weise, und das war Sarah. Sie begeisterte sich weiterhin für schwierige Bücher, prustete grundlos vor Lachen und bekam mit ihrem wirren Haar und ihrem wilden Blick immer mehr ein hexenhaftes Aussehen. Dabei war sie sehr hübsch; sie hatte goldbraune Augen mit schwarzen Wimpern, ein

rundes Näschen, einen feingeschwungenen, vollen Mund mit aufwärts gerichteten Mundwinkeln, ein spitzes Kinn und weiche Kinderwangen. Sie bewegte sich behend, geschickt und zierlich. Außer ihrem krampfhaften Lachen und ihrem lauten Lesen machte sie keinen Lärm; sie stieß nie an ein Möbelstück, öffnete die Türen geräuschlos und aß und trank wie ein Vögelchen.

Sie war aber auch scheu und unnahbar wie ein Vögelchen. Mit einem höflichen Nein lehnte sie meist meine Vorschläge ab. Sie wollte am liebsten mit mir zusammen lesen, und das tat ich nicht gern, weil ich daran dachte, was Bettelheim damals gesagt hatte, als er uns beim Ansehen eines Kunstbuches überraschte. Heute glaube ich, daß ich mich nicht richtig verhielt, denn allein lesen und gemeinsam lesen sind zwei ganz verschiedene Dinge, und ich hätte mehr auf Sarahs Verlangen eingehen sollen, bewies sie doch damit ihren lebhaften Wunsch, aus ihrer Vereinzelung herauszutreten. Jedenfalls konnte ich mich Sarah gegenüber nicht ungezwungen geben, denn ihr Benehmen verwirrte mich, und ich war stets besorgt, alles recht zu machen, ohne intuitiv zu wissen, was das Richtige war.

So stark mich Nelly anzog, so sehr reizte mich Maud. Da sie schon so lange in der Schule war und nur noch kurz dableiben wollte (sie selbst hatte beschlossen, im folgenden Jahr die Schule zu verlassen), hatte ich das Gefühl, nicht viel für sie tun zu können. Ihr wiederum fiel es schwer, sich an mich anzuschließen, und so näherte sie sich mir linkisch und verhielt sich so ungeschickt, daß sie zwangsläufig abgewiesen wurde. Sie überwachte mich und achtete darauf, daß ich die Vorschriften einhielt, nie die Tür des berühmten Schranks eine Sekunde länger als nötig offenließ, mit militärischer Pünktlichkeit zu den Mahlzeiten ging und keinen Gegenstand berührte, ohne daß es mir die Besitzerin ausdrücklich erlaubt hätte. Die Äußerlichkeiten wurden somit zwar beachtet, doch ihr Sinn ging verloren, und auf diese Weise wurde der Geist der Schule verfälscht.

Ich erinnere mich noch an die erste Gelegenheit, bei der ich Maud auf ihre Haltung hinweisen konnte. Jeden Morgen wurden die im Schlafsaal aufgestellten Papierkörbe in große Plastiksäcke entleert, die im Abfallsammelraum hinter der Küche aufbewahrt wurden. Man sorgte dafür, daß die Kinder die Plastiksäcke nicht in die Hände bekamen, denn sie hätten sie sich über den Kopf stülpen und erstikken können. Eines Tages hatte ich Maud auf ihre Bitte hin ein Paar

Strümpfe gekauft, und sie kam zu mir und überreichte mir feierlich die Plastikhülle. Ich gab sie ihr zurück mit dem kurzen Bemerken, sie möge aufhören, die Schule zu karikieren. Das war unser erster echter Kontakt.

Heute frage ich mich, warum ich damals so beharrlich um Erfolg rang in einer Tätigkeit, die das Zusammensein mit meinem Mann zeitlich beschränkte, die schlecht bezahlt war und die persönliche Probleme aufrührte, die ich seit langen Jahren verdrängt hatte. Auf diese Frage gibt es mehrere Antworten. Vor allem ist zu bedenken, daß ich mich entschlossen hatte, an der Schule zu arbeiten, ehe ich Bettelheim kennengelernt hatte, einfach auf die Lektüre eines seiner Bücher hin. Was sich mir darin vom Geist des Professors erschlossen hatte, wirkte nach wie vor, ebenso seine Anziehungskraft auf mich. Zum anderen übte die Schule selbst einen starken Reiz auf mich aus, denn Mitarbeiter und Kinder schienen dort ein erfülltes Leben zu führen und zu finden, was sie suchten. In der Schule sah man keine angespannten, verzerrten Gesichter, wie man sie in der Außenwelt oft findet. Dort lastet die Notwendigkeit, ständig anders zu scheinen als man ist, so schwer auf den Menschen, daß die Gesichtszüge nicht harmonisch bleiben können. Ich wunderte mich stets über die vielen hübschen Jungen und Mädchen in der Schule; heute glaube ich, daß dies kein Zufall war.

Der Hauptgrund für meine Hartnäckigkeit war aber das sichere Gefühl, dort einen Kampf auszufechten, aus dem ich als besserer Mensch hervorginge, falls ich ihn bestünde; eine Auseinandersetzung mit meinen Problemen, die durch die Schwierigkeiten meiner Kinder zutage gefördert wurden; eine Schlacht, die ich einst verloren hatte, in der ich aber jetzt eine letzte Siegeschance hatte. Ich hatte einen Beruf und einen Mann, also war ich fähig, berufliche Pflichten zu übernehmen und wichtige, komplizierte menschliche Beziehungen zu pflegen. Aber nur ich allein wußte, daß die Grundlagen den Aufbauten nicht entsprachen und daß ich das Fundament verstärken mußte, wenn das Gebäude nicht einstürzen sollte.

19. Kapitel

Wir kamen langsam weiter in den Januar hinein. Meine Schichten wurden dadurch etwas aufgelockert, daß ich jetzt meine Kinder spazierenführen durfte. Wir gingen nicht weit, denn ich kannte mich in der näheren Umgebung noch nicht gut aus und hätte auch die Gruppe nicht in die Stadt mitnehmen können. Man brauchte mit dem Vorortszug vom nahegelegenen Bahnhof lediglich zehn Minuten in die Stadt. Dieses Verkehrsmittel benützten Maud und Nancy, wenn sie ihre Kurse an der Roosevelt University besuchten.

Unsere Spaziergänge führten uns in die 57. Straße. Wir kauften die Zeitung, das Fernsehprogramm und Leckereien im »Campus Food«, einem Laden, mit dem die Schule einen Vertrag hatte. Judith und Nancy gingen immer ein paar Meter vor uns her, obwohl sie an jeder Kreuzung auf uns warten mußten, weil die Gruppe geschlossen die Straße überquerte. Maud schloß sich ihnen an oder ging mit Nelly hinterher, während ich bei Sarah blieb, die nicht auf den Weg achtete und bei jeder Biegung an mich stieß. Nelly fürchtete, auf dem Glatteis auszurutschen und zu stürzen. Ängstlich setzte sie die Füße, an schwierigen Stellen reichte ich ihr die Hand und stützte sie, wobei ich einen Eifer zeigte, der in keinem Verhältnis zu der tatsächlichen Gefahr stand, aber der Besorgnis der Kleinen entsprach. Ich hatte übrigens den Verdacht, daß sie diese wortlosen Kontakte liebte und sie mit ihrem hilflosen Gehabe fast bewußt herbeiführte. Sie spielte ihre Schwächlichkeit auf vielerlei Weisen aus, einmal um sich verhätscheln zu lassen, dann wieder um mich als Rabenmutter hinzustellen.

Viel später einmal war bei einer Schicht eine Besucherin zugegen. Wir kauften Lebensmittel für das Abendessen ein, das wir zur Abwechslung selbst zubereiten wollten, und Nelly hatte auf dem Heimweg eine mittelgroße, nicht sehr schwere Tasche zu tragen. Sie führte sich derart auf, daß die Besucherin mindestens fünfzehnmal anbot, ihr die Tasche abzunehmen. »Nein, nein, nein«, wehrte Nelly ab und behauptete, die Tasche sei ihr nicht zu schwer. Zugleich zeigte sie aber alle Anzeichen der Erschöpfung. Der Besucherin war es peinlich, denn sie hatte beide Hände frei, und sie griff nach der Tasche und riß daran. Nelly hielt sie fest und stolperte beinahe. Ich griff schließlich ein, forderte Nelly auf, ihre Leidensmiene abzulegen, und versicherte der Besucherin, daß die Tasche höchstens drei oder vier Pfund wog. Dabei wirkte ich sicher wie eine Furie – zum größten Vergnügen des Kindes.

Auf Judiths und Nancys Bitte hin sahen wir am Wochenende auch fern, und mir war bewußt, daß dies keine besonders gute Idee war, da der Bildschirm wenig therapeutischen Wert hatte, aber ich sah nicht ein, warum ich es den Kindern hätte abschlagen sollen, da ihnen ja meine Gesellschaft nicht genügte und da sich die Samstags- und Sonntagsschichten lang hinzogen.

Eines Tages wünschte Katherine vor einer Mitarbeiterkonferenz eine Unterredung mit mir. Ich folgte ihr in ein anderes Zimmer.

»Ich verstehe nicht, warum du die Kinder so oft fernsehen läßt«, meinte sie.

»Sie langweilen sich rasch mit mir«, entgegenete ich. »Mir erscheint es natürlich, daß ich ein bißchen Abwechslung in meine Schichten bringe und ihnen erlaube, sich auf so einfache Weise zu vergnügen.«

»Das ist idiotisch. Du hast ihnen viel mehr zu bieten als jegliche Fernsehsendung.«

»Wirklich? Darüber bin ich mir nicht im klaren. Ich habe oft den Eindruck, daß ich ihnen nichts zu bieten habe und daß ich ihnen meine Anwesenheit mit Zugeständnissen erträglich machen muß.«

»Auf jeden Fall kann ich dir versichern, daß ich mich mit dir viel besser unterhalte als vor dem Fernseher.«

Katherine sprang auf und lief ins Mitarbeiterzimmer. Ihre Worte überraschten mich. Ihr kurz angebundenes Wesen und die Eifersucht, die sie in mir weckte, hatten mich zu der Überzeugung gebracht, daß sie mich verachtete. Jetzt half sie mir in meiner Entmutigung nach zwei oder drei Wochen bei den Siedlern, und ihre Worte waren so ernst gemeint, daß ich sie glauben konnte und nicht nur als Zeichen der Kameradschaft werten mußte. Sie hatte rasch gesprochen, wie es ihre Gewohnheit war, vielleicht aber auch, um nicht gönnerhaft zu wirken. Das war sehr wichtig für mich. Mir kam der Gedanke, daß Katherine vielleicht gar nicht auf ihren ausschließlichen Rechten bei den Kindern beharrte, sondern wünschte, ich möge eine gute Erzieherin werden, und mich dazu fähig hielt. Sie bewies damit, daß ihr das Wohlergehen der Kinder am Herzen lag und daß sie sich mit mir beschäftigte. Plötzlich war mir an ihrer Freundschaft gelegen. Außerdem hatte ich jetzt Katherine und die Kinder lange genug beobachtet, um zu erkennen, daß meine Eifersucht der Hochachtung zu weichen hatte. Katherine wurde langsam ohne ihr Wissen ein wichtiges Vorbild für mich.

Ende Januar wurde Judith zweiundzwanzig Jahre alt. Der Geburtstag eines Kindes erforderte viele Vorbereitungen.

Zuerst mußte das Essen bestellt werden, das sich das Geburtstagskind wünschte, sowie die Geburtstagstorte, die nach seinen Vorstellungen verziert wurde. Der Schulkonditor war ein wahrer Künstler und konnte sozusagen alles darstellen.

Dann mußte man sich um die Geschenke kümmern. Hierfür gab es keine starren Regeln; für manche Kinder wurden tausenderlei Kleinigkeiten gekauft, für andere erschien es nützlicher, nur das, was die Eltern geschickt hatten, ans Fußende ihres Bettes zu legen, damit sie der Wirklichkeit gegenübergestellt wurden. Die Geschenke der Eltern wurden vorher geöffnet, und gelegentlich wurden Gegenstände entfernt, weil sie gefährlich waren, das Kind zu dieser und jener Fehlhaltung ermutigten oder auch weil sie nicht uneigennützig waren, sondern heimlich einen Druck auf das Kind ausüben sollten. Manche Eltern schenkten zum Beispiel ihrer Tochter, die ihrer Meinung nach nicht oft genug nach Hause schrieb, prachtvolles Briefpapier.

Judiths Geschenke auszuwählen, war schwierig, weil wir ihre Eitelkeit nicht fördern wollten, andererseits sie sich zu jener Zeit aber für kein Spiel und keine Beschäftigung besonders interessierte. Sie hatte schon Buntstifte, Malfarben, Kissen, Kunstbücher. Wir schenkten nie etwas, das die Kinder ohnehin brauchten und das ihnen zustand, zum Beispiel Kleidungsstücke.

Abgesehen vom Essen, von der Torte, von den Blumen und den Geschenken mußten mit dem Geburtstagskind zusammen die festlichen Unternehmungen der Gruppe besprochen und geregelt werden. Dabei bemühten sich die Erzieherinnen, weniger Einfluß als gewöhnlich auszuüben und dem Kind eine größere Wahl zu lassen, auf die Gefahr hin, daß es sich falsch entschied. Allerdings versuchten wir, dem Kind schlechte Erfahrungen zu ersparen, zum Beispiel wenn sich zeigte, daß seiner Entscheidung eine depressive Stimmung oder ein Wutanfall zugrunde lag, so daß es schade gewesen wäre, einen so wichtigen Tag damit zu verderben. Die anderen Kinder der Schu-

le mieden an diesem Tag außergewöhnliche Beschäftigungen, um dem Geburtstagsfest keine Konkurrenz zu machen.
Judiths Geburtstag fiel auf einen Samstag. Morgens um Viertel vor acht Uhr packten Katherine und ich die Geschenke ein. Jedes einzelne Einwickelpapier wählten wir mit Bedacht aus, und die Bänder knüpften wir zu riesigen, farbigen Schleifen. Um acht Uhr schlichen wir auf Zehenspitzen in den Schlafsaal, um Judith vor allen andern zu wecken. Wenn uns ein anderes Kind hereinkommen hörte, war es jedenfalls so höflich, sich nicht zu rühren. Leise legten wir die Pakete ans Fußende des Bettes, und Katherine fuhr Judith mit der Hand durchs Haar. Ich hielt mich abseits, denn ich fühlte mich fehl am Platz, weil ich mir nicht vorstellen konnte, daß Judith sich freuen würde, mich an ihrem Geburtstagsmorgen zu sehen. Sie setzte sich auf und beugte sich vor, um nach den Geschenken zu sehen, ich zog währenddessen die Vorhänge auf. Sie schien sich über die Pakete zu freuen, konnte aber ihre Freude nicht spontan zum Ausdruck bringen. Ich beobachtete Katherine und bewunderte ihre Wärme und ihre liebevollen, aufmunternden Worte. Eines Tages, so hoffte ich, würde ich auch mit den Kindern so vertraut sein, daß ich auf diese Weise mit ihnen reden könnte.
Der Samstagmorgen war meine Schicht. Katherine blieb bei Judith, und ich weckte die andern Kinder. Aus Rücksicht auf das Geburtstagskind murrten sie nicht, sondern standen gleich auf und zogen sich an. Dann wünschten sie Judith alles Gute zum Geburtstag und baten sie, ihnen irgendwann im Lauf des Tages ihre Geschenke zu zeigen. (In der Schule forderte man nie ein Kind auf, »lieb« zu einem anderen zu sein, und man untersagte den Großen streng, sich um die Kleinen zu kümmern, wie es weithin üblich und für die einen wie für die andern so unheilvoll ist. Die Achtung vor dem andern schuf jedoch eine spontane Höflichkeit, die sich täglich zeigte und an Geburtstagen besonders deutlich wurde.)
Dann klopfte ein junges Mädchen, Judiths Lehrerin, an die Schlafsaaltür und wünschte Judith ebenfalls viel Glück zum Geburtstag. Ihr folgte Margaret, Judiths Psychotherapeutin. Um neun Uhr gingen wir zum Frühstück hinunter, und alle anwesenden Mitarbeiter wechselten ein paar Worte mit Judith. Auch einige Jungen und Mädchen aus anderen Gruppen kamen und wünschten ihr einen schönen Tag. In der Schule ist ein Geburtstagsessen eine feierliche Angelegenheit.

Alle Gruppen begeben sich in tiefstem Schweigen und auf die Minute pünktlich in den Speisesaal. Die Vorhänge werden zugezogen, damit der Raum in Dämmerlicht getaucht ist. Auf dem Tisch der Gruppe, in der Geburtstag gefeiert wird, liegt ausnahmsweise eine hübsche Tischdecke. Der Blumenstrauß, den die Erzieher ausgewählt haben, steht ebenfalls darauf. Das Geburtstagskind sitzt vor seiner Geburtstagstorte, neben ihm steht sein Gast und zündet die Geburtstagskerzen an. Der Gast ist ein Mitarbeiter oder eine Mitarbeiterin und wird vom Geburtstagskind zum Festessen an seinen Tisch geladen. Wenn alle ihre Plätze eingenommen haben, erhebt sich Bettelheim und löscht das Licht. Alle zusammen singen »Happy Birthday to you«, und wenn der letzte Ton verklungen ist, bläst das Geburtstagskind die Kerzen aus. Die Kinder klatschen, Bettelheim macht das Licht wieder an, und das Geburtstagskind steht auf und zeigt seine schwere Torte an allen Tischen, weil es sich selbst die Verzierung ausgedacht hat.

Ich muß gestehen, daß ich mich nicht mehr erinnere, welches Motiv Judith gewählt hatte. Mein Gedächtnisversagen beweist, daß ich damals noch nicht begriffen hatte, wie bedeutsam all diese Einzelheiten waren.

Zum Essen gab es die Gerichte, die sich das Geburtstagskind gewünscht hatte. Anschließend ging man in die Schlafsäle. Im Lauf des Nachmittags kam Bettelheim und unterhielt sich kurz mit dem Geburtstagskind. Je nachdem, was mit dem Geburtstagskind vorher besprochen worden war, verbrachte man den Nachmittag ohne besondere Unterhaltungen und ging erst abends einem Vergnügen nach. Wenn sich das Kind eine Unternehmung im Freien ausgedacht hatte, ging man in die Badeanstalt, zum Schlittschuhlaufen, an den Strand oder in die Dünen. Beide Erzieherinnen, ob sie Dienst hatten oder nicht, begleiteten die Gruppe.

Judith hatte sich gewünscht, in einem Kino in der Stadt den Film »Five Easy Pieces« anzusehen, der sehr gelobt wurde. Ich kannte den Film, er hatte mir sehr gut gefallen. Katherine hatte mich nach meiner Ansicht gefragt, als Judith diesen Wunsch äußerte. Ich hielt es für einen brauchbaren Vorschlag; ein guter Film für Erwachsene ist besser als ein schlechter Film für Kinder. Der Film war weder gewalttätig noch obszön, der Held war sehr anziehend, die Handlung romantisch.

Wir bestellten eine »Limousine«, in der wir alle sieben Platz hatten. Die Vorstellung begann um 20 Uhr. Nach meiner Morgenschicht eilte ich nach Hause, ruhte mich aus, zog mich um, unterhielt mich mit Laurent, schrieb einen Brief und raste in die Schule zurück. Der Film wurde im Esquire gegeben, einem Kino in einem vornehmen Viertel. Ich freute mich darauf, ihn noch einmal zu sehen.

Aber einen Film allein, mit Freunden oder mit anvertrauten Kindern anzusehen, sind ganz verschiedene Dinge. In der Schulwelt verfeinert sich das Empfindungsvermögen, und die Reaktionen auf die Dinge der Außenwelt sind deshalb besonders stark. Was gewöhnlichen Menschen entgeht, fällt den Kindern der Orthogenischen Schule auf.

Durch das viele Nachdenken über ihr Leben, durch den Abbau ihrer Verhaltensmechanismen erringen die Kinder ein Einfühlungsvermögen, eine Beobachtungsgabe und ein Mitgefühl, die mir den Eindruck aufdrängten, ich sei im Vergleich zu ihnen taub und blind. Aus den Atemzügen der Mädchen, aus den kurzen, geflüsterten Bemerkungen, aus der Hand, die Sarah sich auf die Augen legte, erkannte ich, daß mir Inhalt und Bedeutung des Films beim ersten Ansehen fast ganz entgangen waren. Ich war bestürzt.

In die Schule zurückgekehrt, bestellte Katherine ein paar Stücke Pizza, und die Kinder zogen rasch ihre Nachthemden an und setzten sich um den niedrigen Tisch, um über den Film zu sprechen und vor dem Schlafengehen noch etwas zu essen.

Es war mir schmerzlich, daß sie sich an Katherine wandten, ihre Eindrücke erzählten und sich benahmen, als sei ich gar nicht da. Aber dieses Mal war das Interesse für ihre Äußerungen stärker als meine Eifersucht.

Der Held des Films, ein impulsiver, exzentrischer junger Mann, erschien mir romantisch und in vielerlei Beziehung mir selbst ähnlich. Ich sehnte mich sogar ein wenig nach seinem Lebensstil, seiner Leichtfertigkeit und Unordentlichkeit. Seine Verzweiflung konnte ich nachfühlen, ich fand ihn anziehend. Die Mädchen waren ganz anderer Ansicht. Soviel Kraftlosigkeit bei einem Menschen überraschte sie. Für sie flatterte er wie eine Motte am Lampenschirm. Sie bedauerten ihn ehrlich und lehnten es ab, sich auch nur im geringsten mit ihm zu identifizieren. Von diesem Leben, von diesem fanatischen Glücksstreben, von diesen Mißerfolgen und impulsiven Ausbrüchen hatten sie genug. Sie wußten um den Preis der inneren Unausgeglichenheit, sie hatten ihn bezahlt und strebten nun nach anderen Zielen. Ich dagegen, die ich nicht vom geraden Weg abgewichen war, warf in meiner Naivität neidische Blicke auf das, was für die Siedler die Verkörperung des Unglücks war. Wieder einmal mußte ich feststellen, daß sie größere Lebenserfahrung besaßen als ich. Aber ich hatte jetzt gelernt, mich davon nicht mehr einschüchtern zu lassen, sondern mich zu freuen, daß ich von den Mädchen, mit denen ich soviel Zeit zubrachte, etwas lernen konnte. Ungehemmt zeigte ich mein Interesse für alles, was sie mir zu sagen hatten.

20. Kapitel

Mein Wunsch, mich in psychoanalytische Behandlung zu begeben, wurde übermächtig. Als ich eines Abends Ende Januar auf dem Flur Bert begegnete und er mich fragte, wie es mir gehe, sagte ich ihm, daß ich gern regelmäßig einen Analytiker aufsuchen würde. Er fand das eine gute Idee und schlug ein paar Leute vor, die ich jedoch ablehnte, denn ich wollte am liebsten zu Steve gehen, dem Erzieher der Falken und Direktor des Unit. Bert war einverstanden. Ich ließ ein paar Tage verstreichen, denn der Entschluß zu einer Analyse mußte reifen. Gerade war ich soweit, daß ich mich mit Steve absprechen wollte, als Bert bekanntgab, daß er nach Bettelheims Ausscheiden Steve zum stellvertretenden Direktor ernennen wolle. Diese Mitteilung freute mich gar nicht. Ich wollte kein hohes Tier als Analytiker. Ich brauchte jemanden, der unvoreingenommen war und dem mehr daran lag, mir zu helfen, als befördert zu werden und eine Machtposition zu erringen. Trotzdem sprach ich mit Steve. Er erklärte sich zu regelmäßigen Behandlungen bereit, und wir vereinbarten die Zeiten.
Noch viel länger brauchte ich, bis ich mich entschloß, meine Arbeit mit einem Berater durchzusprechen, denn ich fühlte mich nicht imstande, sie in Frage stellen zu lassen, ehe ich nicht einige Bestandteile meines Lebens wenigstens zu entwirren versucht hatte.
Judith hatte unter anderem zum Geburtstag ein großes Kunstbuch

über die impressionistische Malerin Mary Cassat bekommen. Sie hatte eine Vorliebe für diese Künstlerin, die häufig das Mutter-Kind-Motiv darstellte. Eines Abends fragte sie mich, ob ich ihr Buch ansehen wolle, solange sie im Bad sei.
Ich bedankte mich für das Anerbieten, setzte mich im Aufenthaltsraum aufs Sofa und vertiefte mich in die Darstellungen.
Sarah strich schweigend um mich herum. Ich hob den Kopf und fragte sie, ob sie die Bilder auch betrachten wolle. Sofort setzte sie sich neben mich und beugte sich über das Buch.
Aus irgendwelchen Gründen ging Nancy durch den Gemeinschaftsraum.
»Ist das Judiths Buch?« fragte sie.
»Ja.«
Sie eilte in ihr Zimmer und klopfte an die Badezimmertür.
»Judith!« rief sie. »Weißt du, was Geneviève und Sarah machen? Sie schauen dein Buch zusammen an!«
Ich konnte die Aufregung nicht begreifen. Nancys entrüsteter Tonfall ließ mich vor Schrecken erstarren. Die Badezimmertür ging auf. Nancy sagte noch einmal:
»Geneviève zeigt Sarah dein Buch!«
»Das macht mir nichts aus«, entgegnete Judith.
Sie äußerte diese Worte in völliger Ruhe. Es machte ihr nichts aus, aber sie wußte, was Nancy so verstörte. Ich entschuldigte mich bei Sarah, stand auf und legte das Buch beiseite.
»Was ist denn los?« fragte ich, als ich in Judiths und Nancys Zimmer trat.
Noch heute erinnere ich mich an Nancys empörte Blicke. Sie erklärte, Judith habe mir ihr Buch geliehen; dieser Kontakt zwischen ihr und mir zeuge von ihrem Wunsch, daß sich zwischen uns beiden etwas vollziehe. Den Kontakt und den Wunsch hätte ich mißachtet, als ich Sarah aufforderte, ohne Judiths Wissen das Buch anzusehen, das somit eine Verbindung zwischen Sarah und mir herstellte; Judiths Absicht sei auf diese Weise vereitelt worden. Daß ich einen Gegenstand des einen Kindes benutzte, um mich mit einem anderen Kind zu beschäftigen, erfüllte Nancy mit Zorn.
Ich war bestürzt. Nie wäre mir in den Sinn gekommen, daß man meine Handlungsweise so auslegen könnte. Ich bemühte mich zu erläutern, daß es meiner Ansicht nach eine Anerkennung für das Buch

sei, wenn ich ein anderes Kind aufforderte, es mit mir zusammen zu bewundern. Plötzlich merkte ich, daß ich in meinem Eifer, mich zu rechtfertigen, Nany nicht mehr zu Wort kommen ließ. Ich entschuldigte mich sofort.

»Ich sage ja gar nicht, daß ich recht hätte!« rief sie. »Ich erkläre dir nur, warum ich mich so aufrege!«

»Das weiß ich«, erwiderte ich, »aber ich glaube, deine Sicht der Dinge ist richtiger als meine. Es ist schwierig, weil die Regeln der Höflichkeit hier ganz anders sind als draußen.«

»Das ist wahr«, stimmte Nancy zu.

Es wurde spät. Wieder einmal hatte ich, als ich den Schlafsaal verließ, den Eindruck, daß ich mich während der Schicht gewandelt und eine Auffassung von menschlichen Beziehungen gewonnen hatte, die ich nicht mehr ablegen würde.

Natürlich ärgerte ich mich zugleich ein wenig, weil mir Rücksichtslosigkeit vorgeworfen worden war. Aber es fiel mir nicht mehr schwer, meinen Stolz aufzugeben, wenn ich dafür neue Erkenntnisse erwarb.

Das gleiche galt für die Mitarbeiterkonferenzen, bei denen ich noch nie das Wort ergriffen, aber schon oft ernste Auseinandersetzungen zwischen dem Professor und einem Erzieher oder Lehrer miterlebt hatte. Ich würde gern Beispiele anführen, aber es ging um höchst persönliche Dinge, und aus Diskretion kann ich hier nicht wiederholen, was dem Professor anvertraut wurde, nur um aufzuzeigen, wie wir von ihm Wahrheiten anzunehmen vermochten, die niemand gern hört, deren Kenntnis aber für unser eigenes Wohl unerläßlich war.

Ausgangspunkt war jeweils ein Konflikt zwischen den Kindern und uns oder ein innerer Zwiespalt, der während der Arbeit in uns aufbrach. Dabei ging es um alles mögliche; einige Probleme, die sich mir stellten, kann ich hier nennen. Laurent und ich hatten nicht viel Geld, und es fiel mir zum Beispiel schwer, für die Kinder aus wohlhabenden Familien Kleider zu kaufen, die ich mir selbst nicht leisten konnte. Da ich gelernt hatte, stets gut gelaunt zu sein und meiner Umgebung nicht mit meinen Wutanfällen zur Last zu fallen, war es jetzt nicht einfach für mich, meine Kinder darin zu ermutigen, daß sie ihrem Zorn freien Lauf ließen, wie ich es in ihrem Fall für richtig hielt. Ein weiterer kritischer Punkt war, daß ich mich daran

gewöhnt hatte, gesunde Kost zu mir zu nehmen und keine Bonbons zu lutschen, weil das den Zähnen schadet, und wenn ich es trotzdem tat, bekam ich starke Schuldgefühle. Aus diesen Gründen konnte ich mich schlecht damit abfinden, daß die Kinder, die teilweise unter großer Appetitlosigkeit litten, ständig Süßigkeiten naschen durften. Bei uns daheim galt es als ungezogen, sich auf Sofas »herumzulümmeln«, und jetzt fehlte es mir an Überzeugung, wenn ich meine Kinder aufforderte, sich hinzulegen und sich zu entspannen, obwohl sie das Ausruhen dringend brauchten.
Andere Erzieher hatten mit Problemen zu kämpfen, die mir keine Schwierigkeiten bereiteten. Ohne Anstrengung ertrug ich Sarahs Unordentlichkeit, Nellys Klagelieder, Nancys Nervosität, Judiths Ängstlichkeit und Mauds Langsamkeit.
Das ausgeprägte Schamgefühl mancher Kinder konnte ich ebenso gut begreifen wie die exhibitionistischen Neigungen gewisser anderer Kinder. Für ihre nächtlichen Ängste hatte ich aufrichtiges Mitgefühl, und obwohl es mein Privatleben sehr beeinträchtigte, war ich ihnen nicht böse, wenn sie mich nachts noch lange aufhielten. Ich vermochte ihnen also in manchen Bereichen zu helfen, aber wenn ich meine Aufgabe wirklich erfüllen wollte, mußte ich auf anderen Gebieten noch große Fortschritte machen. Das Wohl meiner Kinder hing von der Entfaltung meiner Persönlichkeit ab.
Aus diesen Gründen war bei den Mitarbeiterkonferenzen wenig von den Kindern und viel von uns selbst die Rede. Wenn sich jemand über dieses oder jenes Verhalten eines Kindes beschwerte, warf Bettelheim den Ball zurück und verhalf uns zu der Erkenntnis der Ursachen unseres Widerstandes. Solange wir unsere eigenen Hemmungen nicht überwunden hatten, waren wir unfähig, einem Kind zu helfen, das uns Probleme aufgab. In den Konferenzen herrschte eine Atmosphäre unbedingter Sicherheit, denn alle wurden gleich behandelt, und es ging für die Kinder wie für uns darum, unsere Lebensweise zu verbessern.
Bettelheim ließ die Konferenzen allerdings nie zur Beichte werden. Man schwelgte dort nicht in Erinnerungen, man zählte keine Tatsachen auf, sondern man bemühte sich, tiefsitzende, verwickelte Gefühle zu äußern, die möglicherweise von andern ähnlich empfunden wurden. Die Konferenzen störten unsere Analysen nicht, denn Bettelheim legte Wert darauf, daß sie der gemeinsamen Reflexion über

ein bestimmtes, von einem der Mitarbeiter berichtetes Erlebnis dienten.
Manchmal theoretisierte er auch, aber meist nannte er uns die Bücher zu den fraglichen Diskussionsgegenständen.
Er ärgerte sich stets, wenn er zum Beispiel bei einem Gespräch über ein an Anurie leidendes Kind entdeckte, daß wir kaum etwas über diese Krankheit gelesen hatten. Gern war er bereit, uns im persönlichen Bereich zu helfen, wenn wir von uns aus mit unserer Lektüre echtes Interesse für die Probleme bewiesen. Sein Bestreben war es, daß wir zutiefst mit dem übereinstimmten, was wir mit den Kindern machten, was wir zu ihnen sagten, was wir ihnen anrieten und gelegentlich befahlen, denn er war überzeugt, daß die Kinder ein ebenso feines Gespür für Unausgesprochenes wie für Ausgesprochenes hatten. Wenn das eine nicht mit dem anderen zusammenklang, stürzten wir die Kinder in einen Zwiespalt, der sie zwangsläufig quälte. Dann schadeten wir ihnen unter dem Vorwand, ihnen zu helfen.
Bettelheim riet uns auch stets, nicht über unsere Möglichkeiten hinauszugehen; wenn wir uns einer bestimmten Situation nicht gewachsen fühlten, sei es besser, sich nicht zu zwingen, sondern sich von dem Kind fernzuhalten und ihm damit eine Belastung zu ersparen.
Die Erfahrung hat mich gelehrt, daß er recht hatte. Die Fehler, die ich beging, wenn ich gegen meine tiefsten Impulse handelte, wogen schwerer und verschlechterten meine Beziehungen zu den Kindern mehr als die Fehler, die mir unterliefen, wenn ich zu sehr auf die Regungen meines Herzens hörte. Im ersteren Fall konnte ich das Unheil nicht wiedergutmachen, denn ich war mit mir selbst uneins. Im zweiten Fall dagegen wußte jeder, woran er war und was er davon zu halten hatte. Ich war dann ungeteilt ich selbst in meinem Fehler und auch in meinem Wunsch, die Ursachen zu begreifen, um ihn nicht zu wiederholen.

21. Kapitel

Am ersten Sonntag im Februar hatten die Siedler die Aufgabe, das Essen für die ganze Schule zuzubereiten. Da ich am Sonntagnachmittag Dienst hatte, lastete die ganze Verantwortung auf mir. Ich war in großer Sorge, denn ich kann nicht kochen, und die Ecken und Winkel der Schule waren mir noch nicht vertraut genug, um rasch alles Nötige zu finden. Zur Vorbereitung eines Abendessens für siebzig Personen brauchte man aber sicher zahllose Gerätschaften, deren Versteck ich niemals entdecken würde. Katherine riet mir wohlweislich, dieses Unternehmen nicht in die große Küche zu verlegen, denn dort müßte ich ständig aufpassen, daß niemand einen gefährlichen Gegenstand berührte, das Gas aufdrehte oder sonst Unfug trieb. Sie meinte, die Kochnische im Clubraum würde für unsere Zwecke genügen.

Die Kinder hatten einmütig beschlossen, was es geben sollte: »Tacos« mit verschiedenen Salaten, Zwiebeln und Käse, zum Nachtisch eine Eisspezialität von Baskin-Robbins in der 53. Straße. Das Eis bestellte ich schon tags zuvor; ich brauchte es am Sonntag auf dem Weg zur Schule nur noch abzuholen. Das war einfach.

Kopfzerbrechen bereiteten mir die »Tacos«, von denen ich noch nie etwas gehört hatte. Die Kinder erklärten, es sei ein mexikanisches Gericht. Ich erschrak. Schon die Zubereitung eines Omeletts überstieg meine Fähigkeiten, und nun sollte ich ein mexikanisches Gericht für siebzig Personen fabrizieren! Zu meiner Erleichterung versprach Katherine, sie werde vormittags mit den Kindern zusammen das Fleisch vorkochen, damit ich es abends nur aufzuwärmen brauchte.

Als ich um drei Uhr zur Ablösung in meinen Schlafsaal trat, belehrte mich ein Blick in die Runde, daß meine Kinder genau wie ich befürchteten, ich sei nicht imstande, das Unternehmen zu leiten. Die Mädchen wußten, daß sie sich aufregen würden und jemanden benötigten, auf den sie sich verlassen konnten.

Das Essen ist ein wichtiger Faktor im Leben eines behinderten Kindes. Die Empfindungen, die sich daran knüpfen, sind stets schmerzhaft, verworren, in frühkindlichen Erlebnissen verwurzelt, an das Mutter-Kind-Verhältnis gebunden, von furchterregenden Phantasien belastet, auf das Überlebensproblem und auf sexuelle Symbole bezogen. Daraus erklärt sich die Unruhe der Siedler, ihr Wunsch, den Mitinsassen eine wohlschmeckende Mahlzeit vorzusetzen, und ihre Angst, als schlechte Gastgeberinnen wenn nicht gar als Giftmörderinnen zu gelten.

Als Katherine sich verabschiedet hatte, setzte ich mich zu den Kindern und schlug vor, zuerst die Arbeit einzuteilen und dann in den Clubraum zu gehen. Alle waren einverstanden. Ein Mädchen sollte für die Tabletts sorgen. Wir brauchten achtzehn Stück: zwei für jede der acht Kindergruppen und zwei für den Mitarbeitertisch. Ein anderes Kind sollte das Besteck herrichten, ein drittes Kind bekam die Aufgabe, die Papierservietten und die Pappteller abzuzählen. Bei der Dreiviertelversammlung hatte ich gebeten, daß die Erzieherinnen ihre Gruppen selbst mit Gläsern versorgten. Das vierte Mädchen sollte Salat, Zwiebeln und Tomaten schneiden, das fünfte den Käse reiben. Außerdem mußten wir Coca Cola in Krüge füllen. Das Eis durfte erst im letzten Augenblick aus dem Kühlschrank genommen werden. Dann mußten wir die richtige Zahl von Portionen auf die Tabletts legen und für die Gruppen, in denen appetitlose Kinder waren, überzählige Eisportionen vorsehen. Das zerkleinerte und gewürzte Fleisch wurde in großen Schüsseln serviert, die wir aus der Küche holten. Zu zweien wollten wir dann jeweils das Essen in die Schlafsäle tragen. Ich versicherte, ich würde die Mädchen in die Schlafsäle der Jungen begleiten, nicht weil ich Zwischenfälle befürchtete, sondern weil sich die Mädchen ängstigten bei der Vorstellung, die Räume der Jungen zu betreten und ihnen das Essen zu bringen; die Kraft der Symbole und der Phantasie war stärker als die Realität.

Als ich die Kochnische mit meinem Hauptschlüssel aufschloß, hörten wir alle ganz deutlich ein Rascheln und Trippeln. Judith wurde blaß: eine Maus! Sie war ganz sicher. Ich übrigens auch, denn Steve hatte bei einer der letzten Mitarbeiterkonferenzen gemeldet, daß von den Essensresten in der Kochnische Mäuse angelockt worden seien. Die Kochnische war gründlich gesäubert worden, aber offenbar ohne Erfolg. Ich muß gestehen, daß es mir einerlei war, denn ich habe keine Angst vor Mäusen. Aber als ich Judiths entsetzten Blick sah, begriff ich, daß ich ihre Angst nicht leichthin abtun durfte.

Die in der Schule herrschende Atmosphäre der Ernsthaftigkeit entsprang zwei Quellen; zum einen dem täglichen Umgang mit Bettelheim, zum anderen der Erkenntnis, mit welcher Kraft die uns anvertrauten Kinder von ihren Emotionen mitgerissen wurden. Wer das wußte, mußte sich entsprechend verhalten.

Wir machten uns an die Arbeit. Ich brauchte nicht viel zu tun; es genügte, wenn ich hier und dort helfend eingriff. Wir hatten die Tabletts auf einem der beiden großen Tische ausgelegt, und Sarah, Nelly und Maud verteilten Teller, Besteck und Papierservietten darauf. Die einzelnen Tabletts kennzeichneten wir mit Schildchen, auf die wir den Namen der Gruppe und die Gesamtzahl der Personen – Kinder und Erzieher – geschrieben hatten, zum Beispiel: Adler: 9; Irokesen: 6; Biber: 8. Außerdem hatten wir uns überlegt, in welcher Reihenfolge wir die Gruppen bedienen wollten, und waren uns schnell einig geworden, daß wir zuerst zu den Irokesen gehen mußten, weil diese kleinen zehnjährigen, stets zu Späßen aufgelegten Jungen mit den runden Bäuchlein keine Sekunde länger als notwendig auf das Essen warten konnten. Anschließend wollten wir die beiden anderen Jungengruppen auf dem Stockwerk versorgen. Es ging genau auf: Drei Jungenschlafsäle befanden sich auf dem Stock, jede Gruppe bekam zwei Tabletts, und wir waren zu sechst. Nelly machte sich Sorgen, weil niemand eine Hand frei hatte, um die Türen zu öffnen. Ich weiß nicht mehr, wie wir dieses Problem regelten.

Danach mußten wir in den Clubraum zurückkehren und die Portionen für die Mädchengruppen holen. Judith und Nancy weigerten sich, das Hackfleisch schon vorher in die Schüsseln zu füllen. Das hätte Zeit gespart, aber sie ließen sich nicht überzeugen, denn sie meinten, das Fleisch würde in der Zwischenzeit erkalten und ihren Freundinnen nicht mehr schmecken. Also würden wir das Fleisch erst ausfüllen, nachdem wir die Jungen bedient hatten, und dann in den Mädchenstock gehen, wo wir auch wieder mit den Jüngsten, den Hopi, anfangen wollten. Anschließend waren im Unit noch die Falken zu versorgen, und zuletzt wollten wir alle zusammen ins Mitarbeiterzimmer gehen – eine Ehre, die den Kindern nur bei dieser Gelegenheit zuteil wurde – und dort die letzten Tabletts auf einem der niedrigen Tische abstellen.

Außer meinen beiden Perfektionisten, Judith und Nancy (die Nelly verabscheute und »Polizisten« nannte), hatte ich zwei kleine Schmutzfinken, Nelly und Sarah. Maud war weder das eine noch das

andere; schulmeisterlich erteilte sie den beiden Schmutzfinken Ratschläge, die mich zur Raserei brachten.
Judith und Nancy kosteten das Fleisch alle zwei Sekunden, denn sie befürchteten, es sei nicht genügend gewürzt. Großzügig streuten sie Pfeffer darauf, bis Judith erklärte:
»Wenn diese ekligen Mäuse davon naschen, verbrennen sie sich das Schnäuzchen!«
Alle lachten. Während meiner ganzen Zeit an der Schule bewunderte ich immer wieder Judiths und Nellys Fähigkeit, sich über sich selbst lustig zu machen und die Hälfte der Zeit über die Probleme zu scherzen, die sie sonst quälten. Wenn sie niedergeschlagen waren, klangen diese Scherze bitter, aber in besseren Momenten waren sie erfrischend.
Sarah zählte in aller Stille die Papierservietten ab und verteilte sie. Manchmal unterbrach sie sich, legte die eine Hand auf die Augen und beschrieb mit der anderen Hand rhythmisch geheimnisvolle Kreise. Unwillkürlich fragte ich mich, ob sie wohl imstande gewesen sei, die Servietten richtig zu zählen. Unauffällig machte ich die Probe: Sie hatte sich nicht verzählt; auf jedem Tablett lag die entsprechende Anzahl Servietten. Und doch wirkte sie so abwesend ... Als sie fertig war, half sie Judith beim Zwiebelschälen und -schneiden. Sie schien nicht zu bemerken, daß große Tränen über ihre Wangen rannen und daß das Weiße ihrer vom Zwiebelgeruch gereizten Augen gerötet war. Sie wischte die Tränen nicht ab, sie blinzelte nicht, sie schien keinen Schmerz zu empfinden. Als ich sagte, sie solle nicht weiterarbeiten, weil ihre Augen den Zwiebelgeruch nicht vertrugen, widersprach sie, doch ich gab nicht nach und wusch ihr selbst die Augen aus, wobei ich mich fragte, ob sie sich tatsächlich so gänzlich von der Welt zurückgezogen habe, daß sie nichts spürte, oder ob sie aus einem nur ihr bekannten Grund wollte, daß ihre Augen tränten.
Nach all den Bemühungen wurde unser Abendessen schließlich ein großer Erfolg. Am nächsten Tag im Unterricht erhielten die Kinder viele Komplimente, und sie freuten sich sehr darüber. Ich war besonders beglückt von dem Abend nach der Essenszubereitung. Wir setzten uns alle sechs um den runden Tisch im Clubraum, um uns zu stärken und zu entspannen. Den Tisch hatten wir rasch gedeckt, weil wir müde waren, aber wir ordneten alles hübsch an, denn das

war wesentlich, damit wir die Erholung voll auskosten konnten. Die Stimmung war gut, die Kinder waren froh, daß sie die Arbeit beendet hatten, und erzählten einander die Bemerkungen, die sie in den einzelnen Schlafsälen zu hören bekommen hatten. Bettelheim war meist am Sonntagabend nicht im Hause. Die Siedler wußten, daß er keine »Tacos« mochte, denn nachmittags, als er uns auf seiner Runde im Clubraum angetroffen und gefragt hatte, was wir Gutes kochten, hatte er im Scherz behauptet, »Tacos« verursachten ihm Magenschmerzen.

An jenem Sonntag ging die Schicht wieder einmal spät zu Ende. Nelly hatte sich zusammengenommen und war, solange wir das Essen zubereiteten, nur zwei- oder dreimal in ihr Badezimmer verschwunden. Einmal kehrte sie so lange nicht zurück, daß ich sie suchen ging. Auf der Treppe kam sie mir entgegen; als sie mich sah, errötete sie. Abends holte sie das Versäumte nach. Allerdings begrenzte ich jetzt ihre nächtlichen Aufenthalte im Badezimmer, aus dem sie jeweils erschöpft und mit geröteten Händen auftauchte. Ihre Nachthemden waren stets durchnäßt, und es war kein Wunder, daß sie jeden Morgen erkältet aufwachte. Ich klopfte an ihre Badezimmertür und sagte, sie müsse in fünf Minuten herauskommen, nicht nur um selbst schlafen zu gehen, sondern auch um mir Ruhe zu gönnen. Meine Einmischung machte sie wütend, aber sie fand sich damit ab und gehorchte. Wenn ich allen andern gute Nacht gewünscht hatte, ging ich noch einen Augenblick in ihr Zimmer, weil sie stets dringende Fragen an mich hatte: ob die Schranktür auch richtig abgeschlossen sei ..., ob ich nicht auch meine, sie solle ein Pflaster auf eine kleine Wunde an ihrer Hand kleben ... Ich beruhigte sie, so gut ich es vermochte, und erinnerte sie daran, daß Katherine im Nebenzimmer schlief und daß sie nur wenige Schritte zu gehen brauchte, um an ihre Tür zu klopfen. Das sagte ich nicht ohne Gewissensbisse, denn ich wohnte ja nicht in der Schule und brauchte nicht zu befürchten, daß mir Gleiches mit Gleichem vergolten würde, wenn ich die Kinder ermutigte, ihre Erzieherin im Schlaf zu stören. Ich sprach die tröstlichen Worte trotzdem aus, denn nur sie beruhigten die Kinder wirklich.

22. *Kapitel*

Am Montagvormittag fragte mich Katherine, ob ich die Kinder am nächsten und übernächsten Tag wecken könne, weil sie kurz verreisen müsse, um familiäre Dinge zu regeln, von denen sie mir berichtete. Ich fühlte mich durch ihr Vertrauen geehrt, sprach sie doch im allgemeinen nicht viel über sich selbst. Sie hatte sich überlegt, daß ich ohnehin dienstags und mittwochs Dienst hatte, sie also keine Schicht versäumen würde, wenn sie an diesen Tagen fort war. Lediglich im Weckdienst sollte ich sie vertreten. Ich willigte selbstverständlich ein. Nachmittags wollte Katherine den Kindern mitteilen, daß sie zwei Tage nicht im Hause sein würde.

Unter der Woche hatte ich die Kinder noch nie geweckt. Es war ganz anders, denn am Wochenende fürchteten sie sich höchstens vor der Länge der Tage, aber nicht vor dem Unterricht. Die Gründe ihrer Ängste waren ganz verschieden. Morgens aus dem Haus und in die Schule gehen zu müssen, war vielleicht für manche Kinder früher schwer gewesen, besonders wenn ein Brüderchen oder Schwesterchen bei der Mutter zurückblieb und sich den ganzen Tag von ihr verwöhnen ließ. Dem Druck im Unterricht, dem Zwang zur schulischen Leistung unterworfen zu sein, war für andere Kinder eine Qual gewesen, selbst wenn sie – wie es auf alle Siedler zutraf – den Anforderungen genügt hatten und bis zum Zusammenbruch ihrer Persönlichkeit gute Schülerinnen gewesen waren. Einige Kinder fürchteten sich wohl auch davor, im Unterrichtsgebäude auf die Jungen zu treffen, die sie während der unterrichtsfreien Zeit nur von ferne sahen und deren Anwesenheit von neun Uhr morgens bis drei Uhr nachmittags andersartige Beunruhigungen entfesselte und sie zu großer Selbstbeherrschung zwang.

Gewisse Kinder, so auch Sarah, fühlten sich von vornherein überfordert. Es überstieg ihre Kräfte, morgens aufzuwachen, einen neuen Tag zu beginnen, ihr bißchen Energie zusammenzuraffen, um sich anzuziehen, guten Morgen zu sagen, zum Fenster hinauszuschauen, beim Frühstück menschlich auszusehen und dann in die Aula zu gehen. Der riesige Saal war mit Fahnen geschmückt. Große Plüschtiere befanden sich dort und auch ein Holzhäuschen, in dem die Irokesen Verstecken spielten. In der Aula versammelten die Lehrer, die die

Kinder schon eine Viertelstunde vorher beim Frühstück gesehen hatten, die Schüler zum Unterricht um sich.

Nur die Kinder, die der Heilung nahe waren und in absehbarer Zeit die Schule verlassen sollten, besuchten außerhalb der Schule das Gymnasium oder die Universität. Der Unterricht aller anderen Kinder oblag den schulinternen Lehrern, die gleichzeitig Therapeuten waren.

Intuitiv zu erfassen, was in den Köpfen der Kinder vorging, war nicht einfach, besonders wenn man wie ich nicht sicher war, ihnen helfen zu können. Obgleich wir jetzt zeitweilig ohne Spannungen miteinander lebten und nach sechs Wochen Gemeinsamkeit begründete Hoffnung auf dauerhafte, bedeutsame Beziehungen hegten, vollzog sich zwischen uns noch verhältnismäßig wenig. Nur Nelly sprach mir gegenüber von sich selbst, wenn auch nicht immer offen. Maud und Nancy hielten sich jede auf ihre Weise in respektvoller Entfernung, und Sarah legte nach wie vor ein ungezügeltes Benehmen an den Tag. Judith schmollte mit mir, ohne daß ich den Grund gekannt hätte; ich fühlte mich persönlich angegriffen von ihren abweisenden Blicken, ihrem verkniffenen Mund, ihrem kurz hingeworfenen »guten Tag!«, wenn sie mit gesenkten Augen durch den Gemeinschaftsraum in ihr Zimmer eilte, um ihre Post zu lesen. Aber möglicherweise zielte das alles gar nicht auf mich; vielleicht machte sie nur eine schwierige Entwicklungsphase durch. Dienstags und freitags begann meine Schicht zudem gerade nach Judiths psychotherapeutischer Behandlung, und sicher ging ihr all das, worüber sie gesprochen hatte, noch durch den Kopf, wenn sie ihren Nachmittag im Schlafsaal begann. Jedenfalls hätte ich nur zu gern ein Lächeln auf ihrem finsteren Gesicht gesehen.

Mittwochs war die Schicht am kürzesten. Wir sollten unsere Kinder so früh zu Bett bringen, daß wir pünktlich um 21.45 Uhr zur Mitarbeiterkonferenz unten sein konnten. Diese zu einem so späten Zeitpunkt angesetzte Konferenz war die einzige, an der alle Mitarbeiter ohne Ausnahme teilnahmen, denn theoretisch war niemand mehr im Dienst. Die Kinder wußten, wie wichtig diese Konferenz war, und wir verfuhren ziemlich streng mit ihnen, wenn sie absichtlich abends noch Schwierigkeiten machten in der mehr oder weniger bewußten Hoffnung, daß wir sie nicht so früh alleinlassen würden. Es mußte schon etwas Außergewöhnliches vorgefallen sein, wenn jemand bei dieser Konferenz fehlte, bei der die Gespräche geführt wurden, die Bettelheim für die wichtigsten, lehrreichsten und förderlichsten hielt. Außer Bettelheim und Bert, den sechzehn Erziehern, den drei Psychotherapeuten und den sechs Lehrern war gelegentlich ein Besucher anwesend, der – wie ich einst – die Absicht hatte, später einmal bei uns zu arbeiten. Jetzt, da ich selbst zum Mitarbeiterstab gehörte, waren mir diese Besucher unangenehm. Sie erlebten mit, was bei der Konferenz vorging, ohne selbst an unserem Abenteuer beteiligt zu sein. Bettelheim war sich bewußt, daß wir sie als Eindringlinge betrachteten, und stellte sie uns mit ausgesuchter Höflichkeit vor.

Abgesehen von ganz seltenen Ausnahmen ließ man selbstverständlich keine Besucher zu den Kindern. Nur Besuche, wie ich sie bei Elaine und ihrer Gruppe gemacht hatte, waren möglich.

Der erste Tag von Katherines Abwesenheit verlief reibungslos, obwohl die Kinder schlecht gelaunt waren, weil sie sich im Stich gelassen fühlten. Der zweite Morgen war schon schwieriger, denn die geringen Kräfte der Kinder reichten nicht lange, und nach vierundzwanzigstündigen Bemühungen, sich über Wasser zu halten, erlitten sie schon Schiffbruch. Ich wunderte mich deshalb nicht, als Sue, Sarahs Lehrerin, gegen 14.30 Uhr kurz zu mir kam, um mir mitzuteilen, daß der Tag für Sarah nicht einfach gewesen sei; die anderen Kinder hätten beim Mittagessen darüber geklagt, daß sie Sarahs Lachanfälle ertragen müßten, dieses schrille, krampfhafte Lachen, für das sie nie einen Grund angab.

Ich hatte in der Konditorei ein Bananentörtchen gekauft, weil ich wußte, daß Nelly eine Vorliebe dafür hatte. Nun bereitete ich mich auf meine Schicht vor und dachte über Sarah nach. Am nächsten Tag, sobald Katherine zurück war, wollte ich mit ihr sprechen. Sarah war schwer zu durchschauen; man wußte nie, was sie im Kopf hatte. Katherine konnte mir sicher zu besserem Verständnis verhelfen, denn sie verbrachte viel Zeit mit dem Mädchen, nicht nur in ihrer Schicht, sondern auch bei Einkäufen und Besuchen während der Schulstunden.

Am Abend vorher hatte meine Schicht bis Mitternacht gedauert; um sieben Uhr morgens war ich aufgestanden, um die Kinder rechtzeitig zu wecken; nachdem sie zum Unterricht gegangen waren, hatte ich sämtliche Zimmer in Ordnung gebracht; dann war ich nach Hau-

se geeilt, um mit Laurent zu essen und meiner Mutter zu schreiben; schließlich war ich zur Konditorei und zur Schule zurückgehastet. Es war kurz vor drei Uhr an diesem Mittwoch, ich hatte meinen Dienst noch nicht angetreten und war schon jetzt müde. Der einzige Lichtblick war die Aussicht, daß meine Schicht durch die abendliche Konferenz abgekürzt würde.
Wie gewöhnlich setzte ich mein Tablett auf dem niederen Tischchen ab und wartete im Gemeinschaftsraum auf die Kinder. Als sie alle vor vollen Tassen und Tellern um mich herumsaßen, wandte ich mich Sarah zu und musterte sie schweigend. Ihre Züge waren angespannt, sie hatte die Beine untergeschlagen, kniff die Augen zusammen und sagte kein Wort. Ich hatte ihr ein eigens für sie ausgesuchtes Schokoladebonbon gegeben, das in ihren Fingern schmolz, weil sie sich nicht entschließen konnte, es zu essen. Sie sah erschöpft aus. Ich dachte, sie würde sich vielleicht besser fühlen, wenn sie auf dem Sofa läge und nicht so zusammengekrümmt dasäße.
»Wie geht's dir?« fragte ich.
Sie sah mich an, als sei ich weit weg und als könne sie nicht erkennen, woher meine Stimme kam. Sie tat mir leid. Ahnte sie, daß Sue mit mir gesprochen hatte? Als ich klein war, verabscheute ich es, wenn meine Lehrer mit meiner Mutter sprachen.
»Ich weiß, daß du einen schweren Tag hinter dir hast«, sagte ich. »Möchtest du dich ausruhen?«
Sie gab keine Antwort. An ihrer Stelle sprach Judith. Ihre Stimme war so grob und rauh, ihr Ton so vorwurfsvoll und ihr Ausdruck so rachsüchtig, daß ich zutiefst erschrak. Dabei sagte sie nur:
»Mach das bloß nie mit mir!«
Ich war bestürzt, denn ich wußte nicht, was Judith meinte. In tödlichem Schweigen blickte ich sie an, aber sie hatte schon die Augen abgewandt und trank ihr Coca Cola. Ich holte tief Luft und fragte:
»Was willst du damit sagen?«
Sie verkrampfte sich, drückte die Ellbogen an sich und entgegnete:
»Ich warne dich, daß du sowas nicht mit mir machen sollst. Das ist alles.«
Ich versuchte, mehr aus ihr herauszukriegen, doch sie preßte sich gegen die Stuhllehne, als wolle sie möglichst weit von mir wegrücken. Wenn ich mich vorbeugte, zuckte sie zurück.
»Laß mich in Ruhe!« rief sie angstvoll.

Ich begriff überhaupt nicht, was eigentlich vorging. Sobald ich den Mund aufmachte und ehe ich ein Wort hervorbringen konnte, schrie Judith:

»Ich will nicht mit dir reden, ich habe dir nichts sonst zu sagen! Laß mich!«

Fassungslos schaute ich sie an und erstarrte. Sie hätte keine größere Furcht zeigen können, wenn ich eine Giftschlange gewesen wäre. Mir brach der Schweiß aus. Ich konnte ihr Geschrei nicht mehr ertragen und sagte schließlich leise, es sei vielleicht tatsächlich besser, ich ließe sie in Ruhe. Da sie in mir eine Gefahr sah, fühlte ich mich gefährlich und wurde es auch, je mehr meine Verwirrung und meine Angst vor Judith zunahmen. So weit war es mit uns gekommen: Wir hatten voreinander Angst, wir warfen einander verzweifelte Blicke zu, wir waren zu allem bereit, wenn nur die Spannung abflaute, der Feind verschwand, das Selbstvertrauen wiederkehrte und diese wütende Aggressivität aufhörte, die als Abwehr gegen die Gefahr in uns aufstieg.

Den ganzen Nachmittag zitterte ich. Judith zog sich in ihr Zimmer zurück, und ich hörte, wie sie einige nichtssagende Worte mit Nancy wechselte.

Ich versuchte, mich mit den anderen Kindern zu beschäftigen, aber meine Knie gaben nach, und die Mädchen wußten nur zu gut, daß ich unentwegt über Judith nachdachte. Während des Abendessens wurde kein Wort gesprochen. Umsonst bemühte ich mich, mir bewußt zu machen, was mich derart in Panik versetzte; ich war so aufgeregt, daß ich nicht klar denken konnte. Ich wußte nur eines: So wie es war, konnte ich es nicht belassen. Ich mußte mich zusammennehmen, mich beruhigen und mich mit Judith auseinandersetzen. Sie war bleich, die Ringe unter ihren Augen straften ihren streitsüchtigen Ausdruck Lügen. Ich fragte mich, was ich ihr antat, welches geheimnisvolle Gift ohne mein Dazutun von mir ausging und sie derart verstörte.

Zugleich dachte ich an Nelly, die immer glaubte, wenn sie eine ihrer Kameradinnen unmerklich streife, füge sie ihr eine tödliche Wunde zu, und ich begriff plötzlich, wie sehr sie darunter leiden mußte, daß sie sich selbst als Lebensgefahr für die anderen betrachtete.

Nach dem Essen ging ich in Judiths Zimmer und sagte, ich würde gern genau wissen, was eigentlich zwischen uns vorgefallen sei, doch sie war verstockt wie zuvor, und ich erkannte, daß Bettelheim recht gehabt hatte, als er sagte, wir dürften nie einem Kind eine Frage stellen, auf die wir selbst die Antwort nicht wüßten. Judith und ich steckten in der Sackgasse unserer Angst und unseres Hasses, und mir wurde klar, daß wir nicht herauskämen, wenn ich nicht sofort jemanden zu Hilfe riefe.

Steve mußte in seinem Stockwerk sein. Ich sagte den Kindern, ich ginge ihn holen. Leider war er nicht da. Ich weiß nicht mehr warum; vielleicht hatte er an jenem Tag frei, möglicherweise hatte er auch einen Falken zum Essen ausgeführt.

Ich kehrte zurück und sagte Judith und den anderen Mädchen, Steve sei nicht im oberen Stockwerk, und ich suchte jetzt Bert oder den Professor im Schlaftrakt.

»Dr. B. ist sicher dort«, bemerkte eins der Mädchen. »Er macht bestimmt jetzt die Runde vor der Konferenz heute abend.«

Er machte aber nicht die Runde. Weder er noch Bert waren im Haus. Ich fragte die Erzieher, die im Aufenthaltsraum eine Tasse Kaffee tranken. Es mußte schon 20 Uhr sein. Sie meinten, Bert und der Professor kämen erst gegen 21.30 Uhr. Mir war die Kehle zugeschnürt, und ich brachte kein Wort heraus. Mary-Margaret, eine Freundin von Katherine, fragte mich besorgt, was los sei.

»Judith!« würgte ich hervor. »Sie . . .«

Ich brach ab, weil mir die Tränen kamen. Ich mußte zu den Kindern zurück, ich durfte sie nicht so lange alleinlassen. Mit letzter Kraft bat ich Mary-Margaret, Bert oder den Professor in meinen Schlafsaal zu schicken, sobald sie kämen. Doch da fiel mir ein, daß für uns Fernsehen im Spielzimmer auf dem Tagesplan stand, und ich verbesserte mich und sagte, wir seien unten.

Im Spielzimmer trafen wir andere Mädchengruppen, die ebenfalls zum Fernsehen gekommen waren. Die Atmosphäre hatte sich beruhigt bei der Gewißheit, daß bald Hilfe eintreffen würde, und die Bestürzung war einer dumpfen Erwartung gewichen. Judiths Freundinnen aus der Bibergruppe kamen und fragten sie, wie es ihr gehe; sie hatte ihnen im Speisesaal etwas von ihrem Zusammenstoß mit mir gesagt. Ich hatte es nicht gehört, aber ich war sicher, daß ich mit sämtlichen Schimpfnamen belegt worden war, und ich haßte plötzlich diesen feindseligen Mädchenklüngel um Judith.

Nach unendlich langer Zeit, gegen 21.40 Uhr, ging am Ende des

Flurs eine Tür auf, und quietschende Kreppsohlen kamen näher. Judith und ich standen auf, verließen das Spielzimmer und gingen auf Bettelheim zu. Er legte Judith die Hand auf die Schulter, und wir setzten uns auf eine Polsterbank in einer Flurnische.
»Nun«, sagte er zu dem Kind, »was ist vorgefallen?«
Ich hörte zu, als sie Bericht erstattete, und traute meinen Ohren nicht. Sie trug eine ernste, aber fügsame Miene zur Schau, sie überlegte, was sie sagte, und ihre Worte klangen, als strebe sie nach großer Aufrichtigkeit, um mich nicht in ein falsches Licht zu rücken und um zu beweisen, daß sie die ganze Verantwortung für den Zwischenfall auf sich nehme. Der Tenor ihrer Erzählung lautete: »Ich möchte niemandem Unrecht tun, aber ...« Ich kochte vor Zorn. Am liebsten hätte ich das hinterhältige Luder am Morgenrock gepackt und an die Wand geschmettert oder mit einem Faustschlag die verlogene Unschuldsmiene von ihrem Gesicht gewischt. Und Bettelheim, dieser Idiot, ging in die Falle, sog die Worte des Kindes förmlich in sich auf, ließ sich belügen und betrügen – welch ein Schwachkopf, wie blind und dazu feige war er doch! Denn nie, nicht ein einziges Mal fragte er mich nach meiner Meinung, nach meinem Standpunkt. Mir war danach, die beiden Verräter anzuspucken. Und über alledem lagerte in meinem Bewußtsein ein noch viel scheußlicheres Gefühl, nämlich daß ich mich als Judiths Rivalin aufführte, ich, die ich doch ihre Erzieherin war. Da schämte ich mich und bekam Mitleid mit dem Kind, das mir anvertraut war. Ich erkannte auch, warum Bettelheim mich aus seinem Gespräch mit Judith ausschloß: Er gab mir damit zu verstehen, daß er glaubte, ich hätte meine Selbstbeherrschung noch nicht wiedergewonnen, und daß er nicht gerufen worden sei, um Gericht zu halten, sondern um ein verstörtes Kind, dem ich nicht zu helfen vermocht hatte, wieder aufzurichten. Außerdem vermittelte er Judith eine zweifache Gewißheit: Zum einen, daß er auf ihrer Seite stand, zum anderen, daß er mich nach wie vor für fähig hielt, die Siedler zu betreuen; ein Verhör hätte das Gegenteil bewiesen.
Dieser Gedankengang ließ mich Wut, Entmutigung, Scham und Erschöpfung in Zaum halten. Nach dem Fernsehen ließ ich die Kinder allein zu Bett gehen und sagte, ich würde nach der Konferenz wie jeden Mittwoch noch einmal heraufkommen, um nachzusehen, ob alles in Ordnung sei. Erst dann würde ich nach Hause fahren und

selbst Ruhe suchen. Aber als ich die Tür hinter mir zugezogen hatte, brach ich in Tränen aus.

Die Konferenz hatte schon angefangen, als ich auf Zehenspitzen ins Mitarbeiterzimmer schlich. Worum es ging, erfaßte ich nicht. Ich setzte mich ans Ende einer Bank, stützte den Kopf auf die Lehne und weinte still vor mich hin. Als der Professor sein Gespräch mit einem der Lehrer beendet hatte, sagte er:

»Jetzt könnten wir vielleicht Geneviève fragen, was mit Judith vorgefallen ist.«

Ich hob den Kopf, aber meine Tränen strömten unaufhaltsam. Die paar Kleenex, die mir jemand gereicht hatte, waren schon naß. Ich streckte die Hand nach der Packung aus, und erst als ich die Papiertaschentücher auf dem Schoß hatte, konnte ich anfangen zu sprechen. Nun kam alles wieder ins Lot. Für die Kinder gab es Ort und Zeit für Hilfe und Unterstützung, aber auch die Erzieher bekamen an einem anderen Ort und zu einer anderen Zeit Gelegenheit, sich unter der wohlwollenden Aufmerksamkeit Bettelheims selbst besser zu verstehen.

Ich überlegte kurz, womit ich beginnen sollte.

»Nicht lange vor meiner Schicht kam Sue zu mir und teilte mir mit, daß Sarah einen schwierigen Tag hinter sich hatte.«

Bettelheim wandte sich an Sue:

»Warum haben Sie das getan?«

Diese Frage überraschte sie sichtlich. Sie sagte, sie halte es für die Kontinuität im Tageslauf eines Kindes für wichtig, daß Lehrer und Erzieher miteinander sprechen und sich gegenseitig von den kleinen Tagesereignissen unterrichten. Bettelheim äußerte einige Vorbehalte. Die Kommunikation sei zwar wichtig, aber er meine doch, jeder müsse den Kindern unbeschwert und ohne vorgefaßte Meinungen gegenübertreten. Er hielt sich jedoch nicht lange bei diesem Problem auf, sondern ließ mich weiterreden.

»Als ich Sarah anblickte, die so verloren aussah und keinen Ton von sich gab, dachte ich, es sei am besten, ihr offen zu sagen, was ich wußte, denn so müßte sie es mir nicht selbst sagen und wäre vielleicht erleichtert.«

»Wirklich?« wunderte sich Bettelheim. »Wie kamen Sie auf diesen Gedanken?«

»Es erschien mir ganz natürlich ... Wenn ich als Kind etwas auf dem

Herzen hatte und nicht sicher war, ob meine Mutter es wußte, war ich froh, wenn sie davon anfing und ich es ihr nicht zu sagen brauchte.«

»Wenn ich recht verstanden habe, hatten Sie kein besonders gutes Verhältnis zu Ihrer Mutter.«

Sprachlos starrte ich ihn an, und dann warf ich einen Blick auf Steve am anderen Ende des Zimmers, aber er schaute weg. Sofort ging ich in Abwehrstellung.

»Was wissen Sie denn davon? Mein Verhältnis zu meiner Mutter war manchmal schwierig, gelegentlich auch gespannt, aber ganz bestimmt nicht schlecht!«

»Wenn man gut steht mit jemandem, hat man doch wohl nicht diese Hemmungen, mit ihm zu reden.«

Nach kurzem Schweigen erzählte Bettelheim eine Kindheitserinnerung. Ich berichte sie hier nicht, denn es war ein Geschenk von ihm für uns alle, ein Vertrauensbeweis, den ich nicht durch eine ungeschickte Wiedergabe der Banalität preisgeben möchte. Wichtiger als sein Erlebnis selbst war seine Offenheit und Freundlichkeit. Er erreichte damit sein Ziel, denn ich beruhigte mich und begriff, daß er mir nicht um jeden Preis schlechte Beziehungen zu meiner Mutter nachweisen wollte. Er versuchte vielmehr, mir klarzumachen, daß ich an diesem Nachmittag gewisse nicht ganz bewältigte Schwierigkeiten meiner Kindheit auf meine Kinder projiziert hatte.

Zum ersten Mal wurde mir auf diese Weise der Einfluß meiner Persönlichkeit und meiner Lebensgeschichte auf mein Verhalten in der Kindergruppe bewußt gemacht. Im weiteren Gespräch untersuchten wir diesen Mechanismus genauer, und ich sah bald ein, wie Judith unbewußt gerade darauf reagiert hatte, daß ich Sarah im Blick auf meine eigenen Erlebnisse und nicht im Blick auf das, was für sie gut war, behandelt hatte.

Eine Stunde später stieg ich mit verschwollenem Gesicht und geröteten Augen in meinen Schlafsaal, um nach dem Rechten zu sehen. Wie immer bei großen Anlässen hatten sich die Damen anstandslos zu Bett begeben. Nelly hatte von selbst ihr Plantschvergnügen abgekürzt, und Sarah hatte sich ihre Lachanfälle für einen anderen Tag aufgespart. Maud hatte das Licht gelöscht. Nancy und Judith hatten sich hingelegt. Ihnen sagte ich zuletzt gute Nacht, und zu Judith gewandt setzte ich hinzu, ich hoffte, daß wir von jetzt an besser miteinander auskämen.

»Wir haben viel Zeit«, versicherte ich.
Sie erwiderte ein paar höfliche Worte, und ich ging hinunter und fuhr mit Laurent nach Hause.

23. Kapitel

Als Katherine am nächsten Tag zurückkehrte, kam sie mit keinem Wort auf die aufregenden Ereignisse des Vortages zu sprechen, obwohl Judith ihr sicher am Morgen beim Wecken davon erzählt hatte. Ich meinte, sie werde mich ausfragen, aber sie sagte nichts, und ich erwähnte schließlich das Thema.
»Ach ja«, entgegnete sie, »ich habe etwas läuten hören, Judith wollte mir berichten, aber das ist eine Sache zwischen ihr und dir, das geht mich nichts an.«
Es war Donnerstag. Ich hatte zwei anstrengende Tage hinter mir und wollte nicht länger als nötig in der Schule bleiben. Sobald die Mitarbeiterkonferenz beendet war, wollte ich aufbrechen, aber ich war nicht schnell genug, denn Katherine erwischte mich noch und sagte:
»Du solltest diesen Monat mit den Berichten anfangen. Wenn du Nancys und Mauds Bericht schreibst, übernehme ich die drei anderen.«
O ja, irgendwann mußte ich voll verantwortliche Erzieherin werden. Monatsberichte, Tränen in der Mitarbeiterkonferenz, Weckdienst, drei Feuerproben in zwei Tagen – das war nicht übel, aber es fehlte noch so manches: die Kinder zum Arzt, Zahnarzt oder Augenarzt begleiten, ihre Sachen in Ordnung halten, ihre Kleider in die Reinigung und ihre Schuhe zum Schuhmacher bringen, von Zeit zu Zeit mit der Gruppe ins Kaufhaus gehen, um Einkäufe zu machen und damit die Damen ihr Taschengeld ausgeben konnten, für die Geburtstagsgeschenke sorgen, Festtage vorbereiten ...
Wenn ich einmal so wie Katherine das und vieles andere erledigen würde, wäre ich eine echte, anerkannte Erzieherin. Eine Bindung an die Schule kann nur aus der Vertrautheit mit den Kindern erwachsen. Nicht umsonst trug Julie, eine der dienstältesten Erzieherinnen,

damals die Verantwortung für das ganze Haus; sie war Wäschebeschließerin, sie wies den Erziehern ihre Zimmer an, sie holte die Handwerker, wenn es etwas zu reparieren gab.

Je größere Dienste wir den Kindern leisteten, um so wichtigere Aufgaben übernahmen wir. Und wenn es in der ganzen Stadt einen einzigen Menschen gab, der noch mehr arbeitete als wir, so war es Bettelheim.

Nun wurden mir also die Monatsberichte aufgehalst. Von jetzt an würde ich wie die anderen jeden Monat die Tage bis zum Abgabedatum zählen. Die Berichte mußten im Büro vorgelegt werden. Der Professor las sie, korrigierte sie, wenn es nötig war, gab sie gelegentlich zur Neufassung zurück, stellte sie mit den anderen Berichten über das betreffende Kind zusammen und unterzeichnete sie. Allmonatlich stiegen wir ins Schreibzimmer hinauf, setzten uns vor die elektrische Maschine und überdachten, was sich in den vier vergangenen Wochen für das Kind, dessen Bericht wir zu schreiben hatten, ereignet hatte.

Bettelheim erhielt regelmäßig drei Berichte über ein Kind. Den einen verfaßte der Lehrer, den anderen der Therapeut und den dritten der Erzieher.

Lehrer oder Erzieher waren manchmal gleichzeitig auch Therapeuten und schrieben dann zwei Berichte, einen über den Fortgang der Therapie, den anderen über das Verhalten des Kindes im Unterricht oder in der Gruppe. Es gab nur einen Lehrer pro Klasse, aber zwei Erzieher pro Gruppe, und die Lehrer mußten deshalb viel mehr Berichte schreiben als die Erzieher, konnten sie allerdings kürzer fassen. Der Bericht des Therapeuten war nur ein oder zwei Abschnitte lang. Die Erzieher dagegen verfaßten etwa zwei Schreibmaschinenseiten über jedes Kind. Wer das für wenig hält, sollte es einmal machen müssen.

Die Berichte wurden den Eltern übersandt, die wir nicht näher kannten. Wir hatten ihnen höchstens kurz die Hand gedrückt, wenn sie ihr Kind zu den Ferien abholten oder wieder herbrachten. Nie hatten wir mit ihnen über ihr Kind gesprochen oder ihnen Rechenschaft abgelegt. Bettelheim allein war ihnen gegenüber für die Behandlung verantwortlich; er nahm ihre Kritik entgegen und bemühte sich, sie zu beraten. Deshalb konnten die Eltern keinen Druck auf uns ausüben, und es stand uns frei, für ihr Kind zu tun, was uns am besten

erschien. Aus diesem Grund unterzeichneten wir unsere Berichte nicht selbst. Das übernahm der Professor, der die Berichte nach sorgfältiger Prüfung so abschickte, als habe er sie persönlich geschrieben.
Eine wichtige Aufgabe der Berichte besteht darin, das Interesse der Eltern wachzuhalten und ihnen zu vermitteln, daß ihre großen finanziellen Aufwendungen tatsächlich zur Heilung ihres Kindes beitragen. Außerdem sollen die Eltern auf diese Weise ihr Kind besser kennenlernen, die Gründe seines Verhaltens verstehen und erfahren, wie wichtig es ist, daß auch sie Geduld aufbringen.
Zwischen den Besuchen ihrer Kinder erhielten die Eltern vier bis acht Berichte, und es stand zu hoffen, daß ihnen der Umgang mit ihrem Sohn oder ihrer Tochter, die ihnen so große Schwierigkeiten bereitet hatten, von Mal zu Mal leichter fiele.
Auch für uns waren die Berichte wichtig, zwangen sie uns doch monatlich zur Rechenschaft über das, was wir erreicht oder nicht erreicht hatten. Nicht daß wir jeden Monat eine neue Leistung zu unseren Gunsten buchen wollten; im Gegenteil, in der Schule wurde stets in dem Wissen gearbeitet, daß wir viel Zeit vor uns hatten und daß gut Ding Weile haben will. Trotzdem mußten wir uns darüber klar werden, daß etwas im Gange war, daß wir ein Kind nicht vernachlässigten, daß wir – sogar wenn es schon seit zehn Jahren in der Schule war – unablässig über seine Persönlichkeit nachdachten, über unsere Beziehung zu ihm, über die Ziele, nach denen wir strebten, und über die Wege, auf denen wir es diesen Zielen näherbringen wollten. Wenn wir vor der Schreibmaschine saßen und oft nichts zu schreiben wußten, war dies ein Zeichen dafür, daß wir im vergangenen Monat wenig für das Kind getan hatten, und diese Einsicht war um so peinlicher, als sie Bettelheim zur Kenntnis kam. Wir schrieben die Berichte nicht in erster Linie für die Eltern, sondern für den Professor.
Sie waren ihm wahrscheinlich auf zweierlei Weise nützlich. Zum einen gewann er daraus einen Überblick über die im Lauf eines Monats geleistete Arbeit bei den Kindern, während man sonst meist einzelne Probleme erörterte, zum anderen stellten sie für ihn unersetzliches Hintergrundmaterial für seine Forschungsarbeiten dar und förderten seine Überlegungen zum Wohl künftiger Generationen von gestörten Kindern.
Die Berichte hatten auch indirekte, ebenfalls wichtige Auswirkun-

gen. Für uns, die wir in fast ständigem Kontakt mit den Kindern lebten, bestand die große Gefahr, daß wir uns in Einzelheiten verloren und ermüdeten. Wollten wir klare, vollständige Berichte verfassen, waren wir gezwungen, Gedanken und Gefühle in Worte zu fassen. So gewannen wir Abstand zur Arbeit, und die Berichte rückten die Dinge in die richtigen Proportionen.

Selbstverständlich durften wir nicht alles dokumentieren und damit das Vertrauen der Kinder mißbrauchen, indem wir die Eltern vollständig unterrichteten. Vieles hätte den Eltern nur wehgetan. Wozu hätten wir zum Beispiel die bitteren Worte einer Tochter über ihre Mutter wiederholen sollen? Wir bemühten uns deshalb, nur das zu schreiben, was für die Eltern jeweils dienlich war. Wir durften die Seiten nicht mit Erzählungen von Waldspaziergängen oder Besuchen beim Zahnarzt füllen. Solche Begebenheiten erwähnten wir nur, wenn sie für die Entwicklung des Kindes im Berichtsmonat besonders bedeutsam waren.

Die theoretische Seite der Berichte war uns klar, aber in der Praxis verhielten wir uns fast alle wie Schulkinder, die einen Hausaufsatz schreiben müssen und nicht zum richtigen Zeitpunkt anfangen, so daß wir von vornherein entmutigt an die Arbeit gingen. Gegen Monatsende, wenn die Berichte in den nächsten achtundvierzig Stunden fertig sein mußten und wir mit unseren Schichten, den Mitarbeiterkonferenzen, den notwendigen Einkäufen, unseren Analysen und den Ausgängen mit den Kindern vollauf beschäftigt waren, tauschten Katherine und ich oft kleine Bemerkungen aus.

Wenn wir uns morgens begrüßten, war die erste Frage:

»Hast du deine Berichte fertig?«

Und wenn die andere es geschafft hatte, fühlte man sich verraten und verlassen und fragte bei anderen Erziehern und Lehrern herum, immer in der Hoffnung, nicht die letzte zu sein. Unsere Verspätung hatte keinen anderen Grund als unsere Unlust und unseren inneren Widerstand, diese Unlust zu überwinden. Bettelheim wußte das genau. Er ließ sich jedoch nicht über diese Motive aus; er verlangte einfach die Berichte. Ich erinnere mich an einen Wortwechsel zu Beginn einer Mitarbeiterkonferenz. Er hatte das Tonbandgerät eingeschaltet (die Gespräche wurden, wie ich schon erwähnte, auf Band aufgenommen, abgeschrieben und abgelegt), wie gewöhnlich war Schweigen eingetreten. Zu mir gewandt sagte er ausdruckslos:

»Nancys Bericht fehlt.«
»Stimmt«, entgegnete ich gleichmütig.
»Der Termin ist überschritten«, fuhr er fort.
»Ich weiß.«
Er wechselte das Thema. Am andern Tag lag der Bericht auf seinem Schreibtisch.

24. Kapitel

An den darauffolgenden Tagen verhielt sich Judith mir gegenüber sehr zurückhaltend. Das erschien mir ganz richtig, ich hoffte aber dennoch auf eine echte Bindung zwischen uns und war bereit, die dazu notwendige Energie aufzubringen. Dieser Wunsch rührte einerseits daher, daß Judith mir, ohne es zu wissen, meine Mängel vor Augen führte, und andererseits daher, daß sie selbst sehr anziehend war, intelligent, zuvorkommend und aufrichtig, auch warmherzig, oft dramatisch und heftig. Hinter diesen Zügen schwebte jedoch die Gefahr des Selbstmords und ließ ihre Persönlichkeit zugleich besorgniserregend wirken.
Schon lange hatte ich mir überlegt, welches Kind ich als erstes einmal während einer von Katherines Schichten ausführen sollte. Sarah und Maud waren mir noch zu fremd. Mit Nelly hätte ich nichts anfangen können, denn sie war auf der Straße so ängstlich, daß ihr ein Ausgang keine Freude bereitete. Am liebsten hätte ich Judith mitgenommen. Steve ermunterte mich auch dazu, aber ich hatte Angst, daß sie meine Aufforderung ablehnen würde. Da ich mir nicht gleich beim ersten Mal einen Korb holen wollte, entschied ich mich deshalb für Nancy.
Kurz zuvor hatte ich mit den Siedlern in der Universitätsbuchhandlung eingekauft, und Nancy hatte eine Anzahlung auf ein Buch über den Maler Chagall geleistet. Jetzt hatte sie ihre zwölf Dollar Taschengeld für Februar bekommen und konnte den Rest bezahlen und ihr Buch abholen. Das war ein selbstverständlicher Anlaß für einen kurzen Ausgang, der weder von Nancy noch von mir eine im Vergleich zu unserer geringen Bindung übermäßige Anstrengung erfor-

derte. Nancy erklärte sich gern bereit, mit mir zu kommen, als ich es ihr zu Beginn von Katherines Schicht vorschlug, und der Weg zur Buchhandlung wurde für uns beide erfreulich.
So befaßte ich mich allmählich mit dem einen oder anderen meiner Kinder auf persönlicherer Ebene, und zu dem beruflichen Interesse, das ich ihnen entgegenbrachte, traten die Keime einer spontanen Zuneigung. Es war der Anfang der Gemeinsamkeit. Nach den zwei längsten Monaten meines Lebens kamen zwei weitere Monate, die zwar keineswegs einfach waren, aber doch von einer traumhaften Hoffnung erfüllt wurden. Ab und zu bemerkte ich im Blick eines Kindes, in seinem Tonfall, in seinen Gesten eine geringfügige Einzelheit, die mir bewies, daß das betreffende Mädchen Wert legte auf eine Fortsetzung unseres tastenden Zueinanderfindens, und diese flüchtigen Glücksmomente gaben mir neuen Mut.
Damals war im Hyde-Park-Viertel viel die Rede von einem Delikatessengeschäft, Morry's, wo man angeblich die besten belegten Brote der Stadt bekam. Ob dieser Ruf begründet war oder nicht, war mir einerlei; ich beschloß jedenfalls, mit meinen Kindern hinzugehen. Es war wieder ein wichtiger erster Versuch; wir lebten in einer Zeit der großen Erstmaligkeiten.
An jenem Mittwoch sagte ich also in der Küche, wir würden nicht mit den andern unten zu Abend essen, man brauche nicht für uns zu decken und auch nicht zu kochen, denn wir würden uns selbst unser Essen zubereiten und für uns im Clubraum speisen. Um drei Uhr schlug ich dann den Kindern vor, wir wollten zu Morry's gehen, dort Leckerbissen aussuchen, in die Schule zurückkehren und in aller Ruhe zu Abend essen. Nancy und Maud fanden es einen guten Plan, Nelly äußerte einige Vorbehalte, stimmte aber doch zu, Sarah ließ durchblicken, es sei ihr völlig egal, und Judith hätte sich ohnehin eher die Zunge abgebissen, als daß sie ihrer Freude Ausdruck gegeben hätte. Wir machten uns also auf den Weg und hatten viel Spaß dabei. Einfach war es allerdings nicht. Wir durften nicht trödeln, um nicht von der Dunkelheit überrascht zu werden; bei Morry's mußten wir anstehen, mitten unter den wenig vertrauenerweckenden Gestalten aus der Hyde-Park-Gegend. Sarah sagte nicht, was sie essen wollte, und Nelly bemühte sich, mit niemandem in Berührung zu kommen, was in dem kleinen, vollgepfropften Laden ein akrobatisches Kunststück war. Judith und Nancy überspielten ihre

Angst damit, daß sie ihre Kameradinnen beaufsichtigten und herumkommandierten, und Maud ließ sich diese Behandlung zu meinem Ärger widerspruchslos gefallen. Als wir wieder in der Schule waren, die Mäntel in der Garderobe hingen und wir den Tisch deckten, während die Bratenbrote im Backofen gewärmt wurden, lösten sich die Zungen. Alle freuten sich über das Beisammensein. Gegen acht Uhr gingen wir in unseren Schlafsaal hinauf. Judith sagte, sie werde jetzt baden und sich die Haare waschen. Wie ich schon erwähnte, wusch sie sich die Haare immer dann, wenn ich Dienst hatte, denn sie wollte in Katherines Schicht keine Zeit damit vergeuden. Ich fühlte mich stets bedrückt, wenn sie mir unter dem Vorwand des Haarewaschens so aus dem Wege ging, aber an jenem Tag wandte sie sich vor der Badezimmertür um und sagte leise, ohne mich anzusehen, der Nachmittag und Abend habe ihr gefallen. Diese wenigen Worte stärkten mich für künftige Zusammenstöße.
Die Badeanstalt, die früher für mich die Hölle gewesen war, wurde ein beliebter Aufenthaltsort, als Sarah und Nelly anfingen, regelmäßig mit ins Wasser zu gehen.
Nach wie vor war es mir unangenehm, die schützenden Mauern der Schule zu verlassen, den Midway in Eiseskälte zu überqueren und mich im Umkleideraum auszuziehen. Im Wasser aber war ich glücklich. Ich brauchte mich nicht mehr ausgeschlossen zu fühlen im großen Becken, wo Judith, Nancy und Maud die Gesellschaft der anderen Mädchen suchten und mich gar nicht beachteten, sondern ich durfte im Kinderbecken mit Nelly und Sarah spielen. Nelly konnte nicht schwimmen; sie glaubte zu ersticken, wenn sie den Kopf ins Wasser tauchte, und sie hatte ständig Angst, ihr Badeanzug lasse ihre Körperformen erkennen. Sie hatte einen schmalen, zierlichen Mädchenkörper, bewegte sich aber so kindlich, daß es mir schwerfiel, ihre Sorgen nicht zu belächeln. Sarah schwamm zwar wie ein Fisch im Wasser, aber Katherine hielt es für besser, sie nicht zu sportlichen Leistungen anzuspornen, sondern sie im Kinderbecken herumplantschen zu lassen. Sie trug ihren pflaumenfarbenen Badeanzug, der gleich geschnitten war wie meiner, und genoß es, den toten Mann zu machen oder an Kreisspielen teilzunehmen, wobei sie mit den anderen Kindern phantasievolle Gespräche führte. Ich vergnügte mich ebenso wie sie.
Wahrscheinlich war es auf diese Spiele im Wasser zurückzuführen,

daß Sarah mir eines Abends erlaubte, sie vor dem Schlafengehen zu baden. Das klingt harmlos, war aber für mich ungeheuer wichtig. Als ich Sarah zum ersten Mal badete, empfand ich unbeschreibliche Freude. Sie legte sich in der Wanne auf den Bauch, ließ ihre langen Haare im Wasser treiben und umklammerte einen kleinen, blauen Schaumstoffbären, den Katherine ihr geschenkt hatte, während ich das warme Wasser über ihre Schultern fließen ließ. Sie sprach wenig, und ich wollte sie auch nicht zum Reden drängen. Was sie sagte, war ohnehin so unzusammenhängend, daß es mich nur verwirrte. Deshalb gewöhnte ich mir an, leise vor mich hinzusummen, und das gefiel ihr. Sie bat immer wieder, ich möge ihr ein Lied von Prévert und Kosma mit dem Titel »L'Oiseau« vorsingen.

Wenn sie sprach, dann von Katherine und den »wunderbaren Liebesgeschenken«, die Katherine ihr mache. So lauteten ihre Worte. Sie hatte noch andere, nur ihr eigene Ausdrücke, die sie bei passender und unpassender Gelegenheit einstreute und die Katherine und ich belustigt in unseren Wortschatz aufnahmen, zum Beispiel »Erschaffen einer Verbindung«, »ausstrahlende Wärme«. Das klang zwar überspannt, aber wenn wir beobachteten, wie sich ihre Züge bei solchen Redensarten belebten, begriffen wir, was sie vom Leben erwartete, und hatten nur den einen Wunsch, sie nicht zu enttäuschen. Ihr Idol war Annie Sullivan. Sie hatte die Geschichte dieses blinden und tauben Mädchens und seiner hingebungsvollen Erzieherin gelesen und auf ihre närrische Weise mit Anmerkungen versehen, und sie erhoffte sich ebenfalls die Begegnung mit einer fabelhaften jungen Frau, die sie retten würde. Wir wußten, daß dieses Wunder nie geschehen würde, aber Sarahs grenzenloser Optimismus weckte in uns Bilder von einem besseren Leben, einem Leben, in dem keiner den anderen im Stich läßt, in dem die Nestwärme niemals den vielseitigeren, aber unvollkommeneren Freuden weichen muß. Sarah verhalf uns zu einem besseren Verständnis der Sehnsucht, die sich bei Kindern wie Judith nur mittelbar und bei Kindern wie Nelly auf Umwegen äußerte: die Sehnsucht nach dem verlorenen Paradies. Mit unveränderlicher Einfachheit drückte Sarah einen Schmerz aus, den die anderen Kinder so wenig wie wir beim Namen zu nennen wagten.

Womit füllten wir unsere Tage aus? Mit tausend kleinen Dingen. In erster Linie unterhielten wir uns. Die Kinder schütteten zwar nur

Katherine ihr Herz aus und besprachen ihre brennendsten, tiefsten und schmerzhaftesten Probleme nicht mit mir, aber der Ernst unserer Gruppengespräche um drei Uhr beim Kaffeetrinken entsprach unserem wachsenden gegenseitigen Vertrauen, und diesen Maßstab wollte ich nicht überschreiten. Bis gegen fünf Uhr blieben wir im Gemeinschaftsraum beisammen.
In der Zeit bis zum Abendessen beschäftigten wir uns mit Einzelheiten des Alltagslebens. Judith wußte immer, was es gab. Obwohl sie das Essen kaum anrührte, kreisten ihre Gedanken ständig darum. Als sie sich später enger an mich anschloß, bat sie mich jede Woche, den Speisezettel, den ich in der Küche einsehen konnte, genau abzuschreiben. Auf diese indirekte Weise ernährte sie sich oder brachte sie vielmehr die Vorstellung zum Ausdruck, wie sie sich eines Tages gern ernähren würde.
Bei Tisch waren die Gesichter nicht mehr so finster wie am Anfang. Alles plauderte munter drauflos, und wir redeten viel dummes Zeug, nur so zum Spaß. Diese Zeit des Tages war mir am liebsten. Manchmal vergaß ich die Sicherheitsvorschriften für die Kinder, die selbstverständlich auch die Erzieher zu befolgen hatten, und wippte auf meinem Stuhl. Nelly, die meist neben mir saß, errötete dann vor Angst, packte mich am Arm und rief: »Vorsicht!«, als reiße sie mich von einem Abgrund zurück. Ich hörte auf zu wippen und lächelte meiner kleinen Nebensitzerin zu, die zwischen Mordlust und Furcht vor der Tat hin- und herschwankte. Allmählich wurde es uns zur Gewohnheit, den Speisesaal als letzte zu verlassen. Wenn wir endlich aufstanden, hatte Sarah meist die Hälfte des Essens auf ihr Kleid gekleckert, während die andere Hälfte auf ihrem Teller liegengeblieben war. Ich deutete auf die vielen Flecken und fragte scherzhaft: »Soll das ein Gemälde sein?«
Dann führte ich sie zum Schrank mit den Leckereien auf dem Weg zum Schlafsaal und gab ihr Eiskonfekt, das sie besonders liebte. Sie mochte auch Kaugummi, aber ich gab ihr keinen, weil ich ihn nicht für nahrhaft genug hielt und weil sie ihn vor dem Einschlafen nicht weglegte. Morgens fanden Katherine oder ich oft den Kaugummi an ihrem Nachthemd oder in ihren Haaren kleben. Einmal konnte ich ein Stück Kaugummi nicht aus ihrem Haar lösen und mußte eine dicke Strähne abschneiden; wochenlang danach lief sie mit einem komischen Schopf herum, bis das Haar nachgewachsen war.

Auch Nelly ließ sich Süßigkeiten geben, nicht weil sie große Lust darauf gehabt hätte, sondern weil sie wußte, daß es sinnlos war, wenn sie sich so sehr kasteite wie in der Zeit, ehe sie in die Schule gekommen war. Sie war damals bis zum Skelett abgemagert und versuchte jetzt, sich selbst ein bißchen zu verwöhnen. Meist nahm sie kleine Crunch-Täfelchen, die sie aß oder an ihrem Bett aufbewahrte.

Maud bevorzugte Zuckerwatte, die es in Amerika abgepackt gibt, und eine Art Sirup in Plastikbeuteln. Nachts legte sie den Beutel auf den äußeren Fenstersims und ließ den Inhalt gefrieren, damit sie ihn am anderen Morgen, wenn sie zur Universität ging, lutschen konnte.

Judith wollte damals nichts anderes als Kaugummi. Später nahm sie auch dicke, buntfarbige Lutscher, für die man eine Stunde brauchte. Sie wußte, daß ich diese Lutscher allem anderen vorzog, und ich fürchte, ihre Vorliebe entsprang nicht der Freude am Genuß, sondern hintergründigeren Motiven, denn sie sagte, ich sähe mit dem Lutscher im Mund »sehr fesch« aus. Damit verband sich zweifellos eine ganze Reihe von Wahnvorstellungen, die ich hier nicht untersuchen kann. Ich bedaure lediglich, daß sie nur mein »fesches Aussehen« und nicht mein echtes Vergnügen an Leckereien übernahm.

Nancy wählte geröstete und gesalzene Sonnenblumenkerne, die sie ohne Gier, aber auch ohne falsche Hemmungen mit natürlicher Anmut knabberte.

Mit Leckereien beladen machten wir uns dann auf den Weg zum Schlafsaal. Unterwegs holten wir noch einen Vorrat Kleenex-Tücher für Nelly und machten im Wäschezimmer halt, um die gewaschenen und gebügelten Kleider und Wäschestücke mitzunehmen. Außerdem schauten wir in den Schrank hinein, in dem die Kleidungsstücke hingen, die von der Reinigung zurückgekommen waren.

Manchmal ließ ich die Kinder allein hinaufgehen und schlüpfte einen Augenblick ins Mitarbeiterzimmer, um mich in der dortigen Atmosphäre zu erholen und zu sehen, ob Katherine da war und ich ihr zur Entspannung etwas Lustiges erzählen konnte. Ich unterhielt mich am liebsten mit ihr, denn in der ganzen Schule kannte nur sie die Siedler genau und wußte, wie einem bei dieser oder jener Schwierigkeit während der Schicht zumute war. Um die Ernsthaftigkeit, die wir während der Dienstzeit beibehalten mußten, etwas aufzulockern, erzählten wir uns Witze, schimpften über die Arbeit und ahmten gelegentlich sogar das eine oder andere Kind nach. Die Mitarbeiterkonferenzen, die Angst, unserer Aufgabe nicht gewachsen zu sein, die ständige Herausforderung unseres Einsatzes in der Schule, die Hochachtung vor dem Professor, die Sehnsucht nach einem erfüllten Leben, der Schlafmangel, das Abenteuer der eigenen psychoanalytischen Behandlung und viele andere Kleinigkeiten des Alltagslebens banden uns fest aneinander und ließen aufrichtige Freundschaften entstehen. Mit Katherine teilte ich die Hoffnung, daß unsere Kinder auf dem Weg der Heilung fortschritten, und in diesem Sinn wurden wir einander unentbehrlich. Sie wußte, daß ich sie ablöste, sobald sie von den Siedlern wegging, und sie stand meiner Arbeit vertrauensvoll gegenüber. Ich war stolz auf das Vertrauen, das sie nicht ohne Grund in mich setzte, denn in der näheren Berührung mit ihr hatte ich mir eine Vorstellung von meiner Funktion bei den Kindern gebildet, und ein großer Teil der gedanklichen Untermauerung meiner Tätigkeit stammte aus der Beobachtung ihres Vorgehens.

Sarah war damals die einzige, die ich baden durfte, und so verbrachte ich möglichst viel Zeit mit ihr. Dann unterhielt ich mich, gelöster als am Nachmittag, mit dem einen oder anderen Kind. Zuweilen forderte mich Judith auf, ihr Gesellschaft zu leisten, solange sie sich die Haare eindrehte. Ich liebte dieses ungestörte Beisammensein mit ihr, und ich beobachtete sie, während sie die Lockenwickel feststeckte und gequälte Blicke in den Spiegel warf. Mit Nancy redete ich wenig. Unser Verhältnis war gut, aber noch sehr oberflächlich. Einmal bat sie mich allerdings, ihr die Haare zu bürsten, doch das blieb die einzige körperliche Berührung, die sie mir erlaubte. Wenn man ein Kind anfassen will, muß man sicher sein, daß man es nicht zu etwas zwingen möchte, und man muß auch überzeugt sein, daß das Kind dies weiß. Diesen beiden Gewißheiten muß eine lange Gemeinsamkeit vorausgehen.

Gegen neun Uhr abends ging ich hinunter und holte für alle irgendeine Kleinigkeit zu essen. Manchmal machte ich auf Judiths und Nancys Bitten eine Schüssel Salat an oder brachte alle Zutaten auf einem Tablett mit nach oben und ließ die Mädchen den Salat selbst zubereiten. Maud mochte am liebsten Quark, getrocknete Zwiebeln und Chips, genannt »onion dip«. Als Nelly sich in späteren Zeiten nicht mehr für die größte Giftmörderin des Jahrhunderts hielt und

Lebensmittel berühren konnte, ohne zu meinen, sie verderbe sie, fand sie ebenfalls Vergnügen daran, den dicken Quark mit Zwiebelstücken zu verrühren. Die kleine Sarah, die immer so tat, als lege sie überhaupt keinen Wert aufs Essen, hatte eine heimliche Vorliebe für Spaghetti, und wenn ich gut aufgelegt und nicht zu sehr in Eile war, kochte ich ihr ihre Lieblingsspeise.

Zum letzten Mal vor dem Schlafengehen saßen wir dann zusammen an dem niedrigen Tisch. Die Anstrengungen des Tages und die Angst vor der Nacht ließen meist unter irgendeinem Vorwand ein allgemeines krampfhaftes Gelächter aufkommen. Es war die Zeit des Tages, zu der viele Ängste durchbrachen, rasend um sich griffen und alle erfaßten.

Nicht immer war ich imstande, diese Flut einzudämmen, und nur zu oft lachte ich selber Tränen, während die Kinder ihren beliebtesten Scherz machten:

»Schnell! Jemand muß Dr. B. holen, Geneviève hat einen Anfall, vielleicht kann er ihr helfen!«

Wenn wir endlich aufstanden, brachte ich den Schlafsaal in Ordnung und räumte alles Gefährliche in den Schrank. Dann machte ich die Runde in den drei Schlafzimmern, verweilte an jedem Bett, strich hier die Decke glatt und setzte mich dort auf den Bettrand. Erst wenn die Lichter gelöscht waren, verließ ich den Schlafsaal.

Unten trank ich noch eine Tasse Tee mit den Freunden und Dr. B., ehe ich nach Hause fuhr. In meinem Kopf wirbelten Gesprächsfetzen, geheimnisvolle Aussprüche, Bilder von den Kindern in mir unverständlichen Situationen. Etwa Judith, die gedankenverloren mit Knetmasse spielte, Nelly, die von Schluckauf unterbrochen ein Kindheitserlebnis erzählte, Sarah, die sich vor mir aufpflanzte und mich anbrüllte: »Du bist schuld! Du darfst der Dame nicht verbieten, daß sie herkommt!« – und die sich dann weigerte, mir zu sagen, welche Dame sie meinte.

Manchmal kam guter Rat über Nacht. Am andern Tag stellte sich fast zufällig auf dem Umweg über einen ganz anderen Gedankengang ein logischer Zusammenhang zwischen zwei Bruchstücken des Rätsels ein.

25. Kapitel

Da ich mich jetzt befähigt fühlte, mehr Pflichten zu übernehmen und ein Kind während Katherines Schicht auszuführen, wurde meine Freizeit immer geringer. Ich nahm Katherine manche Ausgänge ab und beteiligte mich auch an der Vorbereitung von Festen wie Geburtstagen oder Ostern, das näherrückte. Es gab keinen Tag mehr, an dem ich nichts zu tun gehabt hätte, obwohl ich theoretisch frei hatte. Aber gerade diese Stadtbummel mit einem der Kinder waren bedeutsam und oft sehr erfreulich. Ich vermochte besser zu erfassen, was im Gemüt meiner Mädchen vorging, die sich bei diesen Gelegenheiten in realen Situationen zurechtfinden mußten, während sie es in der Schule nur mit deren Symbolen zu tun hatten, und die um so heftiger reagierten, je unmittelbarer die Aggression war.

Echtes Vergnügen brachte mir ein Nachmittag, an dem ich mit Nelly zusammen Kleider kaufte. Sie liebte es, Farben aufeinander abzustimmen und weiche Stoffe zu befühlen. Einerseits befürchtete sie aber, Kragen oder Gürtel könnten zu eng sein, und brauchte leicht ausgeschnittene Hängerkleidchen, andererseits durfte der Ausschnitt auch nicht zu tief sein, denn sie wollte ihren Körper nicht zur Schau stellen. Wir gingen zu Marshall Field's, dem besten Kaufhaus der Stadt, und für den Nachhauseweg leisteten wir uns eine Leckerei.

Für andere Kinder, so auch für Judith, war der Einkauf von Kleidungsstücken eine Qual. Sich in der Kabine zu entkleiden, ihren verhaßten Körper zu schmücken, ihr Bild im Spiegel zu betrachten, war für sie eine mühsame Aufgabe. Wenn ihnen ein Kleid nicht paßte, weil es zu klein oder schlecht geschnitten war, meinten sie, sie selbst seien unförmig. Dann kostete es sie große Überwindung, nicht alles hinzuwerfen und sofort in die Schule zurückzukehren.

Sarah nahmen wir nicht zum Einkaufen mit. Sie fand nur Gefallen an Schmetterlingen, am Sonnenschein, an Blumen ... Im Kaufhaus war sie verloren; sie legte die Hand über die Augen und zog sich in sich selbst zurück. Katherine und ich wählten daher ihre Kleider für sie aus. Wir kauften ihr mit Vorliebe leichte, kurze Kleidchen mit Blumen oder Tieren, dazu auch kurze und lange Hosen, in denen sie unbesorgt die Beine unterschlagen konnte, wie sie es so gern tat. Wir entdeckten auch passende Schlafanzüge aus Baumwolle, die innen

aufgerauht waren, und es war ein Vergnügen, sie nach dem Bad in diese weichen Stoffe zu hüllen. Wenn Katherine oder ich schwer beladen aus der Stadt zurückkamen, zeigten wir einander unsere Einkäufe und machten uns ein Fest daraus, Sarah damit zu überraschen.
Ärztliche Untersuchungen und Besuche beim Zahnarzt waren etwas anderes. Sie lösten bei den Kindern so große Ängste aus, daß lange Zeit immer Katherine, die den Mädchen vertrauter war, mitgehen mußte. Erst ein Jahr später erlaubte mir Judith einmal – und nicht ohne bange Vorahnungen –, daß ich sie zu einer Routineuntersuchung ins Krankenhaus begleitete. Die sexuellen Wahnvorstellungen, die Angst, tausend Krankheiten zu haben, die Hemmungen, den eigenen Körper zu entblößen, waren so quälend, daß die Untersuchung beim Arzt eine fast unerträgliche seelische Kraftprobe bedeutete, obwohl sie den Arzt sehr gut kannte, weil sie immer zu ihm ging und weil er alle Kinder in der Schule behandelte.
Beim Zahnarzt, der ebenfalls alle Kinder in der Schule behandelte und in enger Verbindung mit Bettelheim stand, war es etwas einfacher, weil sich die Kinder dort nicht entkleiden mußten und weil er sie nur im Mund und an keiner anderen Stelle des Körpers berührte. Je nachdem ging ich mit dem Kind ins Sprechzimmer hinein oder hielt mich im Wartezimmer auf. Trotzdem war es schwierig für die Kinder, und sie mußten sämtliche Kraftreserven aufbieten, um ihren Ängsten standzuhalten, wenn ein Zahn plombiert oder überkront wurde, wenn sie die Finger des Zahnarztes in ihrem Mund spürten oder wenn sie eine anästhesierende Spritze bekamen. Die kleine Sarah mit ihrem sanften Wesen ließ sich nie eine Spritze geben und zuckte nicht, als ihr ein Nerv abgetötet wurde. (Ihr Speichel floß allerdings reichlich – ein Zeichen dafür, daß sie Schmerzen hatte.) Sarah hatte ein Kunststück vollbracht, das Katherine und ich bestaunten: Sie hatte ihre Milchzähne behalten. Bei jedem anderen wäre das Anlaß zu Besorgnis gewesen; bei Sarah schien es fast natürlich zu sein, denn sie hatte auch andere reizvolle Züge des Kindseins nicht abgelegt.
Immer häufiger gestaltete ich nun meine Schichten nach eigenem Gutdünken, ohne Katherine immer Rechenschaft abzulegen. Das war in meinem damaligen Stadium ganz normal. Ich frage mich aber trotzdem, wie ich auf die Idee kam, mit der ganzen Gruppe an einem Abend in den Film »Butch Cassidy and The Sundance Kid« zu gehen.

26. Kapitel

Ich hatte mich hinreißen lassen, meinen Kindern, vor allem Judith und Nancy, zu versprechen, daß sie den Film sehen dürften, wenn er in unserem Viertel gespielt würde. Noch heute wundere ich mich, daß mein Plan nie bei der Mitarbeiterkonferenz besprochen wurde; vielleicht war Bettelheim damals nicht in Chicago, oder ich hatte es auch für unnötig (oder nicht wünschenswert) gehalten, die Sprache darauf zu bringen.

Es war Sonntag. Der Film wurde im Harper Court Theatre gegeben. Von der Schule waren es bis dorthin nur zwanzig Minuten zu Fuß, aber da der Hyde Park berüchtigt, wenn auch bei Tag nicht gefährlich war, bestellte ich eine Limousine für den Hin- und Rückweg. Ich glaube, gerade als ich telefonierte, stieß ich im Mitarbeiterzimmer auf Katherine.

»Ich gehe mit den Kindern ins Kino, wir wollen ›Butch Cassidy‹ ansehen«, sagte ich.

»So? Ich bin gar nicht so sicher, ob das gut ist. Es ist ein gewalttätiger Film, und man soll sich mit Verbrechern identifizieren, die einen glauben machen, es sei ein Vorzug, jung zu sterben. Ich meine, unsere Kinder brauchen so etwas nicht!«

»Ich habe es ihnen aber versprochen«, beharrte ich. »Ich habe den Film gesehen, du kannst sicher sein, daß er ihnen Spaß machen wird.«

»Hast du mit Steve darüber gesprochen?«

Ich hatte mit Steve darüber gesprochen, wenn auch nur kurz und ausweichend. Er hatte sich weder so noch so geäußert.

»Ja«, entgegnete ich. »Er ist einverstanden.«

In diesem Augenblick kam Steve herein. Er war gut aufgelegt; aus irgendwelchen unerfindlichen Gründen war er am Wochenende immer blendender Laune. Er trug Blue Jeans, und unter seiner glatten Haarsträhne blitzten seine Augen spöttisch. Mir war nie wohl zumute, wenn mich dieser spöttische Blick traf, was mindestens dreißigmal am Tag vorkam.

»Steve«, sagte Katherine, »Geneviève will mit den Kindern in ›Butch Cassidy‹ gehen. Was meinst du dazu?«

Er musterte mich, ohne viel zu sagen. Ich wandte die Augen ab, die Zornröte schoß mir in die Wangen. Ich ärgerte mich über die ewige

Spielverderberin Katherine und diesen besserwisserischen Dickwanst Steve, der zugleich mein Psychoanalytiker war. Wütend drehte ich mich um.
»Es steht mir bis oben, daß ich nie machen kann, was ich will. Ich muß meine Entschlüsse selbst fassen, sonst kann ich nicht arbeiten.«
Ich stürmte hinaus und knallte die Tür hinter mir zu. An Lächerlichkeit stirbt man nicht; ich überlebte diesen Auftritt. Etwas später entschuldigte ich mich bei Katherine. Aber ich hatte gewonnen, wir gingen ins Kino.
Der bestellte Wagen holte uns rechtzeitig ab. Am Eingang kauften wir uns Puffmais, und dann setzten wir uns in eine der ersten Reihen, weil wir sonst nirgends mehr sechs Plätze nebeneinander bekommen hatten.
Der Film begann. Wie damals, als wir zur Feier von Judiths Geburtstag den Film »Five Easy Pieces« angesehen hatten, überfielen mich gleich bei den ersten Bildern zahllose Ängste. Ich achtete auf die Atemzüge meiner Kinder, auf ihre Handbewegungen, auf das Scharren ihrer Füße, auf alle Anzeichen, die mir gezeigt hätten, daß es unklug war, sie ins Kino mitzunehmen. Sarah, die neben mir saß, nahm die Hand nicht von den Augen.
Als das Licht wieder anging, traute ich mich nicht, den Mädchen ins Gesicht zu blicken. Draußen war es dunkel. Wir traten auf die Straße und schauten uns nach der Limousine um. Niemand sagte ein Wort. Die letzten Kinobesucher verliefen sich, einige Leute holten schon Karten für die nächste Vorstellung. Das kleine Kino sah in dieser Atmosphäre schäbig aus.
»Kommt, wir gehen in den Vorraum, dort sehen wir genauso gut, wenn der Wagen kommt.«
Im Vorraum roch es nach Puffmais. Wir drückten die Gesichter an die Scheiben und beobachteten die Straße. Die Zeit verstrich, es wurde immer später. Wir warteten nun schon zwanzig Minuten.
»Noch ein bißchen Zeit geben wir zu, dann rufe ich ein Taxi«, sagte ich.
Ich wühlte in meinen Taschen und kramte ein paar 10-Cent-Münzen zum Telefonieren hervor. Das Telefon hing an der schmierigen Wand.
CA 5.8000 war die Nummer der Yellow Cabs, der gelben Taxen; die Kinder beobachteten mich, um zu hören, was ich sagte. Ich sagte je-

doch gar nichts, denn ich hörte eine gefühllose Schallplattenstimme: »Yellow Cabs ... Wir sind augenblicklich stark überlastet ... Wenn Sie ein Taxi brauchen und sich noch einen Moment gedulden wollen, legen Sie bitte nicht auf ... Wir bemühen uns, Sie sofort zu bedienen ...«

Ich legte auf. Zugleich überlegte ich, ob es wirklich so gefährlich sei, zu Fuß zurückzugehen. Ja, zweifellos. Um diese Tageszeit war es für Frauen ohne Begleitung schon selbstmörderisch, nur den Midway zu überqueren. Also mußte ich die Schule anrufen. Sonntags war das Büro nicht besetzt, deshalb wählte ich die Nummer des Mitarbeiterzimmers. Niemand hob ab. Die Lehrer waren sicher zu Hause, und die Erzieher, die nicht zur Schicht in ihren Schlafsälen waren, mußten wohl ausgegangen sein. Ich ließ das Telefon trotzdem weiterklingeln; irgendwann mußte es jemand hören. Endlich meldete sich Dean, Steves Kollege bei den Falken im Unit. Ich konnte ihn ohnehin gut leiden, und jetzt war ich erlöst, als ich seine Stimme hörte.

»Tag, Dean! Hier Geneviève. Ich bin mit den Kindern im Harper Court Theatre. Wir warten jetzt schon fünfzig Minuten auf die Limousine, die uns abholen sollte. Sie kommt nicht, und wir möchten nach Hause, uns reicht's. Kannst du uns mit dem Kleinbus einsammeln?«

»Hm ... Ja, sicher, aber ich habe Dienst, und ich lasse die Kinder nicht gern allein ...«

Judith war leichenblaß und starrte mich an.

»Komm zu mir her, dann hörst du, was Dean sagt«, forderte ich sie auf.

Sie kam gehorsam näher. In diesem Augenblick rief Maud:

»Die Limousine ist da!«

Mit einem Seufzer der Erleichterung entschuldigte ich mich bei Dean und legte auf. Wir stiegen in den großen, chromblitzenden Wagen. Jetzt wurden die Mädchen gesprächig, sie scherzten und lachten. Keiner hatte der Film gefallen. Alle hatten die beiden kleinen Cowboys mit den wäßrigen Augen kindisch und selbstzerstörerisch gefunden. Nein, an dem Film war wirklich nichts Besonderes. Nancy und Judith machten sich über Robert Redfords verzweifelte Miene lustig.

»Ein zorniger junger Mann!« kicherten sie.

Oben im Schlafsaal bereiteten sich die Kinder aufs Schlafengehen vor, während ich den Imbiß holte. Es war alles in Ordnung, ich konnte mir mir zufrieden sein. Ganz allein hatte ich mir zu helfen gewußt, ich war groß und selbständig und brauchte nichts mehr zu beweisen. Als Katherine am andern Morgen fragte, wie es verlaufen sei, antwortete ich ausweichend.

27. Kapitel

Die Post meiner Kinder zu lesen wurde mir jetzt zur Gewohnheit. Die Mädchen hätten es nicht verstanden, wenn ich mich geweigert hätte; sie hätten sogar meine Diskretion als mangelndes Interesse aufgefaßt. Die Erzieher lasen die Briefe nicht aus Neugier, und das wußten die Kinder.
Wenn in einem Brief etwas Schwerwiegendes mitgeteilt wurde, zum Beispiel die Operation von Judiths Stiefmutter, war es unumgänglich, daß wir zuerst davon wußten, um unsere spontane Reaktion zu überwinden und unser Verhalten bei der Übergabe des Briefes entsprechend einzurichten. Gelegentlich wurde Post sogar zurückgeschickt mit einem Begleitschreiben von Bettelheim, in dem er die Gründe erläuterte. Das Kind konnte so vor den unerwünschten Untertönen eines Briefes bewahrt werden, und zugleich erfuhren seine Angehörigen, welche Aussagen für das Kind schädlich waren. Selbstverständlich hielten wir nicht alle Widrigkeiten von den Kindern fern, nur diejenigen, die die Behandlung beeinträchtigten. Vor Schwierigkeiten, die entwicklungsnotwendig waren, schützten wir die Kinder nicht.
Die erzieherische Wirkung dieses Verfahrens zeigte sich manchmal sehr deutlich, so auch bei Sarahs Mutter. Sie schrieb ihrer Tochter dreimal wöchentlich, obwohl Sarah nie antwortete und die Briefe selten las. Ich glaube sogar, daß sie sie überhaupt nicht las, denn ich überraschte sie kein einziges Mal dabei, daß sie einen Brief aus dem Umschlag genommen hätte.
Neben alltäglichen Kleinigkeiten (die Katze hatte etwas angestellt, das Brüderchen hatte dies oder jenes getan) schrieb die Mutter besorgt, Sarah möge sich nur nicht erkälten, und legte Vitamintablet-

ten bei. Oder sie schrieb, Sarah könne sicher die beiliegenden Dinge – eine weiche Haarbürste und einen dazupassenden Kamm – gut brauchen. Das alles schickten wir unbarmherzig zurück, denn offenbar glaubte die Mutter, wir seien unfähig, uns um ihre Tochter zu kümmern, und wir mußten sie vom Gegenteil überzeugen, damit sie Sarah nichts derart Katastrophales mitteilte. Kein Kind kann auf die Behandlung ansprechen, wenn es bei seinen Eltern – ungeachtet der Eltern-Kind-Konflikte – kein vollkommenes Vertrauen zur Schule spürt.

Unschwer kann man sich vorstellen, was diese Mutter durchmachte, die von ihrer Tochter getrennt war, die keine Zeile von ihr erhielt, die nur einmal im Monat aus den Berichten etwas über sie erfuhr und deren eigene Briefe zurückgesandt wurden. Es dauerte nicht lange, da brauchten wir ihre Briefe nicht mehr abzulehnen, denn sie hatte offenbar den Sinn unserer Strenge begriffen, schrieb ihrer Tochter geeignete Briefe und schickte ihr Geschenke, die ihrem seelischen Zustand entsprachen. Sarah bewahrte die Briefe zwar weiterhin ungelesen auf, aber das war unwichtig. Bedeutsam war, daß sie bei ihrem nächsten Besuch zu Hause eine gewandelte Mutter antreffen würde, die gewillt war, sie in ihren Bemühungen um ein besseres Leben zu unterstützen.

Die Kinder verstanden unsere Einstellung zur Post. Wir lasen auch die Briefe, die sie schrieben und uns übergaben, ehe sie sie zuklebten.

In erster Linie mußten wir sicherstellen, daß die Kinder nicht über ihre Kameraden und Kameradinnen klatschten. Ebenso wichtig war es aber auch, daß die Kinder keine geheimen Beziehungen zur Außenwelt unterhielten und sich damit verzettelten oder der Behandlung entzogen. Eine Mutter normaler Kinder kann das Postgeheimnis ohne weiteres wahren, weil sie weiß, daß ihre Kinder fähig sind, menschliche Beziehungen auf mehreren Ebenen zu pflegen und die daraus erwachsenden Schwierigkeiten zu meistern. Für die gestörten Kinder der Schule galt das leider nicht.

Wie ich schon oben erwähnte, faßten sie unsere Gewohnheit, ihre Post zu lesen, nicht nur als Schutzmaßnahme, sondern auch als Zeichen des Interesses auf. Eines meiner Mädchen warf mir einmal vor, ich läse ihre Briefe nur während meiner eigenen Schicht und scheute diese Mühe, wenn Katherine Dienst hatte.

»Alles in allem interessierst du dich nur für mich, wenn du Dienst hast!« sagte sie bitter.

Wenn Nelly mir einen Brief aushändigte, den sie geschrieben hatte, bat sie mich stets, ihn erst in den Briefkasten zu werfen, wenn Katherine ihn auch gelesen hatte. Sie konnte sich kaum von ihren selbstverfaßten Briefen trennen, was mich in gewisser Weise an ihr Benehmen auf dem WC erinnerte.

Schreibunlustige Kinder, die wie Sarah noch nicht lange in der Schule waren, drängten wir nie zum Briefeschreiben. Wir bemühten uns vielmehr, sie von dem Druck, dem sie in der Außenwelt ausgesetzt gewesen waren, zu entlasten.

Kindern, die in der Behandlung schon weiter fortgeschritten waren, sagten wir gelegentlich etwas über den Inhalt ihrer Briefe an ihre Eltern oder auch darüber, daß sie sich nicht zum Schreiben aufraffen konnten. Damit wollten wir ihnen ihr Verhalten bewußt machen. Meist mußten wir aber die Schreibwut eindämmen, zum Beispiel bei Judith, die sonst ihre Beziehungen zu den Lehrern und Erziehern der Schule vernachlässigt und ihre Energie in zahllosen Kontakten nach außen verpufft hätte.

Aus all diesen Gründen machte es mir nichts mehr aus, daß ich vor jeder Schicht die Post der Siedler las. Wenn ich bei einem Brief nicht sicher war, legte ich ihn für Katherine beiseite; auch besonders wichtige Mitteilungen bewahrte ich für sie auf. Die übrigen Briefe verteilte ich auf den Betten. Den Mädchen stand es frei, mit mir darüber zu reden oder die Briefe nicht zu erwähnen.

Ebenso verfuhr ich mit den Briefen, die die Kinder schrieben. Wenn einer ein besonderes Problem aufwarf, schickte ich ihn nicht ab, ohne Katherine zu fragen oder ihn dem Professor vorzulegen. Bettelheim las solche Briefe, und nicht selten besprach er die betreffende Schwierigkeit mit dem Kind selbst.

Die Kinder wußten, daß alles, was sie sagten oder taten, in der Mitarbeiterkonferenz zur Sprache kommen konnte. Sie hatten ein feines Gespür für den Grad unserer Aufmerksamkeit, und sie entzogen uns ihr Vertrauen sofort, wenn sie eine Abnahme unseres Interesses, unserer inneren Zuwendung, unserer Hilfe und unserer Deutungsversuche bemerkten. Erlebten sie aber, daß wir sie in ihren Bemühungen unterstützen wollten und konnten, war ihnen Geheimhaltung unwichtig, wußten sie doch, daß ein Therapeut, der seinem Patienten nicht weiterhelfen kann, manchmal Geheimnisse hütet, die er um der Therapie willen lieber mit erfahreneren Kollegen teilen sollte. Aus diesem Grund waren sie uns keineswegs böse, wenn wir ihre Worte vor dem Professor, vor der anderen Erzieherin oder vor dem Lehrer wiederholten, sondern erkannten darin unseren Eifer, den Sinn ihrer Aussagen zu erfassen und eine zusammenhängende Welt um sie herum aufzubauen. Das beruhigte sie zutiefst. Es gab also unter den Mitarbeitern keine »Geheimhaltungsvorschrift«. Allerdings berichteten wir über Verhalten oder Worte eines Kindes nur, wenn es für die Behandlung förderlich zu sein schien.

Dagegen wahrten wir die Geheimnisse der Kinder untereinander und waren selbstverständlich auch den Eltern gegenüber verschwiegen. Nie sprachen wir mit einem Kind über ein anderes. Die Kinder, für die diese Diskretion so wichtig war, hielten sich meist selbst auch an die Regeln. Nur selten ertappten wir sie dabei, daß sie übereinander klatschten.

Hierbei fällt mir eine beispielhafte Begebenheit ein. Eines Abends spielte Judith in ihrem Zimmer mit einem anderen Mädchen. Plötzlich ließ sie mich rufen. Sie saß auf dem Boden, das Spiel lag ausgebreitet vor ihr. Ich trat näher und blickte sie fragend an.

»Ich glaube, es ist besser, wenn ich nicht weiterspiele«, meinte sie.

Ihre Wangen waren gerötet, sie sah angespannt aus. Mit der Hand stieß sie die Spielschachtel weg. Dann holte sie tief Luft und stammelte:

»Ich habe gerade gesagt, daß Nelly bei diesem Spiel gemogelt hat.«

Wortlos hob ich die Brauen. Nelly mogelte nie. Judith brach in Tränen aus. Ich konnte sie nicht begreifen. Was hatte sie nur? Warum war sie so verstört? Sicher, in der Schule pflegte man nichts Böses übereinander zu sagen, weil man sich damit nur von den eigenen Problemen abkehrt, aber Judiths Reaktion stand in keinem Verhältnis zu ihrem Vergehen und mußte deshalb tiefere Gründe haben. Mogeln bedeutet, daß man die Spielregeln durchbricht, um Vorteile zu erlangen, auf die man kein Anrecht hat.

Judith haßte Nelly seit dem Tag ihrer Ankunft (das war damals etwas weniger als ein Jahr), und zwar aus verschiedenen Gründen. Zum einen wegen der Zeit, die Katherine dem neuen Kind widmete. Zum anderen wegen Nellys kindlicher, zierlicher Figur, die zu ihrem eigenen ziemlich breit gebauten und sehr entwickelten Körper in starkem Gegensatz stand. Zum dritten weil Nelly so leicht in die Abhängigkeit eines Kleinkindes zurückgefallen war, entsprechend behandelt wurde und offen über sich selbst sprechen konnte, während Judith sich an ihrer Geziertheit und ihrem Erwachsenengebaren festklammerte und nicht imstande war, diese Hemmungen abzubauen, die ihr den Weg zu den so sehr ersehnten engen Beziehungen mit manchen Mitarbeitern versperrten. Wenn sie also sagte, Nelly mogle, so brachte sie damit die schwere Anschuldigung vor, Nelly verschaffe sich mit unredlichen Mitteln die Fürsorge und Aufmerksamkeit, die Judith sich selbst versagte, um die sie aber die andere beneidete. Der kleine Satz »Nelly mogelt bei diesem Spiel« spiegelte ein tiefes, schmerzvolles Unbehagen wider. Wie Judith durch ihre Scham bewies, ging es nicht um Nellys Mogeln, sondern um ihre eigenen großen Schwierigkeiten und um ihre Unterwerfung unter geheimnisvolle Regeln, die sie knechteten und die sie nicht abwerfen konnte, ohne in ihren Augen verbrecherisch und unehrlich wie Nelly zu werden.

Noch etwas wurde mir allmählich zur zweiten Natur: meinen Kindern nicht mehr unbeschränkte Freiheit zu lassen. Katherine hatte mich stets aufgefordert, feste Grenzen zu ziehen, aber mein ganzes Wesen lehnte sich dagegen auf. Alle Gebräuche der Schule, die etwas mit Autorität zu tun hatten, stellten mich vor große Probleme, denn ich verabscheue es, Befehle zu geben und zu empfangen. Katherine ließ aber nicht locker. Immer wieder versicherte sie, die Kinder brauchten für ihren Seelenfrieden einen festgefügten »Zaun«, der sie nicht einenge, sondern schütze. Ich war nicht wirklich davon überzeugt, bis Nancy mir die Augen öffnete.

Von allen meinen Kindern blieb sie mir am unbegreiflichsten, denn ich sah in ihrem Verhalten nichts Unnormales. Sie war hübsch, aufrichtig, energisch, lerneifrig und kam mit ihrem Anthropologiestudium an der Roosevelt University gut voran. Mit Katherine und mit ihrer Psychotherapeutin war sie feste, fruchtbare Bindungen eingegangen. Bettelheim führte sie oft als Beispiel an und zeigte besondere Zuneigung zu ihr. Aus diesen Gründen gab ich ihr noch weniger als den anderen irgendwelche Befehle. Ich meinte, sie brauche keine Anweisungen und könne ihr Leben selbst einrichten. Stets wunderte ich mich, wenn Katherine sie zur Rechenschaft zog, weil sie zum Beispiel eine Viertelstunde später als gewöhnlich von der Uni-

versität zurückkehrte. Nancy selbst bewies mir bei einem geringfügigen Anlaß, daß ich unrecht hatte. An einem Samstagmorgen waren alle Kinder außer ihr bereit, zum Frühstück in den Speisesaal zu gehen. Wir warteten ein paar Minuten im Gemeinschaftsraum, und ich hielt es nicht für angebracht, sie an die Uhrzeit zu erinnern, denn sie besaß eine Uhr, und sie wußte, was sie tat. Als sie aus ihrem Zimmer trat und uns alle versammelt sah, rief sie:
»Habt ihr auf mich gewartet?«
Dann wandte sie sich zu mir und fuhr mich ärgerlich an:
»Du hättest mir wohl sagen können, daß es schon so spät ist, du hättest mich ein bißchen zur Eile antreiben sollen, du behandelst mich ja wie ein Ungeheuer!«
Wir gingen in den Speisesaal hinunter, und als wir wieder im Schlafsaal waren, sprach sie sich gründlich aus. Sie wollte nicht die volle Verantwortung für ihr Leben tragen, diese Last war ihr noch zu schwer. Wenn ich sie niemals auf die Uhrzeit und derartige Einzelheiten hinwies, mußte sie sich entscheiden, ob sie sich selbst diesen notwendigen äußeren Rahmen bauen wollte oder ob sie sich gehenließ, was ihr aber Schuldgefühle einflößen würde. Ein Mindestmaß an Strenge von meiner Seite war also notwendig, damit sie ihre Kräfte für ihr Studium, ihre Psychotherapie, ihre Bindung an Katherine und anderes frei hatte. Das ließ ich mir gesagt sein, im Blick auf Nancy wie auch für den Umgang mit meinen anderen Kindern.

28. Kapitel

Die Märztage vergingen. Der Frühlingsanfang fiel auf einen Sonntag, und ich beschloß, die zwanzig Minuten zu Fuß bis Kimbark Plaza zu gehen, um mit der Gruppe im Stammgeschäft der Schule Blumen einzukaufen. Vor Beginn meiner Schicht hatte ich mich überzeugt, daß der Laden geöffnet war. Der Plan schien den Kindern zu gefallen, und wir brachen auf. Statt wie gewöhnlich die Woodlawn Street entlangzugehen, hielten wir uns weiter westlich und folgten der Kimbark Street, die uns direkt zur Kimbark Plaza hinführte. Die Straße war an diesem Sonntagnachmittag wie ausgestorben, und wir hatten

den ganzen Weg ein ungutes Gefühl. Ein junger Mann, der einen Ball hüpfen ließ, kam uns entgegen. Als er vorbei war, schrie Nelly, die ein paar Meter hinter mir ging, plötzlich auf.
»Geneviève!«
Hastig wandte ich mich um. Sie lief auf mich zu, so schnell sie nur konnte, ihr Gesicht war feuerrot, die Augen hatte sie vor Schrecken weit aufgerissen.
»Ich glaube ... ich glaube, er hat mich berührt!« keuchte sie. Sie packte meine Hand, und ich hielt sie fest. Einen Augenblick sah ich sie schweigend an und konnte ein Lächeln nicht unterdrücken.
»Du glaubst, er hat dich berührt?« wiederholte ich.
Sie gab keine Antwort. Ihre Nägel gruben sich in meine Handfläche.
»Und wieviele Tote hat es gegeben?« fragte ich.
Sie mußte lachen, aber sie wich mir nicht mehr von der Seite. Als wir am Ziel ankamen, mußten wir zu unserer Enttäuschung feststellen, daß das Blumengeschäft vor wenigen Minuten geschlossen worden war. Judith schlug vor, wir sollten, um nicht unverrichteter Dinge zurückzukehren, weiter unten in der 53. Straße Narzissen kaufen, dort sei ein Lebensmittelgeschäft, das sonntags geöffnet sei und auch Blumen führe. Sarah hatte den Kopf an meine Schulter gelehnt und achtete wie gewöhnlich nicht auf den Weg. Ich bat sie, aufrecht zu gehen, denn mir erschien es wichtig, daß sie außerhalb der Schule etwas Haltung zeigte, schon um ihrer Selbstachtung willen. In der Schule selbst durfte sie sich so kindlich geben wie sie wollte.
In jenem Jahr hatte Nancy an Ostern Geburtstag. Die ohnehin schwierige Gestaltung von Festen in der Schule wurde damit noch komplizierter. Der Tag mußte für alle Kinder außergewöhnlich verlaufen, besonders aber für Nancy, denn ihr Geburtstag durfte nicht in den Hintergrund gedrängt werden.
Gewöhnlich wurden die Kinder am Ostermorgen von ihren beiden Erziehern geweckt und fanden dann an der Tür ihres Schlafsaals Spuren, die der Osterhase mit seinen Pfoten hinterlassen hatte. Die Spuren führten durch die ganze Schule, die Flure entlang, die Treppen hinunter, und endeten in einem Zimmer, in dem Körbchen mit Süßigkeiten und einem kleinen Geschenk für jedes Kind versteckt waren. Anschließend gingen alle in ihre Schlafsäle zurück und frühstückten ausgiebig. Die Kinder kleideten sich an; danach kam das, wofür sie sich vorher entschieden hatten – entweder ein Essen in ei-

nem der besten Restaurants der Stadt oder ein Picknick im Freien. Am Spätnachmittag kehrten alle Gruppen mit ihren erschöpften Erziehern zurück und nahmen ein leichtes Abendessen im Schlafsaal ein. Diese Festtage verlangten so viele Vorbereitungen, daß wir schon morgens abgespannt und abends hundemüde waren. Voll Galgenhumor rissen wir Witze über all die Mühe, aber trotzdem freuten wir uns darauf.

Im zweiten Jahr fiel mir die Aufgabe zu, die Leckereien für die Osterkörbchen aller Kinder zu besorgen. Es kostete mich zwar ganze Nachmittage, bereitete mir aber unermeßliches Vergnügen, mich in sämtlichen Geschäften der Stadt umzusehen und für Jungen und Mädchen jeweils verschiedene Dinge auszusuchen.

In meinem ersten Jahr bestellte Katherine die Süßigkeiten. Am Samstag vor Ostern packten wir die Geschenke ein, füllten die Körbchen und schnitten aus farbigem Papier die Osterhasenspuren aus. Für jede Gruppe legte der Osterhase eine andersfarbige Spur aus. Katherine und ich saßen nebeneinander. Es war schon Mitternacht, und am andern Morgen mußten wir um sieben Uhr aufstehen. Ab und zu ließen wir Bemerkungen fallen, zum Beispiel: »Ich weiß nicht, ich glaube, mein Osterhase hat Plattfüße.« Laurent kam zu früh, um mich abzuholen, und half uns noch.

Nancys Geburtstag warf zwei besondere Probleme auf, zum einen ihr Geburtstagsessen, da alle Kinder das Mittagessen außerhalb der Schule einnahmen, zum anderen ihr Festtagsvergnügen. Sie machte den Vorschlag, den Film »On the Waterfront« von Kazan mit Marlon Brando am nächsten Tag in der Schule vorzuführen. In der Mitarbeiterkonferenz wurde beschlossen, das Geburtstagsessen abends im Speisesaal zu veranstalten. Das Küchenpersonal hatte Urlaub; wir mußten also das ganze Menü kommen lassen. Nancy begeisterte sich für die chinesische Küche, deshalb gaben wir die Bestellung bei einem Chinarestaurant in der 55. Straße auf. Die Geburtstagstorte lieferte stets der gleiche Konditor. Bei Tisch sollten die Erzieher, Lehrer und Psychotherapeuten bedienen, die bereit waren, diese Mühe zusätzlich zu allen Anstrengungen der Festtage auf sich zu nehmen. Geschirr brauchte nicht abgewaschen zu werden, denn wir würden auf hübschen Papptellern essen, die Katherine eigens in der Stadt besorgt hatte.

Am Ostermorgen stand ich wieder einmal auf, als Laurent noch schlief, und machte mich auf den Weg zur Schule. Wir wollten im »Pump Room« essen, einem feinen Restaurant in einem vornehmen Viertel in der Nähe der »Gold Coast«, wo die oberen Zehntausend von Chicago wohnten. Alle Siedler wollten lieber ins Restaurant als zum Picknick gehen; das vereinfachte die Dinge für Katherine und mich.

Wir weckten Nancy mit dem gewohnten Geburtstagszeremoniell und beladen mit Geschenken. Dann zogen die Kinder ihre Morgenmäntel an und begaben sich auf die Osterhasenjagd. Das Frühstück nahm ich nicht mit ihnen ein, denn am Sonntagmorgen war Katherines reguläre Schicht, und ich wollte mich lieber noch etwas ausruhen; der Tag würde lang werden. Die Kinder legten ihre hübschesten Kleider an. Sarah paßten die Kleider nicht mehr, die sie vor fünf Monaten in die Schule mitgebracht hatte. Sie hatte Babyspeck angesetzt und trug am Festtag ein cremefarbenes Kleid, das Katherine für sie gekauft hatte und das in der Taille mit Schmetterlingen bestickt war. Gegen elf Uhr, als alle fertig waren, brachen wir auf. Draußen war es schön, aber windig, und auf dem Weg zum Restaurant hielten die Kinder ihre Röcke fest. Adrian, Nancys Psychotherapeutin, verbrachte viel Zeit mit ihr, während Katherine und ich ihr zwar besondere Aufmerksamkeit zuwandten, uns aber gleichmäßig allen fünf Kindern widmeten. Es war eine gelungene Unternehmung. Wir waren frohgestimmt, und das Essen im Pump Room ging schnell vorüber. Die Falken und ein paar Jungen und Mädchen aus anderen Gruppen, die das Picknick nicht gelockt hatte, waren auch da. Bettelheim verbrachte wahrscheinlich das Osterfest zu Hause, und Bert war mit den anderen Kindern zum Picknick gegangen. Wir waren also ganz unter uns: Erzieher, Kinder, einige Lehrer und Psychotherapeuten, die gekommen waren, um sich mit dem einen oder anderen Kind besonders zu beschäftigen. Wir hatten bei den Vorbereitungen dafür gesorgt, daß jedes Kind eine ihm wichtige Person bei sich hatte.

Nach dem Essen gingen wir zu Fuß zum John Hancock Building, der damals noch neuen, 340 Meter hohen Pyramide, und fuhren mit dem Aufzug hinauf. Am Nachmittag kehrten wir in die Schule zurück, und die Kinder konnten sich etwas ausruhen. Katherine verließ uns, denn ich hatte ja jetzt meinen regulären Dienst. Sie ging in den Speisesaal und bereitete alles für Nancys Geburtstagsessen vor.

Wir waren müde, und die Kinder zogen sich in ihre Zimmer zurück.

Im Schlafsaal herrschte eine ungewohnte Unordnung, denn wir hatten morgens keine Zeit gehabt, das Frühstücksgeschirr wegzuräumen und die Betten zu machen; jetzt konnte ich mich darum kümmern. Nach dem Abendessen wollten wir noch fernsehen, um den Tag ausklingen zu lassen.
Adrian, die sich Nancy als Nachbarin bei ihrem Geburtstagsessen gewünscht hatte, holte das Geburtstagskind, wie es üblich war, ein paar Minuten vor der Zeit, zeigte ihr die Geburtstagstorte und setzte sich neben sie an den geschmückten Tisch, bis die anderen schweigend und auf die Minute pünktlich hereinkamen. Bettelheim war selbstverständlich auch anwesend. Katherine zündete die Kerzen an, das Licht ging aus. »Happy Birthday, dear Nancy!«
Ob Sarah mitsang? Ich war mir nicht sicher. Sie hatte die Augen geschlossen, und ihre Lippen bewegten sich kaum. Nancy, die mir gegenübersaß, lächelte glücklich. Als sie ihre Kerzen ausgeblasen hatte, trat Bettelheim zu ihr, legte ihr die Hand auf den Kopf und sprach ein paar liebevolle Worte.
Wir waren kaum im Schlafsaal zurück und bereiteten uns gerade darauf vor, zum Fernsehen ins Wohnzimmer hinunterzugehen, als Nancy mich rief. Ihre Stimme klang seltsam. Sie stand unter Sarahs Zimmertür und schaute hinein.
»Geneviève, komm doch bitte einmal her!«
Ich trat näher.
»Sieh mal, was Sarah gemacht hat, das ist doch merkwürdig!«
An Sarahs Schranktür hingen zwei Kleidergürtel, die sie zu einer Schlinge geknüpft hatte. Wortlos ergriff ich einen Stuhl, stieg hinauf und nahm die beiden Gürtel herunter.
»Geht in eure Zimmer«, sagte ich zu den anderen Kindern.
Sarah stand vor mir und betrachtete mich schweigend. Wirr hing ihr das Haar ins Gesicht, aber ihr zorniger Ausdruck blieb mir nicht verborgen. Unter den Fransen hervor warf sie mir wütende Blicke zu. Ich hielt die beiden Gürtel in der Hand und musterte sie stumm. Dann stieg ich von dem Stuhl herunter.
»Was hast du?« fragte ich sie.
»Das darfst du nicht tun! Das darfst du nicht tun!«
Mehr sagte sie nicht, aber sie ballte die Fäuste und trampelte mit den Füßen. Ich sah schon kommen, daß sie einen Auftritt provozieren und damit die Aufmerksamkeit auf sich lenken würde, so daß Nan-

cys Geburtstag zurücktreten mußte. Es erschien mir der einen wie der anderen gegenüber ungerecht, ihre Forderungen zu mißachten. Ich hatte Dienst und mußte für die Gruppe sorgen. Wenn Katherine noch im Haus wäre ...

»Das Fernsehstück fängt gleich an«, sagte ich. »Gehen wir hinunter, und solange ihr die Stühle vor dem Fernseher aufstellt, suche ich Katherine.«

Nancy war erleichtert. Sie hatte schon befürchtet, ihr Geburtstag ende damit, daß sich alles um Sarah drehte.

Ich fand Katherine im Speisesaal, wo sie die Tische abräumte, und zeigte ihr die beiden Gürtel. Sie kam sofort mit und herrschte Sarah an, ob sie eine Erklärung vorzubringen habe. Wie Katherine war auch ich überzeugt, angesichts eines Selbstmordversuchs oder einer Selbstmorddrohung oder einer Selbstmordneigung sei es unsere vordringliche Pflicht, unverzüglich und unmißverständlich zu zeigen, daß wir nur eines unbedingt wollten: Das betreffende Kind sollte am Leben bleiben. Alles andere – die Gründe des Kindes, die Deutung der Ereignisse – konnte warten. In diesem Sinn war Katherines Schelten eine viel wirksamere, warmherzigere Hilfe als irgendeine angeblich mitfühlende Haltung. Vor allem anderen mußte Sarah am Leben bleiben. Von Selbstmord durfte nicht die Rede sein. Das übrige konnte später geklärt werden. Als Katherine mit ihrer Ungehaltenheit Sarah und den anderen Kindern klargemacht hatte, daß es ihr fester Wille war, Sarah solle ein für allemal ihre Todesgedanken aufgeben, nahm sie das Kind ins Nebenzimmer mit, um sich mit ihm zu unterhalten, während ich bei den anderen blieb. Katherine konnte an jenem Abend nicht viel aus Sarah herausbringen. Das Kind wollte uns offenbar in alle Ewigkeit an sich binden. Aber hinter dieser mystischen, abstrakten Vorstellung mußte sich ein konkreter Gedankengang verbergen.

Obwohl wir uns täglich versammelten, dachten wir nie gemeinsam über Sarahs Tat nach. Aber ihre Verzweiflung erschreckte uns, und bewußt oder unbewußt behandelten Katherine und ich sie von da an noch nachsichtiger. Wir befreiten sie von jeglichem Druck, der auf sie ausgeübt worden war mit dem Ziel, sie innerhalb der Schule zu einem normalen Verhalten zu führen. Wir machten ihr keine versteckten oder offenen Vorwürfe mehr wegen ihrer zusammenhanglosen Reden, und wir konfrontierten sie nicht mehr mit der Wirklichkeit. Wir bemühten uns aufrichtig, ihr in ihre eigene Welt zu folgen. Erst dann kam sie zur Ruhe, erst dann konnten wir wirklich mit ihr arbeiten. Wir nahmen sie so, wie sie in ihrem Wahn war – und das war leichter gesagt als getan. Aber es gab keinen anderen Ausgangspunkt.

29. Kapitel

Wir wußten, daß in den ersten Julitagen jenes Jahres Bettelheim von der Schule gehen würde. Er war es, der sie vor 27 Jahren gegründet hatte, der alle Mitarbeiter eingestellt und ausgebildet hatte, der jedes Kind drei Tage lang beobachtete, ehe er es aufnahm, und dann täglich seine Entwicklung verfolgte. Und wenn er wiederkäme, so nur zu Besuch. In Frankreich wurde weithin prophezeit, Bettelheims Ausscheiden bedeute das Ende der Schule, da ihre Tätigkeit auf der Persönlichkeit des Professors aufgebaut sei. Die Zukunft bewies das Gegenteil.

Es stimmt, daß wir alle die Augen auf ihn richteten. Manche waren enger mit ihm verbunden, weil er ihr Psychoanalytiker war. Beruflich, persönlich und menschlich maßen wir seiner Anwesenheit die Bedeutung bei, die dem entsprach, was er täglich für uns leistete. Er besprach seine Ansichten über die Behandlung unserer Kinder mit uns, er bewies jedem einzelnen Mitarbeiter sein tiefgreifendes Interesse, und er war immer für uns da, wenn wir Hilfe brauchten.

Bettelheim konnte fast alles von uns verlangen, und gelegentlich beanspruchte er uns bis zum Äußersten. Zuweilen haßten wir ihn, was ihm nicht verborgen blieb. Aber er wußte genau wie wir, daß die Befriedigung, die wir in der Erfüllung unserer Aufgaben fanden, letzten Endes die Mühen aufwog.

Seiner Ansicht nach arbeitete die Schule seit nunmehr fast dreißig Jahren nicht nur wegen seines Fachwissens, sondern in erster Linie, weil er sich mit Rat und Tat hinter seine Mitarbeiter stellte. Andere glänzende Analytiker hatten mit ähnlichen Versuchen keinen Erfolg, weil sie es nicht verstanden hatten, Erziehern und Therapeuten die notwendige Unterstützung zuteil werden zu lassen. Die Befürchtung, die Mitarbeiter seien nach Bettelheims Ausscheiden nicht mehr imstande, ihre Aufgaben in der richtigen Weise zu erfüllen, war also nicht ganz von der Hand zu weisen. Aus einem einfachen Grund konnte ich mich dieser Meinung nicht anschließen: Was Bettelheim uns lehrte, hatten wir uns zu eigen gemacht. Wenn er der große Lehrer war, für den ich ihn hielt, war seine Unterweisung in uns eingegangen als unverlierbarer Besitz. Ich selbst kannte ihn seit sieben Monaten; Florence und andere standen ihm von Anfang an zur Seite. Margaret war seit zehn Jahren, Steve, Julie und Joan seit sechs Jahren bei ihm. Sie alle und auch Persönlichkeiten wie Bert und Adrian, die Bettelheim schon als Kinder gekannt hatte, waren jeweils auf ihre Weise von einer Vorstellung, einer Idee, einer Hoffnung, auch einer Technik erfüllt, die sie den Neulingen weitergeben würden. Die Erwartung, die Schule werde nach Bettelheims Rücktritt zusammenbrechen, fußte auf der Annahme, sie funktioniere nach einem empirischen System. Man brauchte aber nur die Bücher des Professors zu lesen, um zu wissen, daß das nicht zutraf. Seine Ausstrahlung, die Treue, mit der wir alle an ihm hingen, waren greifbare Realitäten. Wir wußten, daß er uns fehlen und daß alles anders werden würde. Niemand würde uns mehr aus der Patsche ziehen, niemand würde die anstehenden Probleme so durchdringen wie er. Keiner würde sich so eingehend mit uns befassen wie er. Wir mußten in uns selbst die Kräfte erschließen, die er uns bisher gespendet hatte. Er beraubte uns aber nur seiner persönlichen Gegenwart; was er uns vermittelt und gelehrt hatte, blieb bei uns. Der Geist der Schule konnte nicht untergehen.

Die Kinder stellte Bettelheims Ausscheiden vor ein doppeltes Problem. Einerseits würden sie ihn unmittelbar vermissen, denn jedes einzelne Kind unterhielt mit ihm mehr oder weniger enge und intensive, stets bedeutsame Beziehungen. Manchen hatte er physisch, anderen psychisch das Leben gerettet. Einigen hatte er eine weniger aufsehenerregende Hilfe gebracht, deren sie sich nicht immer bewußt waren. Für alle aber verkörperte er eine märchenhafte Hoffnung. Die andere Seite des Problems lag darin, daß die Kinder spürten, wie sehr die Mitarbeiter von Bettelheim abhingen und was sie von ihm lernten.

Wir befürchteten daher, die Kinder würden uns kein Vertrauen mehr schenken und uns nicht mehr für fähig halten, ihnen zu helfen, sobald der Professor nicht mehr da war. Dagegen gab es nur ein Mittel:

Wir mußten ihnen beweisen, daß sie unrecht hatten, indem wir ihren Erwartungen auch künftig gerecht wurden. Aus diesem Grund mußte Bettelheims Rücktritt schon lange vorher im engen Kreis der Mitarbeiter vorbereitet werden, damit wir dann, wenn der Zeitpunkt gekommen war, unseren Kindern helfen konnten, den Schmerz um ihren Verlust zu überwinden.

Jeder von uns war über seine eigene Persönlichkeit hinaus Vertreter der Schule. Und die Schule verkörperte über sich selbst hinaus eine Lebensphilosophie. Das galt auch für Bettelheim.

Überraschende Deutungsversuche, klärende Gespräche mit dem Professor, überzeugende Demonstrationen haben sich tief in unser Gedächtnis gegraben, außerdem aber auch kleine Begebenheiten, die doch den Geist der Schule widerspiegelten.

Ein Beispiel unter vielen möchte ich anführen, weil es eine allgemeine Einstellung verdeutlicht. Auf die theoretische Seite der Behandlungsmethoden gehe ich nicht näher ein, weil dies nicht der Zweck meines Buches ist und weil Bettelheim selbst in seinen zahlreichen Werken das Ergebnis seiner wissenschaftlichen Arbeit beschreibt.

John, ein Lehrer, war in Sorge, weil es ihm trotz aller Bemühungen nicht gelang, mit einem bestimmten Mädchen in seiner Klasse Kontakt zu finden. Bei der Mitarbeiterkonferenz war schon oft von diesem Kind die Rede gewesen, aber obwohl John nun ihre Probleme und ihre Pathologie besser verstand, konnte er ihr nicht helfen, weil sie ihn nicht an sich heranließ.

»Erzählen Sie einmal, wie sich das abspielt«, forderte Bettelheim ihn auf.

»Wenn ich zum Beispiel zu ihr trete, solange sie an ihrem Tisch sitzt und malt oder auch gar nichts tut, verkrampft sie sich, noch ehe ich den Mund aufmache.«

»Wie?«

»Es ist schwer zu beschreiben, aber ich spüre es. Sie erstarrt, sie verschließt sich.«

»Was machen Sie dann?«

»Ich bemühe mich, den Grund herauszufinden.«

»Wie?«

»Ich frage sie danach.«

»Was fragen Sie?«

»Nun, etwa: ›Jage ich dir Angst ein?‹ oder so etwas.«

Bettelheim schüttelte den Kopf und schwieg eine Zeitlang. Dann polterte er los:
»Nirgendwo anders als in der Orthogenischen Schule spricht man so mit Kindern! Nirgends sonst gebraucht man derart aggressive, taktlose Worte!«
Jetzt war es an uns, verdattert zu schweigen.
»Na hören Sie mal!« fauchte er. »Was sagt man zu einem Kind, wenn man sieht, daß irgend etwas nicht in Ordnung ist?«
Niemand äußerte sich.
»Man sagt: ›Was ist los?‹ Sonst nichts. Man fragt einfach, was los ist.«
Aus solchen Wortwechseln zogen wir großen Nutzen. Wir befreiten uns von einem ganzen Arsenal von Theorien, die meist aus Büchern stammten und nicht immer richtig verstanden waren und die uns nur in respektvoller Entfernung von den Kindern hielten. Wenn ich heute höre, wie Psychologen, Stimm- und Sprachtherapeuten, Umschulungshelfer und andere »Leute vom Fach« von den Kindern reden, die sie behandeln, und dabei mit Wonne einen unverständlichen, hochtrabenden Fach-Jargon zur Beschreibung ihrer Patienten verwenden, als spielten sie eine Szene aus den »Précieuses Ridicules«, dann sage ich mir, daß sie sich hinter den Worten verstecken. Eines hat mir die Erfahrung zahllose Male bewiesen: Wenn die Therapeuten sich verstecken, erleiden die Kinder Schaden. Sie verstecken sich nämlich ebenfalls.
In diesem Zusammenhang erinnere ich mich an eine der ersten Vorlesungen Bettelheims, die ich im vorhergehenden Herbst an der Universität gehört hatte. Auf höchst einfache Weise legte er klar, wie Freud in den Vereinigten Staaten verraten wurde, also in einem Land, das ihn doch begeistert aufgenommen und gefeiert hatte, während er in Europa noch von den meisten Ärzten und Denkern abgelehnt wurde.
Zum Beweis führte Bettelheim die Übersetzung einiger in der Psychoanalyse geläufiger Freudscher Ausdrücke sowie einige Buchtitel von Freud an. Er nannte die Ausdrücke »Ich«, »Es«, »Über-Ich« und sagte dazu, Freud habe sie bewußt der Umgangssprache entnommen, damit jedermann sie verstehe. Die französische Übersetzung »moi«, »ça« und »surmoi« hält sich auf dieser Sprachebene, während man sich im Englischen vollständig von der Normalsprache ent-

fernte und aus dem Lateinischen, der Gelehrtensprache, die Wörter »ego«, »id« und »superego« heranzog. Somit wurde die Psychoanalyse zur weltfremden, einem kleinen Zirkel vorbehaltenen Wissenschaft, die den Durchschnittsmenschen nicht betrifft und mit dem Alltagsleben nichts zu tun hat. Wenn man bedenkt, daß es genügt hätte, in dem lateinischen Wort »id« lediglich einen Buchstaben zu ändern, um auf das englische »it«, die genaue Übersetzung des deutschen »Es«, zu kommen und Freuds Absicht zu wahren, dann begreift man, welch eine hintergründige Distanzierung von der Psychoanalyse eben denen gelungen ist, die ihre Vorzüge am lautesten priesen.

Bettelheim wollte, daß wir unser Verhalten ständig den psychoanalytischen Theorien gegenüberstellten, und ließ uns deshalb nicht in den Sumpf der Fachsprache, die blind und taub macht, versinken. So drängte er auch stets auf einen engen Zusammenhang zwischen der von ihm empfohlenen Lektüre, den notwendigen theoretischen Kenntnissen und den täglichen Beobachtungen an uns selbst oder an unseren Kindern.

Schon jetzt, ein Vierteljahr vor dem Rücktritt des Professors, stellte sich bei uns allen Unsicherheit ein, die oft auch paradoxe Züge annahm. Ich erinnere mich zum Beispiel, daß ich zu jener Zeit mehr Gereiztheit als gewöhnlich empfand gegenüber manchen Erziehern, die mir nicht lagen. Dabei war es doch so ungeheuer wichtig, daß die Mitarbeiter zusammenhielten und die Dinge nicht noch durch Streitigkeiten erschwerten. Deshalb bemühten wir uns in dieser Krisenzeit besonders, keine persönlichen Antipathien aufkommen zu lassen.

30. Kapitel

Von Anfang April an hatte ich Weckdienst. Das änderte sowohl mein persönliches Leben als auch meine Beziehungen zu den Kindern.

Jeden Morgen mußte ich weggehen, ehe Laurent aufwachte. Nur sonntags konnten wir zusammen frühstücken. Gegen 7.30 Uhr kam ich in die Schule, plauderte einen Augenblick mit den Freunden, die wie ich in diesem Trimester Frühdienst hatten, und stieg in meinen Schlafsaal hinauf. Um 9 Uhr, wenn die Kinder zum Unterricht gegangen waren, brachte ich die drei Schlafzimmer und den Gemeinschaftsraum in Ordnung und ging dann in den Speisesaal hinunter, wo eine Tasse Kaffee bereitstand für die Frühaufsteher wider Willen. Gegen 10 Uhr machte ich Besorgungen für die Kinder; die eine brauchte Strümpfe, die andere Haarwasser oder sonst etwas. Auch die Sitzungen bei Steve fanden um diese Zeit statt. Um 11 Uhr war ich wieder frei. Wenn die Mitarbeiterkonferenz auf 12.45 Uhr angesetzt war, flitzte ich nach Hause, sagte Laurent guten Tag und brachte ihm das Auto. Später fuhr er mich dann zur Schule, und abends, nach der Schicht, holte er mich ab. Wenn ich keinen Nachmittagsdienst hatte, behielt ich den Wagen, kaufte in der Stadt ein und traf mich am Spätnachmittag mit Laurent.

Das tägliche Wecken brachte mich den Kindern näher. Der frühe Morgen war eine schwierige Zeit in ihrem Tagesablauf, und keins der Mädchen wachte leicht auf oder war besonders gut gelaunt, mit Ausnahme von Sarah, die mit halbgeschlossenen Augen schon freundliche Bemerkungen flüsterte.

Doch trotzdem oder vielleicht gerade deswegen war es äußerst wichtig, daß wir jeden Tag in den ersten wachen Augenblicken der Kinder beisammen waren und daß wir drei lange Monate vor uns hatten, in denen diese Stetigkeit unsere Beziehungen prägte. Die Erzieherin, die morgens keinen Dienst hatte und deshalb fünf Nachmittagsschichten übernahm, sah ihre Gruppe nur an fünf von sieben Tagen. Ihre Anwesenheit beim Mittagessen, die besonderen Ausgänge und die Einzeltherapie mit dem einen oder anderen Kind wogen diesen Nachteil etwas auf, aber nichts vermochte den täglichen Weckdienst zu ersetzen. Obwohl er mir große Einschränkungen auferlegte, war er mir lieb, und die Trimester, in denen ich morgens frei hatte, erschienen mir stets viel schwieriger als die anderen. Außerdem hatte ich dann nur vier Nachmittagsschichten, so daß ich einen Abend in der Woche zu Hause verbringen konnte.

Katherine hatte vor mir keine ständige Mitarbeiterin gehabt und deshalb den Weckdienst zwei Jahre lang versehen. Obwohl die Kinder mich nun kannten und mir täglich mehr Vertrauen entgegenbrachten, fürchteten sie sich vor dieser Änderung in ihrem Leben. Wir sprachen darüber, entdeckten aber keine großen Schwierigkeiten. Wir mußten uns eben aneinander gewöhnen.

An einen Ausspruch von Nelly erinnere ich mich besonders. Gewöhnlich weckte ich sie als eine der letzten, weil sie morgens nicht lange brauchte, um sich fertigzumachen. Sie hatte mich in den Schlafsaal hereinkommen hören und saß blinzelnd auf ihrem Bett. Ich wünschte ihr einen guten Morgen und fragte sie, ob sie gut geschlafen habe. Dann zog ich die Vorhänge zurück, lehnte mich ans Kopfende ihres Bettes und beobachtete lächelnd, wie sie sich den Schlaf aus den Augen rieb. Sie sprang auf, griff nach ihrem Morgenmantel und verschwand in ihrem Badezimmer.
Genau um halb neun Uhr kam sie aus dem Bad. In der Hand hielt sie zwei kleine Spangen, mit denen ich ihr die kastanienbraunen Strähnen, die ihr sonst ins Gesicht gefallen wären, rechts und links vom Scheitel feststeckte. Steve neckte sie immer wegen dieser Spangen, die er Hörner nannte, und sie errötete und lachte darüber. Eines Morgens schien sie einen Zorn auf mich zu haben. Ich fragte sie, was los sei, und machte mich auf alle möglichen Vorwürfe gefaßt, doch sie sagte nur:
»Weißt du, Geneviève, du führst dich auf, als seiest du gestern erst gekommen. Du könntest mir wohl morgens ein bißchen Gesellschaft leisten.«
Das ließ ich mir nicht zweimal sagen. Im Lauf der Zeit gewöhnte ich mir an, sie zu kämmen, anzuziehen und ihre beigefarbenen Slipper zu suchen, die immer irgendwo waren, wo man sie nicht fand, wenn man sie brauchte – kurz: Ich beschäftigte mich morgens lange Zeit mit ihr.
Von allen Kindern hatte Judith die größten Schwierigkeiten, den neuen Tag zu beginnen. Zuerst weckte ich Nancy, die sofort aus dem Bett schlüpfte und ins Badezimmer ging. Dann trat ich zu Judith. Sie hatte das Gesicht zur Wand gedreht und rührte sich nicht. Sie schlief oft mit Lockenwickeln im Haar, was für mich der elementarsten Bequemlichkeit zuwiderläuft, was aber leider bezeichnend war für dieses Mädchen, das sich fast kein Vergnügen gönnte. Sanft legte ich ihr die Hand auf die Schulter und flüsterte: »Hello ...« Mit einer winzigen Bewegung verriet sie, daß sie mich gehört hatte. Dann wartete sie reglos, bis ich das Zimmer verließ. Ich zog die Vorhänge nur wenig zurück, damit es nicht heller wurde, als sie ertragen konnte, und ging hinaus. Erst beim Frühstück sah ich sie wieder.
Stets war sie sorgfältig angezogen und frisiert. Ihr glänzendes Haar

fiel in schweren Locken auf ihre Schultern. Sie öffnete die Tür eines Wandschranks im Gemeinschaftsraum, an der innen ein Spiegel angebracht war, und betrachtete sich schweigend. Ihr Gesicht war verschlossen, ihr Blick finster. Ohne ein Wort schloß sie die Schranktür; manchmal stieß sie auch hervor: »Ich hasse meinen Körper.« Ihre Verzweiflung und ihr Abwehrverhalten bestürzten mich. Beim Frühstück äußerte sie nichts und aß kaum etwas. Gelegentlich knabberte sie unlustig an einem trockenen, getoasteten Stück Roggenbrot herum. Später ließ ich sie zuweilen schlafen, solange wir frühstückten, und brachte ihr eine Tasse Tee oder Maisflocken. Daran schien sie Gefallen zu finden. Doch welch schreckliche Enthaltsamkeit zwang dieses Mädchen sich selbst auf! Während unserer ganzen gemeinsamen Zeit spielte das Essen eine vorrangige Rolle. Judith, die von all meinen Kindern am erwachsensten wirkte, war zweifellos das Kind, das eine ganz elementare mütterliche Fürsorge am dringendsten gebraucht hätte. Aber sie war es auch, die eben diese Fürsorge am energischsten ablehnte, so daß Katherine und ich ihr nicht helfen konnten. Eines Morgens, als wir aus dem Speisesaal kamen, fragte sie mich, ob sie sich wiegen dürfe. Ich blickte sie betroffen an. Wozu sollte das gut sein? Sie wartete steif auf meine Antwort. Katherine hatte Urlaub. Ich erlaubte es ihr und zuckte entmutigt die Schultern. Sie wog sich und sagte nichts weiter. Danach ging sie wie gewöhnlich zum Unterricht, während ich mich ins Mitarbeiterzimmer begab. Adrian war da; sie war Judiths Lehrerin gewesen und kannte sie gut. Ihr teilte ich den Vorfall mit und setzte hinzu:

»Ich weiß nicht, warum ich es ihr gestattet habe. Sie hat nur eines im Sinn, und das ist Abmagern. Ich habe den Eindruck, daß eine sich harmlos gebende Todessehnsucht dahintersteckt.«

»Aber sicher«, entgegnete Adrian, »zweifellos! Warum hast du ihr das nicht gesagt?«

»Auch das weiß ich nicht. Ich war überrumpelt und wußte mir keinen Rat. Jetzt sitzt sie im Unterricht. Ich frage mich, was sie wohl denkt. Heute abend habe ich frei, ich sehe sie also erst morgen früh wieder. Am liebsten würde ich zu Campus Food gehen oder in die Stadt zu ›Stop and Shop‹ und alle möglichen ausgefallenen Leckerbissen holen, mexikanische Gerichte nach ihrem Geschmack. Dann würde ich sie aus dem Unterricht rufen lassen und ganz allein mit ihr im Clubraum ein Festessen veranstalten.«

»Eine hervorragende Idee! Das mußt du unbedingt machen!«
Ich verabschiedete mich von Adrian. Als ich im Unit meinen Mantel aus der Garderobe holen wollte, traf ich Judith allein im Gemeinschaftsraum. Sie war aus dem Unterricht weggelaufen und sah verstört aus. Ich setzte mich zu ihr, und wir unterhielten uns. Nebenbei röstete ich für Judith ein paar Scheiben Toast, den ich mit Zucker und Zimt bestreute. Plötzlich kam David herein; er war für den Unterricht an der Schule verantwortlich. Innerhalb weniger Minuten steckte ich, ohne daß ich es mir erklären konnte, mitten in einem heftigen Streit mit David. Welche Rolle Judith dabei spielte, konnte ich nicht genau analysieren. Sie hatte mich jedenfalls veranlaßt, mich auf ihre Seite zu stellen und sie David gegenüber zu verteidigen, wie eine Mutter ihre Kinder gegenüber einem betrunkenen Vater verteidigt. Diese Haltung widersprach unserer sonstigen Einstellung in der Schule. Um sie zu erklären, muß ich zugeben, daß ich kurze Zeit angesichts der Toastbrote, angesichts der Nahrung, die ich dem Kind gab, ebenso unmittelbar und körperlich empfand wie sie. Als David hereinplatzte und in strengem Ton Judith fragte, was sie zu ihrem Benehmen im Unterricht, von dem ich nichts wußte, zu sagen habe, hatte ich wie Judith in ihm den Menschen gesehen, der alles Gute wegnimmt, vor dem man sich schützen muß, und ich hatte Judiths Partei ergriffen und David entgegen aller Realität zum Feind abgestempelt. Diese Begebenheit war für Judith sehr bedeutsam, und sie sprach später noch oft davon. Dabei überlegte sie sich gründlich, wie sie zu Hause ihre Eltern, die diese Behandlung geradezu herausforderten, gegeneinander ausgespielt hatte, ohne daß es ihr immer bewußt geworden war; wie sie den einen als guten und den anderen als bösen Menschen in ihrem Leben angesehen und bei dem einen vor dem anderen Schutz gesucht hatte, obwohl dies durch die Tatsachen nicht gerechtfertigt war.
Nancy wachte morgens unschwer auf, das heißt, sie überwand ihre morgendlichen Schwierigkeiten mit energischer Haltung. Sobald ich sie anrief, schlug sie die Augen auf und war sofort hellwach. Sie kam immer pünktlich zum Frühstück und ging nie zu spät zum Unterricht; sie war immer gleichmütig gelaunt und warf keine besonderen Probleme auf. Gerade deswegen vermochte ich zu ihr keine tieferen Beziehungen zu knüpfen. Sie vermied alles, was einen echten Kontakt ermöglicht hätte. Später einmal hatte ich das Gefühl, ihr näherzu-

kommen. Es war bei einer heftigen Diskussion wegen der Verbissenheit, mit der sie die Mitarbeiter durchs Fenster spähend beobachtete. Leidenschaftlich sprach sie davon, wie notwendig es für sie sei, über Zwischenpersonen zu leben und sie das tun zu sehen, was sie selbst nicht tun konnte. Meine Reaktionen bewiesen ihr, daß ich ebenfalls bereit war, die Maske fallenzulassen, wenigstens für ein paar Augenblicke.

Sarah beanspruchte morgens den größten Teil meiner Zeit. Zuerst weckte ich noch Maud, und wenn ich dann an Sarahs Bett trat, schlief sie meist noch fest. Nur manchmal saß sie auf dem WC-Deckel und las sich selbst etwas vor.

Ich setzte mich auf den Bettrand, stützte mich an der Wand ab, nahm eine ihrer kleinen Hände in meine Hand und betrachtete sie. Ihr Gesicht war vollkommen entspannt. Neben ihrem Kopfkissen lagen Bücher, Bleistifte, bekritzelte Papierfetzen, Bonbonpapierchen, oft auch ein Kaugummi oder ein halbgelutschtes Bonbon. Leise rief ich sie an:

»Sarah ... Kleine ... wach auf!«

Sie rührte sich nicht. Ich drückte ihre Hand und bedauerte, daß ich sie nicht schlafen lassen konnte. Nach ein paar Minuten blinzelte sie, verzog das Gesicht wie ein Kleinkind, murmelte: »Welch ein hübsches Kleid!« oder »Wie schön du bist!«, drehte sich zur Seite und schlief wieder ein. Ich lächelte ein bißchen hilflos. Nur zu gern hätte ich das Wecken verschoben. Aber war es nicht notwendig, daß ihr Tagesablauf geordnet war? Mußte ich ihr nicht eine gewisse Regelmäßigkeit aufzwingen als Gegengewicht gegen das Durcheinander in ihrem Innern? Manchmal schlang sie mir den Arm um den Hals und wollte mich mit sich in den Schlummer ziehen. Obwohl es mich lockte, wehrte ich mich.

Dr. Al Flarsheim, der nach Bettelheims Ausscheiden eine Mitarbeiterkonferenz in der Woche leitete und dessen Erfahrung, Klugheit und Güte für uns eine unschätzbare Hilfe waren, fragte mich eines Tages, warum ich mich wehre. Merkwürdigerweise war ich von meinen vernunftbestimmten Antworten selber nicht ganz überzeugt. »Weil ich mich auch um meine anderen Kinder kümmern muß«, sagte ich etwa, oder: »Weil es für Sarah nicht gut wäre, denn es würde sie in dem Glauben bestärken, das Leben sei zu schwer für sie und sie täte besser daran, sich ihm durch den Schlaf zu entziehen.«

Das alles war nicht richtig. Wenn ich Sarah nicht dorthin folgte, wohin sie mich führen wollte, so deshalb, weil ich befürchtete, dort selbst die mühsam errungenen Strukturen meiner Persönlichkeit zu verlieren.

Es dauerte lange, bis Sarah endlich aufwachte. Sie setzte sich im Bett auf, runzelte die Brauen unter ihrem wirren Haar, blickte verloren um sich und legte schweigend die Hand vor die Augen. Ich führte sie ins Badezimmer, wusch ihr das Gesicht und putzte ihr die Zähne. Solange ich ihren Schrank aufmachte, um Wäsche und Kleider herauszunehmen, setzte sie sich wieder auf ihr Bett. Ich zog ihr den Schlafanzug aus, und sie verlor sich in zusammenhanglosen Reden über die »wunderbare Frau, die bald in die Schule kommt« oder auch darüber, wie böse ich sei und wie ungerecht ich sie behandle. Ich hörte nur mit halbem Ohr zu; ich bemühte mich mehr, die Gefühle zu erfassen, die in mir aufstiegen und die Sarah mit ihren Reden hervorrufen wollte, als ihre Vorwürfe und Phantasien wörtlich zu nehmen. Vor allem aber versuchte ich sie anzuziehen, eine Aufgabe, die wegen ihrer Schlaffheit nicht einfach war. Wie eine sprechende Puppe hielt sie sich nicht länger als zwei Minuten aufrecht. Ich zog ihr eine Socke an, und bis ich mich umwandte, um nach der anderen Socke zu greifen, war sie schon auf ihr Bett zurückgesunken. Wenn ich ihr endlich das Kleid übergestreift hatte, nahm ich sie bei der Hand, und wie eine Schlafwandlerin folgte sie mir in den Gemeinschaftsraum. Dort setzte sie sich mit untergeschlagenen Beinen auf einen Sessel, und ich flocht ihre Zöpfe, die ich ihr als Schnecken um die Ohren legte.

Die anderen Kinder bewunderten ihre Natürlichkeit, die Leichtigkeit, mit der sie Fürsorge hinnahm, und die Ehrlichkeit ihres Verhaltens, dessen Abartigkeit sie nicht unnötig zu vertuschen suchte. Sarah förderte bei den anderen Mädchen die Aufrichtigkeit und Einfachheit, und im Zusammenleben mit ihr lernten sie nach und nach, ihre unverfälschten Gefühle sprechen zu lassen. Judith fühlte sich vielleicht am meisten zu Sarah hingezogen, gerade weil Sarah die Fürsorge, derer sie bedurfte, annahm, während Judith ihre Kräfte vergeudete in dem Versuch, sich dagegen zu wehren und sich selbst zu überzeugen, daß sie diese Fürsorge nicht brauchte.

Bettelheim hatte das genau erkannt, und ich erinnere mich an einen kurzen Satz über Judith: »In der Badewanne werden Sie sie erreichen.« Mir gelang es nie; Katherine hatte mehr Erfolg. Meine Beziehungen zu Judith hielten sich leider stets auf der Ebene der Worte, wenn wir auch über die Ernährung sehr wichtige Gespräche führten.

31. Kapitel

Unser Schlafsaal hatte sechs Betten, von denen nur fünf besetzt waren. Maud und Nancy waren vor zwei Jahren eingezogen, Judith war etwa zur gleichen Zeit in die Schule gekommen. Nelly war seit neun oder zehn Monaten und Sarah seit einem halben Jahr hier. Daß Nelly von Anfang an ein Zimmer für sich hatte, vereinfachte die Dinge, denn so konnte sie, ohne die anderen zu stören, ihr Badezimmer zum Heiligtum gestalten. Allmählich hatte sie ihr Schlafzimmer zur natürlichen Erweiterung ihres Badezimmers gemacht; sie ließ nämlich hier und dort Kleenex-Tücher herumliegen, die, wenn sie darauftrat, an ihren Schuhsohlen hafteten, und die sie dann in den übrigen Räumen verlor. Hier geboten wir aber Einhalt. Freundlich erklärten wir ihr, wir könnten ihr nicht die ganze Schule zur Verfügung stellen, so sehr sie es auch wünsche; sie müsse sich daher auf ihr Bad und ihr Schlafzimmer beschränken.
Nun wurde es Zeit, daß wir ein sechstes Kind aufnahmen. Wenn wir nicht alle Betten neu einteilen wollten, mußte die Neue Nellys Zimmer teilen. Nelly ahnte die Gefahr und benützte das zweite Bett als Ablageplatz. Wir sagten ihr, es nütze nichts, wenn sie das Bett mit ihren Sachen belege; eines Tages müsse es doch besetzt werden.
Ende April befaßten sich Bert und Bettelheim mit einigen Akten und übergaben uns zwei davon. Katherine und ich prüften sie, ohne zu einer Entscheidung zu kommen.
Die eine Akte wurde ausgeschieden aus einem Grund, der mir entfallen ist. Im anderen Fall handelte es sich um eine siebzehnjährige Straffällige, die wahrscheinlich psychotisch war, wenn man den verschiedenen Ärzten, die sie aufgesucht hatte, glauben konnte. Sie trieb sich irgendwo in Florida herum, und weder ihre Eltern noch die Polizei konnten sie erreichen. Allerdings war nicht alles klar, denn es schien, als hätten die Eltern das Gammeln gebilligt, und dann war

sie keine Ausreißerin ... Die Mutter behauptete wenigstens, das Mädchen komme Anfang Mai zurück, dann könnten wir sie kennenlernen. Das Ganze war sehr ungewiß.

Für mich war die Ankunft eines neuen Kindes außerordentlich wichtig, und ich hielt den Zeitpunkt für gut geeignet. Ich hatte meine Gruppe fest in der Hand, ein weiteres Kind würde mir nicht zuviel, ich paßte mich täglich besser an die Schulwelt an, ich war der Schule und allen, die darin arbeiteten, sehr zugetan und glaubte unerschütterlich, daß sie bei Geisteskrankheiten heilungsfördernd war; aus meinem Verhalten würde das neue Mädchen diese Überzeugungen erkennen. Außerdem meinte ich, daß ich bei einem neuen Kind zeigen könne, was in mir steckte. Ich fühlte mich wohl in meinem Schlafsaal, ich hatte mit einigen Mitarbeitern Freundschaft geschlossen, meine eigene Analyse schritt gut voran, ich lebte gern in den Vereinigten Staaten, ich hatte in der Ausübung meines Berufes einige Reife erworben und mir die Prinzipien der Schule zu eigen gemacht – ich war bereit, ein sechstes Kind aufzunehmen, und wünschte es mir glühend. Oft sprach ich mit Katherine darüber, daß die Eingliederung eines Neuankömmlings für mich eine wichtige Erfahrung sei. Katherine wußte, wieviel Arbeit die Ankunft eines neuen Kindes verursacht, und sie war nicht sonderlich darauf aus, die ganze Mühe noch einmal auf sich zu nehmen. Allerdings hatte sie Judiths, Nellys und Sarahs Ankunft allein bewältigt, weil sie zu jener Zeit keine ständige Mitarbeiterin hatte. Im Gegensatz zu mir hing ihre Entfaltung als Erzieherin nicht mehr davon ab.

Sie begriff aber meine Ungeduld, und zu Beginn meiner Beziehungen zu Magali leistete sie mir eine Hilfe, ohne die ich wahrscheinlich nichts erreicht hätte. Katherine wahrte die Solidarität und den Ernst in unserer Gruppe; sie widmete ihre Zeit, ihre Aufmerksamkeit und ihre Energie den anderen Kindern, während ich Stunden und manchmal sogar ganze Schichten mit Magali verbrachte, und auf diese Weise konnte sich Magali in unsere Gemeinschaft einleben, ohne daß sich die anderen Mädchen in einer für sie schwierigen Zeit vernachlässigt gefühlt hätten. Magali ließ sie ihre Erfahrungen als Erzieherin zugute kommen, so daß ich meinem Ungestüm freien Lauf lassen konnte. So manches Mal verhütete sie mit ihren Ratschlägen schlimme Fehler meinerseits. In diesem Jahr, das mit Magalis Ankunft begann, standen Katherine und ich einander beständig zur Seite, und

ich erinnere mich an kein einziges Vorkommnis, das diesen Zusammenhalt getrübt hätte. Die Freundschaft, die uns bis zum Schluß verband, war für die Kinder zweifellos äußerst wohltätig.
Doch ich möchte nicht vorgreifen. Ende April wußten wir nichts anderes über Magali, als was in einer nüchternen Akte stand, und ihre Rückkehr aus Florida war keineswegs sicher. Die Kinder sahen zwar voraus, daß irgendwann einmal ein sechstes Mädchen zu der Gruppe stoßen würde, aber sie wußten nichts Genaueres.
Steve hatte die Kinder von seiner bevorstehenden Heirat mit Joan, einer bei meinen Kindern sehr beliebten Erzieherin, unterrichtet. Joan arbeitete seit sechs Jahren bei einer Gruppe von Jungen, die jetzt Heranwachsende waren. Die Falken, Steves Gruppe, und die Adler, Joans Gruppe, machten sich seitdem Sorgen, ob sie ihre Erzieher auch nach der Hochzeit behalten würden.
Ihre schlimmsten Befürchtungen trafen ein; Joan verließ die Schule kurze Zeit danach, noch vor Bettelheims Rücktritt, also zu einer Zeit, in der sie uns mit ihrer Erfahrung besonders fehlte, und Steve gab seine Erziehertätigkeit bei den Falken auf, um das Amt eines stellvertretenden Direktors zu übernehmen, wie Bert schon vor einigen Monaten angekündigt hatte.
Die Falken und die Adler sollten bei der Hochzeit dabeisein. Damit möglichst viele Mitarbeiter ebenfalls der Feier beiwohnen konnten, beschlossen wir in der Mitarbeiterkonferenz, die Gruppen für den Nachmittag zusammenzulegen. Dieses eine Mal sollten die Kinder hinter unseren Wünschen zurückstehen. Die Hochzeit war auf einen Samstag, den 8. Mai, angesetzt. Der Tag rückte näher.
Am Donnerstag vor der Hochzeit wunderte ich mich morgens beim Saubermachen, daß Nancy ihr Bett nicht gemacht hatte. Das vergaß sie sonst nie. Ich trug eines ihrer Kleider ins Untergeschoß und hängte es in den Schrank, wo es der Mann von der Reinigung holen würde. Dann ging ich zur Mitarbeiterkonferenz und anschließend nach Hause. Ich hatte frei bis zum nächsten Tag, mußte keine Besorgungen erledigen und hatte mich nicht mit einem der Kinder verabredet. Das kam selten vor. Laurent und ich gingen ins Kino, hinterher besuchten wir Freunde zum Abendessen. Es wurde spät. Als wir wieder zu Hause waren und ich gerade ins Bett gehen wollte, klingelte das Telefon.
»Geneviève, hier Sandy.«

Sandy war Nancys Lehrerin. Nancy hatte wöchentlich nur wenige Stunden Unterricht an der Universität und verbrachte die übrige Zeit in einer der Klassen an der Schule.
»Ich wollte dich schon früher erreichen, aber du warst nicht zu Hause«, sagte Sandy. »Es ist etwas passiert. Nancy ist zu ihren Eltern zurückgekehrt. Sie kommt nicht mehr in die Schule.«
»Was?«
»Ja, ganz unerwartet. Aber es ist endgültig. Bert hat schon sämtliche Kinder versammelt und es ihnen mitgeteilt.«
»Ich komme sofort!«
Knapp zehn Minuten später steckte ich meinen Schlüssel ins Schlüsselloch der kleinen gelben Haustür der Schule.
Im Mitarbeiterzimmer herrschte Schweigen. Die Psychotherapeuten und die Lehrer, die außerhalb wohnten, waren gekommen, und die Erzieher hatten sich noch nicht zurückgezogen. Bert war da, Katherine war noch im Schlafsaal. Ich beschloß, nicht hinaufzugehen, denn die Kinder mußten sich jetzt beruhigen, und ich hätte sie mit meiner Verblüffung nur aufgestört. Bettelheim war für zwei oder drei Tage verreist; man hatte ihn telefonisch um Rat gefragt.
Irgend jemand erzählte mir, was vorgefallen war: Nancy hatte von der Universität aus ihre Eltern angerufen und sie gebeten, sie wieder aufzunehmen. Sie hatten ihrem Wunsch stattgegeben, und sobald Nancy bei ihrem Vater war, hatte sie die Schule verständigt. Für ihre Handlungsweise gab es zahlreiche Gründe, aber die Ereignisse hinterher zu erklären, ist immer leicht, selbst wenn sie aus dem Nichts aufzutauchen scheinen. So war es auch bei Nancy, von der ich oft sagte, sie sei ein Musterbeispiel für angestrengte Arbeit und Ausdauer in ihrem Kampf um ein besseres Leben. Wäre sie einfach ausgerissen, so hätte sie sich nicht so vollständig von der Schule lösen müssen, wie es jetzt geschah. Ihre Eltern hatten aber damit, daß sie das Mädchen wieder aufnahmen, bewiesen, daß sie im tiefsten Grunde Nancys Heilung gar nicht wollten. Deshalb gab es auf dem Weg, den Nancy eingeschlagen hatte, kein Zurück. Bert forderte sie auf, vor dem Abendessen zurückzukommen, sonst müsse sie ihren Aufenthalt in der Schule als beendet betrachten. Nancy kam nicht zurück.
Die Siedler waren natürlich von Katherine ins Bild gesetzt worden, aber erst später am Abend versammelte Bert alle Kinder im Spielzimmer und setzte sie offiziell von Nancys Ausscheiden in Kenntnis.

Die Kinder gingen in ihre Schlafsäle zurück; ihre Erzieher blieben bei ihnen.
Einige Wochen später bat Nancy, wieder zu uns kommen zu dürfen. Ihre Bitte wurde abgelehnt. Sie war mit Wissen ihrer Eltern weggegangen, und ihre Tat hatte bei allen anderen Kindern schwere Reaktionen ausgelöst, die noch nicht überwunden waren. Die Mitarbeiter konnten ihre Beziehungen zu den Kindern nicht aufs Spiel setzen. Die kleine gelbe Tür war keine Schwingtür.
Katherine kam herein, blaß und abgespannt. Sie setzte sich zu Florence, der dienstältesten und erfahrensten Mitarbeiterin, die uns ganz unaufdringlich soviel berufliches Wissen und Lebensweisheit vermittelte. Ehe ich nach Hause ging, um noch ein paar Stunden vor Dienstbeginn am andern Morgen zu schlafen, wandte ich mich an Steve:
»Ändert das irgend etwas an unseren Plänen für eine mögliche Aufnahme von Magali?«
»Nein, warum sollte es daran etwas ändern?« entgegnete Steve und zog die Brauen hoch, als sei meine Frage abwegig gewesen.
Am andern Morgen weckte ich Judith als erste. Sie setzte sich auf und schaute zu Nancys Bett hinüber.
»Also ist es doch wahr«, sagte sie schlicht.
Wir unterhielten uns ein bißchen; dann stand sie auf.
Bettelheim hatte einmal eine Bemerkung gemacht, die mich in Erstaunen versetzt hatte. Wenn man einen geliebten Menschen verliere, so hatte er gesagt, sei manchmal das einzige Mittel, den Schmerz über seinen Weggang zu verwinden, daß man sich selbst überzeuge, man sei an seinem Tod schuld. Der Gedankengang war paradox: Wieso sollte Schuldgefühl hilfreich sein? Nancys Verschwinden, das insofern dem Tod glich, als es endgültig und überraschend war und ich sie nie mehr wiedersehen konnte, erschloß mir den Sinn von Bettelheims Worten. Ich fühlte mich tatsächlich verantwortlich. Ich hatte zu Nancy keine engen Bindungen aufgebaut, und sie hatte sicherlich nicht ihre Eltern angerufen, um vor mir zu fliehen. Vermutlich mied sie eine feste, wichtige Beziehung zu Katherine oder Adrian, ihrer Psychotherapeutin, die vor kurzem ein Kind bekommen hatte. Mit diesem Ereignis hatte sich Nancy schwer abfinden können. Sie selbst hatte sich der Heilung nahe gefühlt, und sie hatte zweifellos Angst gehabt, den geheimen Wunsch ihrer Eltern zu verraten, der in deren Einstellung zu Nancys Flucht zutage trat. Wie dem auch sei – ich

hatte bei alledem nur eine untergeordnete Rolle gespielt. Trotzdem fühlte ich mich wochenlang, ohne mich jemandem anzuvertrauen, an allem schuld, und mir schien klar, daß Nancy in der Schule geblieben wäre, wenn ich verstanden hätte, sie anzusprechen. Zwei Jahre später hätte sie wahrscheinlich die Schule verlassen mit dem Wunsch und der Fähigkeit, ein fruchtbares, harmonisches Leben zu führen.
Der Gedanke, Nancy habe mich verlassen, ohne daß ich dafür mitverantwortlich war, kam dem unerträglichen Eingeständnis gleich, daß ich weder auf mein eigenes Leben noch auf das Leben anderer Menschen irgendeinen Einfluß ausübte. Bettelheim hatte recht. Ich frage mich sogar, ob die autistischen Kinder nicht zu irgendeinem Zeitpunkt ihres Lebens die Überzeugung gewannen, sie könnten nicht auf ihre Umgebung einwirken, und aus dieser Überzeugung heraus beschlossen, auf sich selbst einzuwirken – mit Selbstzerstörung oder zumindest mit Zerstörung ihrer Machtlosigkeitsgefühle, bis sie schließlich überhaupt nichts mehr empfanden. Bettelheim und andere Wissenschaftler haben diesen Gedanken formuliert und dargestellt in Werken, die ich zwar gelesen und mit meinem Verstand vielleicht begriffen hatte; doch erst nach Nancys Weggang erfaßte ich das alles auch mit meinen Emotionen und zog aus meinem eigenen Erleben Schlüsse, die mit denen des Professors zusammenfielen.
Katherine und ich waren zutiefst aufgewühlt und wandten uns mit einem Gefühl der Verstümmelung unseren vier verbliebenen Kindern zu.
»Dauernd suche ich die fünfte«, sagte Katherine. »Nachmittags beim Gruppengespräch, bei Tisch, immer wieder überrasche ich mich dabei, wie ich mich frage, wer fehlt, wo Nancy ist, warum ich nur vier Kinder habe, wo mein fünftes Mädchen bleibt.«
Am Tag nach Nancys Weggang packten wir ihre Sachen zusammen, um sie ihr zu schicken, ihre Stofftiere, ihre Kleider, ihre Hefte, ihre Lehrbücher, ihre Zeichnungen, ihren Kleinkram, all die Dinge, die sich im Lauf ihres fünfjährigen Aufenthalts an der Schule angesammelt hatten. Vieles erinnerte Katherine an ein bestimmtes Ereignis, ein Gespräch; doch diese Erinnerung gerann nun in sich selbst, denn ihre Beziehung zu Nancy war abgebrochen und konnte sich nicht weiterentwickeln.
Es war Freitag. Um drei Uhr nachmittags war alles gepackt. Nichts von Nancys persönlichen Dingen war mehr im Schlafsaal zu sehen.

Die Collage, die sie einst angefertigt hatte, war von der Wand entfernt. Ihre Bettbezüge waren in der Waschküche. Ihr Schrank, ihre Kommode, ihr Garderobenhaken, ihr Toilettentisch, ihr Fach im verschlossenen Schrank im Gemeinschaftsraum – alles war leer. Keine Kissen, keine Spielsachen lagen mehr auf ihrem Bett. Nichts deutete mehr darauf hin, daß sie hier gewohnt hatte, nur unsere Gespräche mit den Kindern, unsere Bemühungen, aus Nancys Handlungsweise die Lehre zu ziehen, die uns half, unsere eigene Lebensführung zu verbessern.

32. Kapitel

Entgegen allen Erwartungen war Magali tatsächlich aus Florida zurückgekehrt, und wir sollten sie am Montag, vier Tage nach Nancys Weggang, kennenlernen. Sie würde an drei aufeinanderfolgenden Vormittagen je zwei Stunden in die Schule kommen, und einige erfahrene Erzieher sollten sich jeweils zwanzig Minuten lang mit ihr unterhalten. Die Gespräche sollten ohne Wissen der anderen Kinder im Krankenzimmer stattfinden, einem gemütlichen Ruheraum, der mit einer Couch, einem Sessel und Spielsachen ausgestattet war und in dem gelegentlich ein krankes Kind untergebracht wurde oder ein außerhalb wohnender Mitarbeiter schlafen konnte. Bei den darauffolgenden Konferenzen wollten wir unsere Eindrücke austauschen, um nach dem letzten Besuch zu einem Entschluß zu kommen. Magali sollte es sich auch überlegen, und wenn sie wollte und von unserer Seite nichts eingewendet wurde, würde sie am vierten Tag, also am Donnerstag, einziehen. Sie wurde nicht untersucht und keinem Test unterzogen.
Katherine und ich legten die Reihenfolge der Gespräche fest: zuerst Bert, dann Katherine und Bettelheim, anschließend ich, nach mir eine andere Erzieherin und zum Schluß Katherine, die Magali zur Haustür begleiten sollte. So war es für alle drei Tage vorgesehen. Katherine und ich waren aufgeregt. Wir hatten Süßigkeiten ins Krankenzimmer gestellt und die Kissen auf der Couch aufgeschüttelt. Magali sollte in Begleitung ihrer Eltern um zehn Uhr kommen. Florence und Margaret wollten sich mit den Eltern besprechen, die eine mit

dem Vater, die andere mit der Mutter, aber die Tochter würden sie nicht sehen. Wir dagegen würden die Eltern nicht kennenlernen. Den Lehrern wurde empfohlen, die Kinder in der Schule nicht irgendwo hingehen zu lassen, wo sie einen Blick auf die Besucher erhaschen konnten, denn das hätte sie unnötig verängstigt.

Wir selbst beachteten die Losung »nicht spähen« und hielten uns von den Fenstern, die auf die Straße gingen, fern. Wir warteten, bis wir von Magalis Ankunft verständigt wurden. Die Türen zum Mitarbeiterzimmer und zu den Schlafsälen wurden geschlossen, damit Magali beim Vorbeigehen nicht hineinschauen konnte. Sie hätte sonst nur ihre innere Unruhe vergrößert mit nutzlosen Spekulationen über die Umgebung, in der sie leben mußte, wenn sie sich zum Eintritt in die Schule entschloß. Um sich eine Meinung zu bilden, hatte sie den einzigen Anhaltspunkt, der wirklich zählte: die Berührung mit den Mitarbeitern, die sich mit ihr unterhalten würden.

Zehn Minuten vor zehn Uhr. Im Mitarbeiterzimmer tranken Katherine und ich das zehnte Cola und aßen das zehnte Stück Kuchen. Katherine riß ihre üblichen Witze, ich brach mit vollem Mund in idiotisches Lachen aus. Wir platzten beinahe vor Aufregung.

Zehn Uhr. Es klingelte. Stille. Dann Schritte im Flur: sicher Bert, der Magali ins Krankenzimmer führte. Niemand rührte sich. Eine Tür fiel ins Schloß – ja, es stimmte. Katherine schaute auf die Uhr; genau in zwanzig Minuten würde sie Bert ablösen. Um 10.20 Uhr stand sie auf; um 10.40 Uhr kam Bettelheim an die Reihe. Katherine kehrte zurück, sagte aber nichts, um mich nicht zu beeinflussen. Um 11 Uhr klopfte ich an die Tür des Krankenzimmers.

»Herein!« sagte Bettelheim.

Magali saß mit übergeschlagenen Beinen im Sessel. Sie war so groß wie ich und sehr blond. Ihre Mutter war wohl Dänin; so stand es wenigstens in den Akten. Bettelheim stellte mich vor:

»Das ist Geneviève. Sie ist eine deiner Erzieherinnen, falls du dich entschließt, zu uns zu kommen.«

Zu mir gewandt setzte er hinzu:

»Bitte nehmen Sie Platz. Ich muß leider gehen und lasse Sie mit Magali plaudern.«

Zuerst beantwortete er noch Magalis Frage nach dem Unterricht an der Schule, dann erhob er sich und verabschiedete sich höflich von ihr. Wir waren allein. Sie trug ein sehr kurzes braunes Kleid mit Puffärmeln und einem breiten schwarzen Gürtel. Trotz des strahlenden Wetters hatte sie hohe, von unten bis oben geschnürte Wildlederstiefel an den Beinen. Ich hatte einen pflaumenfarbenen Rock und eine ebensolche Bluse an. Die Haare hatte ich mir zu einem Pferdeschwanz gebunden, denn ich wollte weder wie ein Pin-up-girl noch wie eine Gouvernante aussehen. Eine Zeitlang musterten wir einander schweigend. Dann stellte ich mich näher vor:

»Ich möchte dich von vornherein um Entschuldigung bitten, wenn du mir manches zweimal sagen mußt; ich bin nämlich Französin, das hörst du sicher an meinem Akzent. Aber ich hoffe, daß uns das nicht an der Verständigung hindern wird.«

Sie strahlte auf:

»Sie sind Französin? Das ist Spitze! Meine beste Freundin war Französin, die beste Freundin, die ich je hatte, meine engste Freundin!«

»Wirklich? Das ist ja ein lustiges Zusammentreffen. Wo hast du sie kennengelernt?«

»Hier, sie lebt in Chicago. Wir waren zusammen in Florida.«

Wir redeten über diese Freundin und über Frankreich. Magali war schon zum Skifahren in der Schweiz gewesen. Bei diesem ersten Gespräch fiel mir besonders auf, wie rasch sich ihr Gesicht veränderte. Ihre Züge waren reizvoll und harmonisch, wenn sie lächelte oder lebhaft wurde, aber sobald das Thema sie nicht mehr fesselte oder ein düsterer Gedanke sie streifte, wurden ihre Blicke stumpf, ihre Lippen schmal, ihre Wangen eingefallen und ihre Kiefer hart. Dann wirkte ihr Ausdruck brutal und abstoßend.

Ihre Höflichkeit war ungekünstelt. Als sie eins der Schokoladeplätzchen, die ich ihr auf einem kleinen Teller mitgebracht hatte, mit Genuß verspeiste und lächelnd sagte: »Sie schmecken wunderbar, haben Sie sie selbst gebacken?«, klang es völlig echt, und ich fühlte mich angeregt, ihr ebenso freundlich zu antworten.

»Darf ich rauchen?« fragte sie im späteren Verlauf der Unterredung. Ich war schon die vierte Person, mit der sie sprach, seit sie hier war, und wahrscheinlich hatte sie die Frage schon öfter gestellt.

»Nein«, entgegnete ich. »Es tut mir leid, aber hier ist das Rauchen verboten.«

»Warum?«

»Die Sicherheitsvorschriften sind sehr streng und werden genau eingehalten. Natürlich rauchen die Mitarbeiter auch nicht.«

Ich überlegte mir, ob ich noch etwas über die Schädlichkeit des Rauchens sagen sollte, ließ es aber lieber bleiben. Es war einfacher und weniger indiskret, an diesem ersten Tag nur zu betonen, wie große Bedeutung wir in der Schule der körperlichen Sicherheit der Kinder beimaßen, ohne etwas zu äußern, das als Werturteil aufgefaßt werden konnte. Wenn Magali aus den zwanzig Minuten mit mir den Eindruck gewann, daß wir ein gewissenhaftes Team waren, das sich fürsorglich um sie kümmern würde, war dies schon sehr wichtig, selbst wenn sie sich über unsere Beschützerhaltung empörte, sich über uns erhaben dünkte und uns im stillen alles mögliche hieß.
Bei der anschließenden Mitarbeiterkonferenz sprachen wir über Nancy und über Magali. Unsere Eindrücke waren zwar noch flüchtig, aber wir alle hatten eine Leitvorstellung gewonnen; und das war der plötzliche Verfall ihres Gesichts. Das junge Mädchen, das so sicher zu sein schien, brach binnen weniger Sekunden zusammen.
Mehr als Nancy und Judith, die ich gut genug kannte, um mich nicht von ihrem Auftreten zu irrigen Schlüssen verleiten zu lassen, verkörperte Magali für mich die zu allem fähige, rasch handelnde jugendliche Delinquentin, die ich nicht geworden war, die mich aber lange fasziniert hatte. Mein Wesen, das mehr zur Zurückgezogenheit in sich selbst neigte, hatte mich auf ganz andere Wege geführt. Ich wünschte mir sehr, die Probleme der Delinquenz gründlich kennenzulernen, damit sie ein für allemal ihre Anziehungskraft für mich verlor. Die Fortschritte in meiner eigenen Lebensführung, die Reife, die ich in der Schule zu erlangen hoffte, und vor allem die Erwartung, hier Hilfe bei meinem Streben nach größerer innerer Harmonie zu finden – das alles vermittelte mir die Überzeugung, daß ich jetzt wirksam zur Rehabilitation eines Mädchens wie Magali beitragen konnte.
Vielleicht habe ich bis jetzt noch nicht genau genug beschrieben, welche Art von Kindern wir in der Schule aufnahmen. Dem Grad ihrer Behinderung und Gestörtheit entsprach die ganze Atmosphäre der Schule, die Sorgfalt, die Gewissenhaftigkeit in den kleinsten Dingen des Alltagslebens, die einzelne oder gemeinsame Reflexion, der Einsatz der Mitarbeiter, die von den Kindern geforderte Aufmerksamkeit, die Konsequenz und die Beständigkeit. Die Kinder, die an uns verwiesen wurden, galten bei allen Ärzten, die sie behandelt hatten, bei allen Anstalten, in denen sie gelebt hatten, als hoffnungslose Fäl-

le. Manche kamen zu uns in einem körperlichen Zustand, der vermuten ließ, ihre Tage seien gezählt. Andere hatten sich im affektiven Bereich von der Welt losgelöst und sich scheinbar für immer in eine Isolierung zurückgezogen, aus der sie niemand zu erlösen vermochte und in der sie sich nach jedem Mißerfolg nur noch stärker verschanzten.

Magali, die mühelos redete und sich als erfolgreiches junges Mädchen gab, konnte ihre Umwelt täuschen. Wir wußten, daß sie aus allen Schulen ausgerissen war, daß sie sich schon in frühester Jugend dem Einfluß ihrer Eltern gänzlich entzogen hatte, daß sie mehrmals mit der Polizei zusammengestoßen war, daß sie wie durch ein Wunder schweren Auto- und Motorradunfällen entgangen war, daß sie seit einigen Jahren drogensüchtig war. Aus all dem schlossen wir auf ihre Einstellung zum Leben, die so negativ war, daß sie mit dem Tod spielte in der Hoffnung, von ihrem ständigen Kampf, den sie zu verlieren fürchtete, befreit zu werden.

Am nächsten Tag fragte Bettelheim bei der Mitarbeiterkonferenz Katherine und mich, ob wir Magali zu uns nehmen wollten. Katherine bejahte. Ich hatte auch diesen Wunsch, war mir aber über meine Motive nicht sicher, denn ich befürchtete, ich wolle das Kind zu persönlichen Zwecken ausbeuten. Es war sehr wertvoll für mich, daß ich mit dem Professor darüber sprechen konnte; Steve befand sich die ganze Woche auf Hochzeitsreise. Als wir übereingekommen waren, Magali aufzunehmen, wenn sie zu uns kommen wollte, fragten wir uns, ob es notwendig sei, ihr ein drittes Mal den Aufmarsch der Mitarbeiter zuzumuten, den sie schon zweimal durchgestanden hatte. Nach gründlicher gemeinsamer Überlegung erschien es uns nicht nur notwendig, sondern sehr wichtig, einerseits, damit wir eine weitere Möglichkeit bekamen, sie besser kennenzulernen und die Auswirkungen ihres Kommens auf unser Leben und das Leben der Siedler zu bedenken, andererseits, damit sie selbst uns auch noch einmal beobachten konnte, ehe sie sich entschied. Vor allem aber war es sehr bedeutsam, ihr zu verstehen zu geben, daß ihr Eintritt für uns alle ein Ereignis war und daß wir solche Beschlüsse nicht unüberlegt faßten. Wir alle überlegten uns, was wir Magali zu geben vermochten, daneben aber auch, was sie uns bringen würde und ob ihr Kommen gut sei für unsere Gruppe – ihre Vergangenheit und ihr Charakter erinnerten fast zu sehr an Nancy.

Da ich mich ja für Nancys Weggehen verantwortlich fühlte, war ich entschlossen, zwischen Magali und mir nicht diese Distanziertheit aufkommen zu lassen, die mich von Nancy stets getrennt hatte. Mein Einleben in der Schule, meine Beziehungen zu Steve, meine Freundschaft mit Katherine, meine vertieften theoretischen Kenntnisse, die Unterweisung des Professors und vor allem die Kraft aus meinem noch zerbrechlichen, aber vielversprechenden Verhältnis zu Nelly, Judith und Sarah – das alles verstärkte mein Gefühl, jetzt besser befähigt zu sein als früher. Die wenigen Fortschritte im Verständnis meines eigenen Verhaltens und in der Ausgeglichenheit meiner eigenen Persönlichkeit ließen mich hoffen, ich könne einem Mädchen, das mir ähnlich war, auf dem Wege zu den gleichen Zielen hilfreich zur Seite stehen.
In den darauffolgenden zwölf Monaten, in denen Magali und ich uns kaum je trennten, waren wir einander ein wesentliches Antriebsmoment. Für Magali kann ich nicht sprechen; sie selbst vermag besser zu definieren als ich, was sie in mir fand. Aber für mich muß ich sagen, daß ich mich von ihr – natürlich ohne daß sie es wußte – in meiner eigenen Psychoanalyse buchstäblich vorangetrieben fühlte, denn sie empfand bewußt die Besorgnisse, die mich insgeheim quälten, und mein Wunsch, ihr zu helfen, steigerte mein Verlangen, selbst weiter zu kommen (diesem letzteren Bestreben gegenüber nahm ich selbstverständlich eine ambivalente Haltung ein). Das verstärkte meine Ausdauer, meine Wachsamkeit, meine Ansprüche an mich selbst, meine Arbeitsintensität und meinen Willen, Fortschritte zu machen.
Die dritte Unterredung mit Magali war um so nützlicher, als das Mädchen sich uns in einem ganz anderen Licht zeigte. Es begann damit, daß sie viel zu spät kam, während sie an den vorhergehenden Tagen pünktlich gewesen war. Im Gegensatz zu ihren hübschen Kleidern trug sie nun verwaschene Blue Jeans und ein schlechtsitzendes T-Shirt. Sie lächelte nicht mehr, sie bedankte sich nicht mehr; ihr Gesicht war leer, nur manchmal strich ein harter, gewalttätiger Ausdruck darüber. »Sie wird Ihnen so manche Nuß zu knacken geben«, hatte Bettelheim uns freundlicherweise gewarnt.
Magali erklärte sich bereit, zu uns zu kommen. An den darauffolgenden Tagen konnte sie sich nicht verkneifen, mir des öfteren zu sagen, sie habe keine andere Wahl gehabt, denn das Gericht habe die Gefängnisstrafe nur unter drei Bedingungen ausgesetzt, und eine der

Bedingungen sei gewesen, daß sie in eine Schule oder Internatsschule eintrete und sie bis zum September jenes Jahres nicht wieder verlasse. Ich bin jedoch nach wie vor überzeugt, daß sie sich dieser Bedingung unterwarf, weil sie im tiefsten Innern wünschte, ihr Leben zu ändern, und daß sie aus dem gleichen Grund freiwillig aus Florida nach Chicago zurückkehrte, obwohl sie genau wußte, was sie dort erwartete. Es dauerte aber Monate, bis Magali dieses tiefe, heilsame Verlangen nach »etwas anderem« eingestand, und lange Zeit klammerte sie sich an die Vorstellung, sie sei nur in der Schule, weil es keine andere Möglichkeit für sie gegeben hatte.

Es war Mittwoch, und schon am Donnerstag sollte Magali einziehen. Mein Dienst begann um drei Uhr, und wir hatten kaum Zeit, um den traditionellen Imbiß für die Gruppe am Ankunftstag einer »Neuen« vorzubereiten. Magali hatte mir bei unseren Gesprächen verraten, sie liebe Katzen, und sie hatte mir ein lustiges Kindheitserlebnis mit einer Katze erzählt. Ich kaufte ihr deshalb eine Stoffkatze mit langhaarigem, weichem Fell und legte sie ihr aufs Bett. Sie nannte das Spielzeug »Cool Cat«, die kaltblütige Katze, die nie die Selbstbeherrschung verlor und sich so verhielt, wie Magali sich gern verhalten hätte.

Auch die anderen Kinder sollten ein Geschenk erhalten. Mit unserem Willkommensfest für Magali wollten wir vor allem den anderen Kindern zeigen, daß wir sie über der Ankunft eines neuen Mädchens, mit dem sie sich in Katherines und meine Fürsorge teilen mußten, nicht vernachlässigten, wenngleich sich unser Leben änderte.

Wir dachten uns aus, für Magali eine Dose zu kaufen, die wir mit Bonbons füllen wollten und in die sie dann hineintun konnte, was sie den Blicken der anderen entziehen wollte. Vielleicht wäre ihr das eine kleine Hilfe in der harten Anfangszeit ihrer Anpassung an die Welt der Schule. Bettelheim hielt die in diesem Geschenk enthaltene Mitteilung für gut, aber wir hatten die größten Schwierigkeiten, das zu finden, was wir uns vorstellten. Es gab nur Schmuckschatullen oder teure Schmuckkästchen, doch schließlich entdeckte Katherine in einem Laden im Hyde-Park-Viertel eine herzförmige, handbemalte Spanschachtel, die so hübsch, klein und persönlich war, daß sie Bettelheim sofort gefiel. Diese kauften wir. Auch für die anderen Kinder mußte Katherine die meisten Geschenke besorgen, denn während der Schicht konnte ich nicht weggehen.

Nancys Bett in Judiths Zimmer war frei, und wir fragten uns, ob Magali das Zimmer mit Nelly oder mit Judith teilen solle. Eine Lösung, die allen drei Kindern gerecht geworden wäre, ließ sich nicht finden. In Magalis Interesse schien es besser, sie zu Judith ins Zimmer zu legen, und auch für Judith war dies tragbar. Andererseits wäre es aber für Nelly wichtig gewesen, selbst festzustellen, daß sie schon einige Schwierigkeiten überwunden hatte und fähig war, das Schlafzimmer und das Bad mit einem anderen Mädchen zu teilen, daß sie also nicht mehr die kleine Irre war, die sich mit Mauern von Kleenex-Tüchern vor der Welt abschirmte, auch nicht das giftige Mädchen, das mit seiner Berührung die andern ansteckte, und noch viel weniger das verfluchte, allmächtige Kind, das sie gewesen war. Wir fürchteten jedoch, Magali ängstige sich, wenn sie so plötzlich aus ihrer Welt der Delinquenz in die befremdliche Welt des Wahnsinns versetzt wurde. Deshalb beschlossen wir, Magali Nancys Bett zu geben.
Während sich Katherine um die Vorbereitungen kümmerte, übernahm ich meine gewohnte Schicht. Und wie gewöhnlich gingen wir zum Abendessen in den Speisesaal hinunter. Bert wartete, bis alle zu essen angefangen hatten, und trat dann in die Mitte des Raums wie immer, wenn er etwas anzukündigen hatte. Bettelheim hielt es ebenso. Meine Kehle war wie zugeschnürt. Katherine saß am Mitarbeitertisch. In einer Sekunde wüßten die Kinder das neueste . . .
»Morgen kommt ein siebzehnjähriges Mädchen zu uns«, sagte Bert.
Kurze Pause.
»Sie gehört zu den Siedlern.«
Wieder eine kurze Pause.
»Sie wird in Davids Klasse gehen.«
Er setzte sich.
Judith lief rot an.
»Das dachte ich mir doch!« stieß sie hervor.
Um die sie beängstigende Zukunft zu meistern, wandte sie all ihre Kraft auf Vorhersagen. Wenn diese eintrafen, klammerte sie sich an ihre Vorahnung von den Ereignissen, als helfe ihr das, sie zu lenken. Maud schwieg, Sarah ebenfalls, sie hatte die Augen geschlossen. Nelly saß links von mir. Zornröte stieg ihr ins Gesicht, sie kniff die Lippen zusammen und schoß mörderische Blicke auf mich ab. Später gestand sie: »Ich habe versucht, ein paar Tränen zu vergießen, aber ich hatte so eine Wut, daß ich es nicht konnte.«

Diskretion hinsichtlich eines neuen Kindes war an der Schule unumstößliche Regel. Man gab nur bekannt, was die anwesenden Kinder direkt betraf, also die Gruppe und die Klasse des neuen Kindes sowie sein Alter. Sogar der Vorname wurde verschwiegen; damit blieb dem Neuankömmling die Möglichkeit, noch im Augenblick der Ankunft seinen Namen zu ändern und symbolisch ein neues Leben zu beginnen. Die Siedler kannten diese Regel so gut, daß sie mich nicht einmal fragten, wo die Neue schlafen würde. Katherine wunderte sich über ihre Zurückhaltung, und als sie oben im Schlafsaal bekanntgab, die Neue werde Judiths Zimmer teilen, war Nelly sehr beruhigt.
Es gab wenig zu sagen. Nelly wußte aus eigener Erfahrung, daß die Ankunft einer Neuen die für sie wichtigen Bindungen nicht beeinträchtigen würde; das hatte sie erlebt, als Sarah gekommen war. Judith und Maud wußten es auch. Die einzige, die sich große und kaum zu beschwichtigende Sorgen machte und sie schlecht äußern konnte, war Sarah. Sie war erst seit einem halben Jahr in der Schule. Wir trösteten sie mit den Worten, die uns einfielen, wobei wir wußten, daß erst die Erfahrung ihre Ängste stillen würde. Dann beschäftigten wir uns; wir stellten die Möbel in Judiths Zimmer um und ordneten im Schlafsaal alles so, daß sich das neue Mädchen willkommen fühlen sollte. Wir ließen die Kinder ein wenig mitarbeiten, damit sie sich fähig fühlten, ihren gerechten Zorn zu überwinden und die positive Seite ihres ambivalenten Wesens zu zeigen.
Schließlich gingen alle zu Bett.
Ich blickte dem nächsten Tag als einem großen Tag in meinem Leben entgegen.

33. Kapitel

Magali sollte um elf Uhr kommen, und sie war pünktlich. Es war schönes Wetter, die Blätter an den Bäumen glänzten in saftigem Grün, das Mädchen trug die gleichen Blue Jeans wie am Tag zuvor. Mit raschen, geschmeidigen Bewegungen nahm sie einen Koffer aus dem Straßenkreuzer, mit dem ihre Mutter sie hergefahren hatte. Katheri-

ne und ich beobachteten sie durchs Fenster. Es war ein kleiner Koffer – sie hatte also nicht die Absicht, länger hierzubleiben. Doch einen Augenblick später holte sie ein großes Bild aus dem Wagen: ein gutes Zeichen. Sie brachte einen persönlichen Gegenstand, um ihn über ihr Bett zu hängen, also wollte sie vielleicht doch ein paar Tage bleiben. Es war vereinbart, daß Bert Mutter und Tochter, die sich für ein Jahr verabschieden mußten, in Empfang nehmen sollte. Dann wollten wir Magali in den Schlafsaal führen, den sie noch nicht gesehen hatte. Sie sollte rasch ihren Koffer auspacken, den wir ihrer Mutter sogleich leer mitgeben würden. Danach würde ich Magali einige Räume in der Schule zeigen und sie in ihre Klasse bringen. Anschließend mußten Katherine und ich ihre Sachen genau durchsuchen, um uns zu überzeugen, daß nichts dabei war, das für sie selbst oder für die anderen Kinder oder auch für die Mitarbeiter eine Gefahr darstellte.
Die arme Magali! Sie war wie betäubt. Fügsam ließ sie sich durch die Flure führen und lächelte höflich. Eine ihrer ersten Fragen war, ob sie statt des Bettüberwurfs der Schule eine große, bunte Decke auflegen dürfe, die sie mitgebracht habe. Wir erlaubten es ihr gern; es war sogar ein sehr guter Gedanke. Ihr Bild hängten wir an die Wand; es stellte einen fahlgelben Löwen, ihren Fetisch, dar. Sie tat mir leid, wie sie sich so sehr bemühte, sich an einem derart fremden Ort wie der Schule heimisch zu fühlen. Einige andere Erzieherinnen kamen und boten ihre Hilfe an. Sie fragten, ob wir Kleiderbügel brauchten oder ob sie irgend etwas für uns tun könnten.
Als Magali in ihrer Klasse war, durchsuchten Katherine und ich ihre Sachen eingehend. Ihr Geld legten wir beiseite, um es ihrer Mutter zu geben. Zigaretten, Streichhölzer und Medikamente nahmen wir an uns. All ihre persönlichen Kleinigkeiten, die sie etwas zu trösten vermochten, legten wir auf ihre Kommode. Ihren kleinen elektrischen Rasierapparat schlossen wir ein. Und dann stießen wir auf Marihuanazigaretten. Um Marihuana in die Orthogenische Schule mitzubringen, mußte man schon eine gehörige Portion Frechheit besitzen, oder man mußte, wie Magali, nicht begriffen haben, worum es in der Schule ging. Wir waren sprachlos, Katherine und ich.
»Hast du schon mal eine geraucht?« fragte mich Katherine und grinste nervös.
»Kein Gedanke!« entgegnete ich entsetzt.

Die Mittagessenszeit rückte näher. Es war wichtig, daß wir zeitig im Speisesaal waren. Magali stünde dort im Blickpunkt aller Kinder, denn nur die Kinder in Davids Klasse hatten sie schon kennengelernt. Die Siedler, die den Unterricht von Sue, Sandy und John besuchten, hatten sie noch nicht gesehen.

Wir gingen also pünktlich hinunter und setzten uns an den Mitarbeitertisch. Als Davids Klasse hereinkam, verstummten die Geräusche im Speisesaal. Aber alle übten Zurückhaltung; niemand drehte sich um, niemand starrte Magali an. Sie saß sehr gerade auf ihrem Stuhl und schlug die Augen nieder. Sie sagte nichts und beobachtete nicht, was um sie herum vorging. Ihre Haltung und ihr Ausdruck standen in großem Gegensatz zu der kindlichen Überraschung, die sie eine halbe Stunde zuvor gezeigt hatte, als wir bei unserem Rundgang durch die Schule an den wie gewöhnlich weit offenstehenden Schrank mit den Leckereien gekommen waren und ich gesagt hatte:

»Davon darfst du dir nehmen, was du willst und wann du willst.«

»Kostet das nichts?« hatte sie eifrig gefragt mit einer Lebhaftigkeit des Tonfalls, wie ich sie lange Zeit nicht mehr von ihr zu hören bekam.

Nach dem Essen besuchte ich sie in ihrer Klasse, um zu sehen, ob ich etwas für sie tun konnte, und sie, falls sie sich langweilte, ins Unit mitzunehmen und mich mit ihr zu unterhalten.

Sie kam gern mit. Ich bot ihr Coca Cola an, um ihr über das Fehlen der Zigaretten hinwegzuhelfen. Früher am Nachmittag hatte sie gebeten, allein in den Schlafsaal gehen zu dürfen, um sich ein Buch zu holen. Ich hatte ihr das Buch gebracht, aber angesichts ihrer Gereiztheit hatte ich begriffen, daß sie weniger das Buch als ihre Zigaretten oder sonst etwas gewollt hatte. Es wurde Zeit, daß wir ihr sagten, ihre Sachen seien durchsucht worden. Ich hatte mit Katherine vereinbart, daß sie es Magali eröffnen sollte und daß ich sofort danach mit Magali sprach. Katherine kam zufällig vorbei und sagte:

»Magali, wir haben dein Geld deiner Mutter gegeben; du bekommst jeden Monat Taschengeld von der Schule.«

Wir hatten Magali gesagt, sie solle kein Geld mitbringen, und sie hatte es sicher nicht vergessen.

»Deine Zigaretten und dein Marihuana haben wir weggetan, das brauchst du hier nicht.«

Kurz ehe Katherine hinausging, sagte sie noch:

»Du brauchst nicht mit unserer Handlungsweise einverstanden zu sein, aber wir müssen dich schützen.«
Magali war puterrot. Vor Verlegenheit? Nein, keineswegs, sondern vor Zorn. Sie blickte mich an:
»Habt ihr meine Sachen durchwühlt?«
»Ja, wir haben deine Sachen durchwühlt.«
»Was habt ihr noch konfisziert?«
»Nichts.«
Ich schwieg einen Augenblick und fuhr dann fort:
»Wir haben allerdings alles, was gefährlich sein könnte, also deinen elektrischen Rasierapparat, dein Necessaire und die Medikamente, im Wandschrank eingeschlossen. Dort hast du ein Fach für deine Sachen.«
»Aber die Vitamintabletten hat mir meine Mutter gegeben!«
»Daran zweifle ich nicht. Unsere Kinder dürfen aber nichts einnehmen ohne Genehmigung des Arztes.«
Ihr Gesicht verschloß sich, sie blickte finster. Ich spürte den Puls in meinen Schläfen. Für Magali war es der härteste Tag ihres Lebens, und ich hatte den Eindruck, daß er kein Ende nahm. Es war gegen zwei Uhr. Ich brachte Magali in ihre Klasse zurück, damit ich bei den Vorbereitungen für unser kleines Fest helfen konnte. Ich hatte die Schokoladeplätzchen gekauft, die Magali bei ihren Besuchen gemocht hatte, und außerdem eine Orangentorte. Katherine hatte Papierservietten und dazupassende Pappteller und -becher besorgt. Wir hatten bemerkt, daß Magali lieber Limonade als Cola trank, und holten deshalb einen Krug Limonade herauf.
Die Geschenke für die Kinder hatten wir in hübsches Geschenkpapier verpackt, und jetzt legten wir jedem Kind ein Päckchen auf seinen Stuhl an dem niedrigen Tisch.
Es war Donnerstag, doch an einem solchen Tag wurde unwichtig, wer Dienst hatte und wer nicht, denn unsere fünf Kinder brauchten uns beide, damit wir sie versorgten und ihre Ängste beschwichtigten.
Um drei Uhr kamen alle in den Schlafsaal und setzten sich auf ihre Plätze. Magali war überrascht, daß sie ein Geschenk bekam. Sie packte es lächelnd aus und freute sich ehrlich, als sie die kleine Spanschachtel in Händen hielt. Wiederum setzte uns ihre ausgesuchte Höflichkeit in Erstaunen. Die anderen Kinder verhielten sich ruhig;

sie bedankten sich bei uns für die Geschenke, die ihnen sehr gut gefielen. Dann schnitten wir die Torte an.
Bei Magalis Höflichkeit möchte ich noch ein wenig verweilen, denn auf den folgenden Seiten ist mehr von anderen Zügen ihres Wesens die Rede. In Magalis Dank, in ihren Freudenausbrüchen, in ihrer Aufmerksamkeit gegenüber ihren Kameradinnen oder Katherine und mir lag eine Aufrichtigkeit, die sehr verwirrend war bei einer jugendlichen Delinquentin, die sonst vor nichts zurückschreckte. Nichts Gekünsteltes, Gezwungenes oder Absichtsvolles mischte sich in ihr Verhalten. Sie war warmherzig, konnte aber auch leer und gefühllos, gelegentlich sogar gewalttätig sein. Solche Zeiten traten in den ersten Tagen nach ihrem Kommen seltener auf als später, da sie sich etwas an ihre neue Umwelt gewöhnt hatte und uns besser kannte. Darin liegt kein Widersinn; den Aspekt des Brüchigen und Entgleisten in ihrer Persönlichkeit offenbarte sie uns erst, als sie uns dieses Vertrauens für würdig erachtete und als sie begriffen hatte, daß sie von anderen und nicht nur von sich selbst Hilfe erwarten konnte.
An ihrem ersten Tag bei uns betrug sich Magali jedenfalls vorbildlich. Sicher war sie erschrocken über ihre neuen Kameradinnen und Kinder wie Nelly und Sarah, die zwei oder drei Jahre älter waren (sie hatte sie nach ihrem Alter gefragt) und doch so jung wirkten. Trotzdem wandte sie sich an jedes Mädchen mit einer Zuvorkommenheit, in der weder Bemutterung noch Herablassung lag. Die anderen Kinder erinnerten sich an ihre Anfangszeit in der Schule und betrugen sich ebenso aufmerksam. Sie begriffen die tiefgründige Angst der Neuen besser als Magali selbst, und sie erzählten ihr von ihren eigenen Erlebnissen, die ihr zur Entspannung verhalfen.
Die nächsten Stunden waren für Magali schon rein körperlich schwierig. Kurz ehe sie in die Schule gekommen war, hatte sie Marihuana geraucht, und jetzt begann die Wirkung nachzulassen. Zum ersten Mal seit Monaten fehlte es ihr an Drogen. Wie sie sagte, hatte sie seit mehreren Tagen kein Morphium angerührt, doch das Marihuana hatte sie diesen Mangel nicht empfinden lassen. Jetzt litt sie etwa drei Tage schwer darunter. Bettelheim zeigte ihr sein uneingeschränktes und tiefes, aber wortarmes Mitgefühl. Als Steve von seiner Hochzeitsreise zurückkam, unterhielt er sich mit ihr und machte ihr Mut. Katherine und ich wichen kaum von ihrem Bett. Mit Hilfe anderer Erzieherinnen hatten wir einen Zeitplan für häufige nächtliche Run-

den aufgestellt, damit Magali, wenn sie schlaflos lag, stets mit jemandem reden konnte. Ich war deshalb sogar für zwei Nächte in die Schule gezogen.

Damit Magali den Drogen- und Zigarettenmangel nicht so sehr spürte, sorgten wir dafür, daß sie stets Limonade und salzige Keks in Reichweite hatte. In den ersten Wochen trank sie bis zu fünf Liter Limonade täglich und verzehrte sechs oder sieben Packungen Keks. Außerdem aß sie reichlich bei allen Mahlzeiten und Zwischenmahlzeiten. Hinter ihrer Eßlust, mit der sie ihre Lust aufs Rauchen betäuben sollte, steckte meinem Gefühl nach ihre Lebensangst und auf tieferer, symbolischer Ebene der Wunsch, sich sozusagen mit Ballast zu beschweren. Nach dem, was ich heute von ihr weiß, ist mir klar, daß dies ihre erste Suche nach Sicherheit war und ihr erster unbewußter Versuch, in der Schule zu bleiben und nicht wieder auszureißen. Innerhalb von drei Monaten nahm sie fünfzehn Kilo zu, und dann sagte sie selbst einmal: »So fett wie ich jetzt bin, habe ich gar keine Lust, wieder wegzugehen.« Sie flehte mich an, sie auf Abmagerungsdiät zu setzen, und sie lag Katherine und mir in den Ohren, mit ihr einen Diätetiker aufzusuchen. Wir begnügten uns damit, ihre Eßgier vorsichtig zu deuten, sie zu der Klugheit, in der Schule bleiben zu wollen, zu beglückwünschen und ihr die Freude zu zeigen, die wir deswegen empfanden.

Die erste Befriedigung, die Magali von der Schule erhielt, war also das Essen. Sie haßte zwar ihre Gewichtszunahme, fand aber echtes Vergnügen am Essen und schien erleichtert zu sein, daß sie nicht mehr die Hungerdiät einhalten mußte, ohne die sie die von den Schönheitsbegriffen der Außenwelt geforderte schlanke Linie nicht wahren konnte. Auf dem Weg über die Nahrung fanden wir von Anfang an Beziehung zueinander und bekam sie eine positive Vorstellung von der Schule. Alles übrige verabscheute sie. Mir blieb sie jedoch selbst bei unseren heftigsten Kämpfen stets zugänglich, weil ich Französin war wie ihre Freundin und weil ihre Eltern aus Europa stammten.

Allerdings konnte sie nicht begreifen, was sie in diesem Irrenhaus zu suchen hatte. Sie zeigte die typische Einstellung jener jugendlichen Delinquenten, die von ihrer eigenen Gestörtheit nichts wissen, sondern meinen, »die anderen« seien verrückt.

Die Kinder, Jungen wie Mädchen, bemerkten bald, daß Magali keinen Büstenhalter trug, und sagten es ihren Erziehern. Ich wußte aus eigener Erfahrung, daß diese Angewohnheit oft etwas ganz anderes verrät als sexuelle Herausforderung. Dahinter kann der Wunsch stehen, die Realität zu leugnen und so zu tun, als brauche man keinen Büstenhalter, weil man noch ein kleines Mädchen mit einem kaum entwickelten Körper ist, der nicht Gegenstand des Begehrens sein kann, höchstens für die Mutter, und der keine andere Fürsorge als die der Mutter für ihr Kleinkind auf sich zieht. Die Kenntnis von diesen Gefühlen, die in mir selbst nur wenige Monate zuvor das gleiche Verhalten wie bei Magali verursacht hatten, half mir dazu, daß ich den richtigen Ton traf, als ich sie bat, in Zukunft einen Büstenhalter zu tragen.

In den darauffolgenden langen Monaten des gemeinsamen Lebens bewies Magali mit ihrem Verhalten, daß ich recht gehabt hatte, als ich die Dinge so sah, und daß ihre scheinbare Zügellosigkeit nichts anderes war als das dem Zeitgeschmack angepaßte Verlangen, beschützt zu werden wie ein kleines Kind. Sie war noch keine vier Monate in der Schule, als sie mich inständig bat, ihr einen Schnuller zu kaufen, und ich mußte ihre Regressionsgelüste bremsen, die so drängend waren, daß sie mir fanatisch und gefährlich, ja zerstörerisch erschienen.

In den ersten vier Tagen setzten wir keinen Fuß vor die Tür. Auf ihre anhaltende Bitte hin gingen wir am folgenden Dienstag in die Badeanstalt. Sie badete nicht, weil sie sich nicht traute, sich im Badeanzug zu zeigen, und weil sie behauptete, das Wasser greife ihre Haut an. Es war schönes Wetter, und wir gingen auf einem Umweg zurück und kauften unterwegs an einem Stand für alle ein Eis.

Bei der Rückkehr bat mich Magali bleich und bekümmert, sie jetzt lange Zeit nicht mehr aus dem Haus zu lassen.

»Es ist einfach zu hart«, sagte sie. »Es gibt zu viele Verlockungen.«

Wieder einmal zeigte sie sich erstaunlich schutzbedürftig. Zu gleicher Zeit mußte ich ihr eröffnen, daß Katherine und ich ihre Briefe lesen würden. Sie brauste auf, wie ich es nicht anders erwartet hatte, und der erste Brief, den sie an eine ihrer Freundinnen schrieb, war in Wirklichkeit für mich bestimmt; er enthielt kaum etwas anderes als Beleidigungen für mich. Als sie damit fertig war, rief sie mich in ihr Zimmer.

»Hier, ich habe einer Freundin geschrieben«, sagte sie kurz.

Und dann warf sie mir den Brief ins Gesicht. Ich machte keine Anstalten, ihn aufzufangen, sondern blickte Magali schweigend und kopfschüttelnd an. Ich hätte den Brief aufgehoben, wenn sie es nicht selbst sofort getan hätte. Danach setzte ich mich zu ihr und las vor ihren Augen die zwei Seiten mit Beschimpfungen, ehe ich den Umschlag zuklebte und Magali anlächelte.

»Es ist nicht einfach«, sagte ich und war nicht sicher, ob ich sie oder mich meinte.

Anschließend ging ich hinunter und legte den Brief im Büro auf den Tisch zu der übrigen ausgehenden Post.

Von da an wußte Magali, daß wir nicht nach den Maßstäben, die sie vorausgesetzt hatte, reagierten. Sie hatte den Beweis erhalten, daß wir uns nicht von Geschrei und Drohungen abstoßen ließen und daß sie weniger grobe Waffen anwenden mußte, um uns von sich fernzuhalten.

Sie hörte auf, mich zu beleidigen, und stellte mich mit anderen Mitteln auf die Probe. Doch ehe ich weiter von Magalis ersten Monaten bei uns berichte, möchte ich die Ereignisse in den Rahmen meines damaligen Lebens stellen.

34. Kapitel

Ob ich Dienst hatte oder nicht, war völlig einerlei. Während der Schicht beschäftigte ich mich fast ausschließlich mit Magali, und den größten Teil meiner Freizeit verbrachte ich ebenfalls mit ihr. Tagsüber konnte ich nicht mehr nach Hause fahren und ruhte mich deshalb gelegentlich im Krankenzimmer, in Katherines Zimmer oder im Zimmer einer anderen Mitarbeiterin aus. Manchmal durfte ich auch ihr Bad benützen. Nicht einmal zum Haarewaschen reichte die Zeit zu Hause. Ich ließ meinen Fön, mein Waschzeug und einige Kleider zum Wechseln in der Schule.

Wenn ich keinen Dienst hatte, kehrte ich gegen sieben Uhr abends in unsere Wohnung zurück, taumelnd vor Übermüdung. Dabei hatte ich nie das Gefühl, mit der Arbeit fertig zu sein, denn es war immer noch ein Monatsbericht zu schreiben oder irgendeine Besorgung zu machen, zu der meine Energie nicht gereicht hatte. Manchmal ließ ich mich von Laurent zu einem Kinobesuch überreden, aber ob der Film gut oder schlecht war – ich schlief regelmäßig ein. Wenn Arnaud und Laurent zu Hause arbeiteten, begrüßte ich sie und plauderte ein wenig mit ihnen; doch den ganzen Tag über hatte ich so viele Tabletts geschleppt, Leckerbissen zubereitet und Säfte ausgeschenkt, daß es mir nicht möglich war, auch nur einen Tee für uns aufzugießen. Die Augen fielen mir zu, wenn ich kraftlos dasaß und hörte, wie Arnaud über die Schule schimpfte und Bettelheim einen Sklaventreiber nannte. Laurent sagte nichts. Er wußte, daß diese Zeit trotz der Überanstrengung für mich persönlich und für unsere gemeinsame Zukunft außerordentlich wichtig war. Unsere merkwürdige Lebensweise ertrug er, weil er die Schule kannte und weil meine Tätigkeit dort zeitlich begrenzt war, denn in einem Jahr, sobald er sein Architektendiplom gemacht hatte, wollten wir nach Frankreich zurückkehren.

Es war Anfang Juni, und die Ferien rückten näher, allerdings nicht für mich. Meine Schwester erwartete ein Kind, das im August zur Welt kommen sollte, und deshalb hatte ich beschlossen, meinen Urlaub vom 10. August bis 10. September zu nehmen, um zur Geburt in Frankreich zu sein. Laurents Semesterferien dagegen begannen schon Anfang Juni. Er wollte einen Monat bei einem Architekten arbeiten und dann nach Paris reisen, wohin ich sechs Wochen später nachkommen würde. Da ich ohnehin so wenig Zeit für ihn hatte, hielt ich es für unzumutbar, daß er in den Ferien in Chicago blieb, und aus einem Schuldgefühl heraus bestand ich auf meinem Plan. Solange er fort war, wollte ich in der Schule wohnen.

Jetzt begannen tatsächlich die letzten Wochen mit Bettelheim. Nancy, die ja jetzt bei ihren Eltern lebte, hatte wahrscheinlich etwas von seinem Ausscheiden gehört, und wir befürchteten, sie verbreite ihr Wissen an der Universität, wo auch Maud und ein Junge aus der Gruppe der Adler studierten. Bettelheim beriet mit uns, ob er seinen Rücktritt jetzt schon bekanntgeben sollte auf die Gefahr hin, daß die Kinder die Zeit, bis es endgültig so weit war, in Furcht verlebten, oder ob er abwarten sollte in der Hoffnung, Nancy werde den Mund halten. Wir entschieden uns für die erste Möglichkeit.

Die Kinder versammelten sich im Spielzimmer wie immer montags um drei Uhr nachmittags zum Gespräch mit dem Professor. Kinder und Mitarbeiter setzten sich wie gewohnt um ihn herum auf den Boden. Normalerweise blickte er zuerst schweigend um sich und sprach dann über eine Bemerkung eines Kindes bei einer seiner Runden oder über ein besonderes Ereignis, das die Schule betraf. An jenem Tag unterrichtete er die Anwesenden schlicht von seinem bevorstehenden Ausscheiden und setzte hinzu, er werde sich am Mittwoch, dem 23. Juni, von jedem einzelnen verabschieden. Wir, die es schon lange »wußten«, hatten doch stets gehofft, dieser Tag werde nie kommen, und wurden deshalb jetzt zur gleichen Zeit wie die Kinder vor die harte Wirklichkeit gestellt. Daran änderten auch die langen, behutsamen Gespräche nichts, mit denen wir seit Monaten auf diese große Veränderung vorbereitet werden sollten. Aufschlußreich ist auch, daß ich nicht mehr weiß, welche Worte Bettelheim gebrauchte und wie meine Kinder im ersten Augenblick reagierten. Ich weiß nur noch, daß Judith weinte und Magali ein Gesicht machte, als sei es ihr vollständig einerlei. Diese verschwommenen Eindrücke stehen aber im Gegensatz zu der Genauigkeit anderer Erinnerungen, und ich muß gestehen, daß ich den Tag, an dem Bettelheim den Kindern seine Pläne mitteilte, durchlebte, ohne mir etwas deutlich ins Bewußtsein dringen zu lassen.

Er verheimlichte ihnen allerdings etwas, das wir wußten. Ein Jahr später wollte er zurückkommen und die Leitung der Mitarbeiterkonferenzen wieder übernehmen. Er wollte also seine Lehr- und Forschungstätigkeit fortsetzen, aber die Leitung der Schule endgültig abgeben. Den Kindern erzählte er davon nichts, damit sie nicht auf ihn warteten und ihr Streben nach Besserung nicht um ein Jahr verschoben.

In den nun folgenden Juniwochen herrschte gedrückte Stimmung. Die Runden des Professors zogen sich in die Länge, denn manche Kinder wollten ihm noch etwas sagen, das sie in den vergangenen Jahren nicht geäußert hatten.

Die Mitarbeiterkonferenzen verliefen stürmisch; Bettelheim mußte einer offenen und heftigen kollektiven Aggressivität standhalten.

In meiner Gruppe sorgten Nancys Weggang, Magalis Ankunft und das bevorstehende Ausscheiden des Professors dafür, daß es nicht an Gesprächsthemen, aber auch nicht an Unruhe fehlte.

Für Magali war es schwierig, denn es war ihr zuwider, wenn wir von der ihr unbekannten Nancy, ihrer Vorgängerin, sprachen, und der

Abschied von Bettelheim war ihre geringste Sorge. Für die anderen Kinder war es aus verständlichen Gründen ebenfalls nicht einfach.

Ich hatte angenommen, mein leidenschaftliches Interesse für Magali und für das, was wir zusammen zu leisten vermochten, werde mich von den andern Kindern entfernen, aber das Gegenteil trat ein. Sie wurden angeregt von dem, was vor ihren Augen zwischen Magali und mir vorging, und jedes Mädchen drückte auf seine Weise das Verlangen aus, die gleiche Fürsorge, Zuwendung und Aufmerksamkeit zu genießen und an einer so intensiven Beziehung teilzuhaben. In der Beziehung zu Magali wuchsen auch meine Kräfte und Fähigkeiten, und mein Wunsch, den übrigen Kindern ebenfalls näherzukommen, wurde nur um so größer. Je besser es mir gelang, Magali zu helfen, ihr beizustehen und mein Verständnis fruchtbar werden zu lassen, je enger ich mich ihr verbunden fühlte, um so stärker wurde meine Überzeugung, auch zur Heilung meiner vier anderen Mädchen beitragen zu können. Deshalb fiel mir die Arbeit immer leichter, je umfangreicher sie wurde. Ich verbrachte Stunden mit Magali, aber es erschien mir natürlich und einfach, auch viel Zeit für Judith, Nelly, Sarah und sogar Maud aufzuwenden, die sich mir allmählich eröffnete und mir ihren guten Wesenskern offenbarte, nämlich ihre einsichtige, feste Entschlossenheit, Fortschritte zu machen. Damals errang sie meine Achtung und Bewunderung.

Von meiner eigenen Entfaltung begeistert, hatte ich nur einen Wunsch: meine Kinder in mein Kielwasser zu ziehen.

Ein solches Vorhaben verleitet leicht zur Überheblichkeit. Hingabe für andere verleiht große Befriedigung, die zur Voraussetzung für das eigene Glück erhoben werden kann. Dann ist die Therapie nur noch eine hintergründige Ausbeutung der Patienten zum Zweck einer pathologischen Selbstbestätigung. Diese Gefahr bestand in der Schule nicht. Einerseits hielten uns die Mitarbeiterkonferenzen, die Bücher, die wir lasen, die Berichte, die wir schreiben mußten, in einem Zustand ständiger intellektueller Wachheit. Andererseits ließ uns das Streben nach Entfaltung der eigenen Persönlichkeit auf dem Wege der Psychoanalyse nie vergessen, daß uns unaufgebbare Ziele vor Augen standen. Dies kam den Kindern indirekt zugute. Sie brauchten keinen Wohltätigkeitsverein, sondern eine ausgereifte Persönlichkeit.

Eine kleine Begebenheit soll meine Beziehung zu Steve veranschaulichen, der damals noch Leiter des Unit war. Eines Tages rief ich ihn an, um ihm zu sagen, ich sei erschöpft und erkältet und könne am andern Tag meine Schicht nicht übernehmen. Erschöpfung und Erkältung waren kein Vorwand, aber ich hatte schon öfters in schlechter körperlicher Verfassung Dienst getan, und ich sah mich selber nun als Drückeberger. Um mein Schuldgefühl loszuwerden, wünschte ich mir im tiefsten Grund, Steve möge meine Entschuldigung verwerfen und mir befehlen, am nächsten Tag zur Stelle zu sein. Das tat er aber nicht. Er sagte lediglich, ich solle mich an den zwei folgenden Tagen ausruhen. Als ich besorgt fragte, ob Katherine dann nicht überbeansprucht sei, entgegnete er kurz, das brauche nicht meine Sorge zu sein.

Dieses Telefongespräch war für mich außerordentlich wichtig, denn es ermöglichte mir – zum erstenmal seit sieben Monaten – zweieinhalb freie Tage mit Laurent. Außerdem verhinderte es in einem Augenblick, in dem mir diese Gefahr besonders drohte, daß ich mich für das hielt, was ich nicht war, nämlich die Mutter meiner Kinder.

Wir fuhren zu befreundeten Architekten aufs Land. Es war herrliches Wetter, und wir machten mit dem Hund lange Spaziergänge.

Als ich am Sonntagnachmittag um drei Uhr wieder zu den Kindern kam, ließen sie mich spüren, daß sie sich über meine Rückkehr freuten, aber zugleich wütend waren, weil ich sie im Stich gelassen hatte.

35. Kapitel

Magalis Anwesenheit veränderte meine Persönlichkeit sehr stark, insbesondere verlor die Einsamkeit den Reiz, den sie schon immer auf mich ausgeübt hatte. Ich hatte das Alleinsein für romantisch und rücksichtsvoll gehalten, ohne zu erkennen, daß es mir schwerfiel, positive Bindungen zu meiner Umgebung zu finden. In den ersten sechs Wochen nach Magalis Ankunft gaben mir drei Ereignisse in dieser Hinsicht sehr zu denken.

Das erste trat nach höchstens zehn Tagen ein. Ich hatte meine ganze Zeit mit Magali verbracht. Ich hatte sie im Unterricht besucht, ich war bei ihr geblieben, wenn sie nicht zum Unterricht gehen wollte,

ich hatte mich während meiner Schicht um sie gekümmert, und wenn Katherine Dienst hatte, war ich gekommen, um mich mir ihr zu unterhalten oder um sie eine Weile aus dem Schlafsaal herauszuholen. In meinen wenigen freien Stunden hatte ich in der Stadt nach kleinen Geschenken für sie gesucht. Unter anderem brachte ich ihr einen Steingutseidel mit einem Figürchen darauf mit, zum einen, weil das Figürchen ihr glich, und zum andern, weil sie für ihren ungeheuren Limonadenkonsum ein eigenes Trinkgefäß haben sollte. Merkwürdigerweise wurden diese Geschenke später für sie sehr wichtig, wenngleich sie ihr zuerst kaum Freude machten. An jenem Tag also packte mich der unbezwingliche Wunsch, auch einmal wieder mit meinen anderen Kindern zu reden. Magali genügte mir nicht; ich mußte eine Zeitlang mit einem anderen Mädchen zusammensein. Deshalb ließ ich vier Kinder im Gemeinschaftsraum und ging zu Judith, die sich in ihrem Badezimmer die Haare einlegte.
Wir plauderten etwa zwanzig Minuten lang. Es war unser erstes echtes Gespräch seit Magalis Ankunft. Judith erzählte mir, was ihr in diesen Tagen durch den Kopf gegangen war. Plötzlich klopfte Maud an die Tür und schaute herein.
»Entschuldigt bitte«, sagte sie. »Wo ist Magali?«
Ich eilte hinaus. Der Gemeinschaftsraum war leer. Sarah las laut in ihrem Zimmer, Nelly ließ in ihrem Bad das Wasser laufen. Sie hörte nicht einmal, was ich durch die Tür rief, und darüber ärgerte ich mich. Ich bat alle Kinder, ihre jeweiligen Höhlen zu verlassen und im Gemeinschaftsraum auf mich zu warten. In einem so sorgenvollen Augenblick durfte sich keines absondern. Im Erdgeschoß traf ich Steve.
»Magali ist verschwunden«, sagte ich. »Ich kann nicht von den Kindern weg, weil Katherine nicht im Unit ist.«
»Suche Magali im Haus«, entgegnete Steve. »Ich organisiere alles andere. Seit wann ist sie weg?«
»Seit höchstens fünf Minuten.«
Wenig später waren alle Erzieher, Lehrer und Therapeuten, die frei hatten, zu Fuß oder mit dem Wagen unterwegs und suchten Magali in der näheren Umgebung. Ich selbst lief durch den Clubraum in die Aula und in Davids Klassenzimmer, denn dorthin hatte sich Magali möglicherweise geflüchtet. Die Räume waren leer. Als ich in entgegengesetzter Richtung den Clubraum durchquerte, sah ich sie plötz-

lich. Sie kniete im Halbdunkel auf der Bank am Fenster und schaute auf die Straße hinaus.
»Magali! . . . Ich habe dich so gesucht! . . .«
Erstaunt blickte sie mich an.
»Bist du denn deshalb gerade hier vorbeigerast, weil du mich gesucht hast?«
»Warst du hier? Ich habe dich nicht gesehen!« Ich lachte vor Erleichterung. »Aber hör mal, konntest du mir nicht sagen, wo du hingehen wolltest?«
»Nee. Ich hatte die Nase voll. Und da stand ich auf und haute ab.«
So war das also. Sie war einfach aufgestanden und abgehauen. Sie hatte die Nase voll.
In diesem Augenblick kam Steve herein.
»Sie war hier«, sagte ich.
»Geh mit Geneviève in den Schlafsaal hinauf. Dort, wo Leute sind, die sich um dich kümmern und dir helfen können, ist es dir wohler«, sagte er zu Magali, und zu mir gewandt setzte er hinzu:
»War sie denn eigentlich oben ganz allein?«
»Sie war mit Sarah, Nelly und Maud zusammen, und ich unterhielt mich mit Judith.«
Die Kinder atmeten auf, als wir eintraten. Auf drei von ihnen war ich wütend.
»Ich begreife euch nicht«, fuhr ich sie an. »Ich kann euer Verhalten einfach nicht verstehen. Sobald ich euch den Rücken kehre, sondert ihr euch ab. Du, Maud, hast es im Verlauf von dreizehn Jahren nicht fertiggebracht, auch nur eine einzige Freundin zu gewinnen. In einem Jahr lebst du im Studentenheim mit jungen Leuten deines Alters. Hast du die Absicht, sie zu meiden? Willst du dich dein ganzes Leben lang in dich zurückziehen? Und du, Nelly, willst du vielleicht dein ganzes Leben lang in deinem Bad das Wasser laufen lassen? Wirst du dich niemals bemühen, dich an andere anzuschließen? Und du, Sarah, glaubst du immer noch, wenn du dich in deine Bücher vergräbst, könntest du alle vernichten, die dich stören? Im Zusammenhang mit deiner kleinen Schwester hat es auch nicht funktioniert! Manchmal habe ich euch richtig über. Ihr ändert euch nicht. Man könnte meinen, euer größter Ehrgeiz sei es, euer ganzes Leben lang psychotisch zu bleiben. Ihr meint, ihr würdet die anderen zerstören, und ihr seht nicht ein, daß ihr nur euch selbst vernichtet.«

Ich schäumte vor Zorn. Katherine kam herein; jemand hatte ihr soeben mitgeteilt, was vorgefallen war. Sie ging zu Magali, die auf ihrem Bett lag, und blieb bei ihr, während ich weiterschimpfte. Doch hinter meiner Wut lauerte eine dumpfe Beunruhigung darüber, was ich getan hatte, daß Magali aus dem Schlafsaal davongelaufen war. Mehrere Bilder traten mir vor Augen: die Übermüdung, die mich veranlaßt hatte, diesen Tag nicht ausschließlich mit Magali zu verbringen; die Tatsache, daß sie nicht aus der Schule entwichen, sondern nur in den Clubraum geflohen war; ihre überraschten, aber freudestrahlenden Blicke, als sie mich fragte: »Bist du denn deshalb gerade hier vorbeigerast, weil du mich gesucht hast?«

Was zwischen Magali und mir vorgegangen war, ehe sie sich davongestohlen hatte, war mir nicht ganz klar. Aber eines stand fest: Sie wollte, daß ich sie wiederfand, und zwar rasch; denn sie hatte sich nicht einmal die Mühe gemacht, sich zu verstecken. In diesem Zusammenhang sei daran erinnert, daß sich die Türen zur Straße von innen mühelos öffnen ließen. Sicher hatte sie mich auf die Probe stellen wollen. Oder sie hatte mich dahin nachziehen wollen, wo sie selbst gern sein wollte.

Nach diesem Vorfall ging ich während der Schicht sehr oft mit Magali in den Clubraum oder ins Wohnzimmer hinunter. Wenn ich abends noch etwas zu essen holte, begleitete sie mich in die Küche, und gemeinsam stöberten wir im Kühlschrank und machten anschließend einen Abstecher in den Clubraum, wo wir Musik hörten. Wir kehrten also auf Umwegen einem ihr gemäßen Rhythmus folgend in den Schlafsaal zurück. Ich glaube, einen Teil dessen, was sie mit ihrem Davonlaufen sagen wollte, hatte ich richtig verstanden: Ich sollte ihr dorthin folgen, wo sie hingehen wollte, statt sie zu zwingen, sich an den Orten aufzuhalten, die mir für unser Zusammensein am geeignetsten erschienen. Hinsichtlich des Alleinseins war ich mir aber nicht im klaren, ob Magali mich ständig bei sich haben wollte und fortgelaufen war, weil ich sie zum ersten Mal seit ihrer Ankunft alleingelassen hatte, oder ob sie im Clubraum für sich sein wollte, wie sie es zu ihrem Leidwesen in der Schule nicht sein konnte. Einer Freundin hatte sie geschrieben: »Sie folgen mir praktisch bis aufs Klo.«

In der folgenden Zeit vergingen die Tage sehr ähnlich und hingen natürlich von Magalis Stimmungen ab. Manchmal fühlte sie sich bei irgendeiner Tätigkeit wohl, und ich entspannte mich. Dann plötzlich war es, als verliere sie den Boden unter den Füßen: Ihr Gesicht verlor jeden Ausdruck, sie blickte starr ins Leere, ihre Wangen fielen ein. Man sah, daß sie litt; dabei klagte sie, sie empfinde überhaupt nichts. »Ich fühle mich leer«, sagte sie. Meist entgegnete ich nichts, doch manchmal äußerte ich vorsichtig, es sei vielleicht gerade dieses Gefühl der inneren Leere, dem sie schon immer zu entrinnen versuche und das sie bis zur Erschöpfung fliehe. Es war aber noch zu früh, als daß ich sonst etwas hätte anfügen können. Gelegentlich vermutete ich auch, es verhalte sich umgekehrt, und sie begebe sich auf die Flucht, um die Leere zu schaffen.

Eines Abends herrschte sie mich an, ich solle sie alleinlassen. Sie war früh zu Bett gegangen, und ich unterhielt mich mit Maud in deren Zimmer, als Bettelheim eintrat. Ich hörte, wie er zu Magali ging.

»Nun«, sagte er, »wie geht es dir?«

»Hundeelend«, erwiderte sie mit müder Stimme.

»Es ist hart«, fuhr der Professor fort. »Aber in einem halben Jahr wird es dir besser gehen.«

Nebenbei bemerkt: Magali brauchte tatsächlich sechs Monate, bis sie im tiefsten Herzen begriffen hatte, warum sie in der Schule war, bis sie gewisse Züge meines Charakters übernommen und sich die allgemeinen Grundsätze zu eigen gemacht hatte, die Katherine und ich in ihren Augen vertraten und die in der Atmosphäre der ganzen Schule zum Ausdruck kamen. Aus diesem Grund konnte sie sieben Monate nach ihrer Ankunft einen Tag bei ihren Eltern verbringen und aus diesem Besuch Nutzen ziehen.

Doch zurück zu Bettelheims abendlicher Runde: Nachdem er wie gewöhnlich jedem Kind gute Nacht gesagt hatte, verließ er auf knirschenden Kreppsohlen den Schlafsaal. Eine Stunde später war ich frei und ging zum Tee hinunter. Katherine unterhielt sich mit dem Professor, und ich setzte mich neben sie mit dem sicheren Gefühl, daß mir eine Zurechtweisung bevorstand.

»Warum haben Sie Magali am Abend alleingelassen?«

»Sie hatte mich ausdrücklich gebeten, ich solle sie alleinlassen«, antwortete ich und warf Bettelheim rasch einen scharfen Blick zu.

»Warum?« wiederholte er.

Ich schaute zu ihm auf, doch bald ließ ich meine Augen verlegen zu Katherine hinüberschweifen, die eine Miene tödlicher Langeweile

aufgesetzt hatte. Ich beneidete sie darum, daß sie ihre Distanziertheit so offen zur Schau tragen konnte. Erneut wandte ich mich Bettelheim zu:
»Jeder hat zuweilen das Bedürfnis, sich zurückzuziehen! Ich finde es gesund und natürlich, daß Magali manchmal versucht, mich loszuwerden, um für sich allein zu sein.«
Ich war so erregt, daß ich laut wurde. Bettelheim schüttelte den Kopf.
»Jeder ist lieber allein als in schlechter Gesellschaft; das ist tatsächlich gesund und natürlich. Aber niemand zieht die Einsamkeit einer angenehmen Gesellschaft vor.«
Diesen Vorwurf einzustecken, war schwer. Ich fühlte mich verletzt und schwieg. Als Bettelheim nach Hause gegangen war, machten Katherine und ich die üblichen Scherze und redeten über den Professor. Dann holte Laurent mich ab, und im Wagen erzählte ich ihm, was sich ereignet hatte. Die Sache beschäftigte mich noch beim Zubettgehen und ebenso am andern Tag, als ich in der klaren, lauen Morgenluft am See entlangfuhr. Jetzt im Juni wurde es nach zehn Uhr schon heiß, bis zu 30 oder 35 Grad. Ich zählte im Geist die Leute auf, in deren Gesellschaft ich mich wohlfühlte, und obwohl es nicht alles enge, nahe Freunde waren, sondern auch einfach Bekannte, konnte ich mir tatsächlich nicht vorstellen, daß mir das Alleinsein lieber wäre als das Zusammensein mit ihnen – es sei denn, ihre Einstellung zu mir hätte sich geändert. Von da aus war es nur ein kleiner Schritt bis zu der Erkenntnis, daß Magali bei mir ab und zu eine negative Einstellung empfand, die mir selbst nicht immer bewußt war. Das Problem lag nicht in dem Bestreben, Magali gegenüber eine ständig positive Haltung einzunehmen. Das wäre mir nie gelungen, und es wäre auf jeden Fall künstlich und verkrampft gewesen. Meine Aufgabe war es vielmehr, mir selbst meine Gefühle ins Bewußtsein zu heben, um Magali meine Gesellschaft nicht aufzudrängen, wenn ich mehr aus Pflichttreue als aus echter Neigung mit ihr zusammensein wollte. Mir selbst konnte ich etwas vormachen, aber Magali ließ sich nicht täuschen.
Leider mußte sich noch ein Vorfall ereignen, bis ich diesen Prozeß völlig begriffen hatte.
Die ersten Julitage waren für mich eine schwierige Zeit. Laurent war wie geplant nach Frankreich abgereist, und ich war mit einigen Kleidern und persönlichen Dingen, darunter auch meinem Plattenspieler,

in die Schule übergesiedelt. Im dritten Stock hatte ich ein hübsches Zimmerchen bekommen. Mary wohnte daneben, das Badezimmer benutzten wir gemeinsam. Zu meiner großen Überraschung standen Blumen auf der Kommode, als ich einzog, und ich hatte mich sehr darüber gefreut. Julie war die Geberin. Am ersten Abend holte mich Mary-Margaret zu einem Film, der in Johns Klassenzimmer vorgeführt wurde. Manchmal machten wir um Mitternacht, nach der Schicht, noch einen Spaziergang am Strand im Norden von Chicago oder setzten uns auf die Strandmauer und unterhielten uns lange. Morgens brauchte ich nicht mehr früh aufzustehen, denn im neuen Vierteljahr hatte Katherine den Weckdienst.

In vieler Beziehung führte ich also ein schönes Leben im Kreis zuverlässiger, warmherziger Freunde. Auch Katherine sah ich öfter als sonst, nur konnten wir abends nie gemeinsam ausgehen, denn wenn ich frei hatte, war sie im Dienst. Trotz allem aber hatte Laurents Abreise mein Leben äußerlich und innerlich mehr aus dem Gleichgewicht gebracht, als ich angenommen hatte. Bettelheim war vor wenigen Tagen gegangen, Steves Urlaub stand bevor, und ich fühlte mich verlassen. Manchmal fragte ich mich, was ich eigentlich hier zu suchen hatte.

Von einer ihrer besten Freundinnen erhielt Magali einen Brief, auf den sie schon lange wartete. Die Freundin erzählte, sie sei vor kurzem in ein Rehabilitationszentrum für jugendliche Delinquenten gekommen, wo sie reiten dürfe und viel Zeit im Freien verbringe; das Aufsichtspersonal trinke mit den Jugendlichen Wein und rauche mit ihnen Haschisch.

Es war Dienstag; Baden stand auf dem Programm. Magali ging gewöhnlich nicht mit uns in die Badeanstalt, sondern blieb allein im Schlafsaal zurück. Katherine leistete ihr oft Gesellschaft, und wenn sie keine Zeit hatte, sorgte sie dafür, daß andere Mitarbeiter hereinschauten und nachsahen, daß es Magali an nichts fehlte. Sie unterhielten sich auch mit Magali, wenn sie dazu Lust bezeigte. Es war mir nicht recht, daß ich Magali einen Brief, der sie zweifellos stark beeindrucken würde, übergeben und sofort danach mit den anderen Kindern in die Badeanstalt gehen mußte. Es blieb mir aber nichts anderes übrig.

Magali reagierte sofort: Sie war neidisch auf die Freundin und empört, daß sie selbst so altmodischen Erzieherinnen wie Katherine und mir ausgeliefert war. Ich saß auf ihrem Bett und sagte nicht viel. Ich hätte nur tauben Ohren gepredigt. Deshalb fragte ich nur in erstauntem Ton: »Wirklich? Würde dir das gefallen? Möchtest du, daß ich dir eine Flasche Rotwein bringe und daß wir zusammen Haschisch rauchen?«

Es wurde Zeit, wir mußten gehen. Wie immer war dafür gesorgt, daß Magali nicht zu lange allein blieb, und ich hatte ihr gesagt, wer während unserer Abwesenheit zu ihr kommen würde. Um dreiviertel fünf Uhr kehrten wir zurück. Magali war nicht in ihrem Zimmer. Judith öffnete die Badezimmertür und rief mich. Magali saß auf dem Boden. Judith zog sich zurück. Ich kniete neben Magali nieder und fragte:

»Was ist los?«

»Ich hab was Idiotisches gemacht . . .«

Sie zeigte mir ihr Handgelenk – sie hatte sich einen nicht sehr tiefen Schnitt zugefügt. Ich legte ihr den Arm um die Schultern.

»Das tut sicher weh! . . . Warte, wir müssen das gut desinfizieren . . .«

Ich überlegte kurz. Bald war Abendessenszeit. Wir mußten . . . Ich wußte nicht, was tun. Die Kinder im Gemeinschaftsraum waren still.

»Komm, leg dich auf dein Bett«, sagte ich schließlich. »Ich hole Steve.«

Steve nahm Magali ins Krankenzimmer mit und reinigte die Wunde. Er schlug mir vor, bei Magali zu bleiben, während er mit den anderen Mädchen zum Essen gehen wollte. Katherine wurde verständigt und kümmerte sich ebenfalls um die Kinder.

Magali hatte den Deckel einer kleinen Kunststoffdose zerbrochen, damit sie eine scharfe Kante hatte, um sich zu schneiden. In der Dose war ein winziges Stoffäffchen gewesen, ein Geschenk von mir. Das rief ich ihr in Erinnerung.

Sie schien selbst nicht genau zu wissen, warum sie sich verletzen wollte. Wie aber ihr Davonlaufen in den Clubraum nur eine symbolische Flucht, eine Warnung gewesen war, so war auch diese Tat nur ein symbolischer Selbstmord, eine Warnung. Aus beiden Handlungen sprach der Wunsch nach engeren Beziehungen zu mir und nicht das Verlangen, eine tiefe Bindung zu meiden.

Zuerst suchte ich einen logischen Zusammenhang zwischen dem Brief, den ich Magali übergeben hatte, und der darauffolgenden Selbstverletzung, kam aber zu keinem Schluß. Allmählich wurde mir klar, daß Magali mit ihrem Verhalten die Frage beantwortet hatte, die ich mir mehr oder weniger bewußt stellte: »Warum bin ich eigentlich noch hier?« Magali hatte prompt wie immer auf meine untergründige Stimmung reagiert und ihre Verzweiflung darüber, daß ich sie verlassen hatte, zum Ausdruck gebracht. Es war wie eine Offenbarung für mich, denn ich hatte nur die greifbaren Tatsachen gesehen: Ich war bei meinen Kindern geblieben und hatte meinen Mann allein nach Frankreich reisen lassen. In der Tiefe aber hatte ich meine Kinder im Stich gelassen und meinen Mann in die Ferien begleitet.

36. Kapitel

Doch nun zurück zu den Ereignissen im Juni. An seinem letzten Tag versammelte Bettelheim die Kinder im Spielzimmer und teilte ihnen mit, er werde für viele Monate nach Kalifornien reisen und sein Haus an Freunde vermieten; sie sollten sich daher nicht wundern, wenn sie seinen Hund beim Haus sehen würden, und sie sollten keine voreiligen Schlüsse daraus ziehen. Er verlasse die Schule endgültig.

Zuletzt ermahnte er die Kinder, sich niemals auf ihn zu berufen und nicht seine Person zwischen sich und die verbleibenden Mitarbeiter zu schieben. Dieser Rat wurde beherzigt, wenigstens in meinem Schlafsaal; keines meiner Kinder sagte jemals: »Wenn Dr. B. noch hier wäre . . .« oder ähnliches.

Danach gingen die Kinder in ihre Schlafsäle. Bettelheim verabschiedete sich von jedem Kind, ohne Hast, aber auch ohne sehr lange zu verweilen. Dabei machte er nicht viele Worte; was in den achtundzwanzig Jahren des Bestehens der Orthogenischen Schule nicht ausgesprochen worden war, brauchte in dieser letzten Minute nicht erwähnt zu werden.

Ich hatte frei und wartete mit den andern im Mitarbeiterzimmer. Bettelheim rief uns einzeln in sein Büro. Mich fragte er nach meinen Plänen. Ich sagte ihm, ich wolle im nächsten Jahr nach Frankreich zurückkehren, und bat ihn um Rat, was ich dort anfangen sollte.

»Die Situation in Frankreich ist mir nicht genau bekannt«, entgegnete er. »Auf jeden Fall sollten Sie mit Dr. Lebovici Verbindung aufnehmen.«

Dann sagte er, er freue sich, mich kennengelernt zu haben. Seine Frage, ob ich in der Schule das gefunden hätte, was ich suchte, bejahte ich ohne Vorbehalt.

»Also dann – auf Wiedersehen, Geneviève, und alles Gute!«

Lächelnd verließ ich sein Büro. Dabei dachte ich an die flüchtigen, aber bedeutsamen Augenblicke, in denen der Professor freundliche Worte für mich gefunden hatte. Eines Abends nach der Vorlesung; später einmal hatte er vor versammelter Mannschaft erklärt, er mache sich keine Sorgen um das Unit, das gute Mitarbeiter habe, und dann einmal nach einem Gespräch über Magali, das ich selbst heraufbeschworen hatte.

Es war noch zu der Zeit, als Magali sich mit Keksen und Limonade vollstopfte und mich zugleich anflehte, ich solle sie auf Diät setzen. Man konnte förmlich zusehen, wie sie dicker wurde. Ich selbst wog zehn oder fünfzehn Kilo mehr als gewöhnlich und war niedergeschlagen.

»Also, was ist«, sagte Bettelheim, als er mich weinen sah, »sprechen wir von dem Kind oder von seiner Erzieherin?«

»Das ist das gleiche«, erwiderte ich. »Wenn ich wüßte, wie ich mich meiner eigenen Unförmigkeit und Eßgier gegenüber verhalten sollte, würde mir Magali diese Schwierigkeit nicht bereiten.«

Das Gespräch wechselte von mir zu Magali und von Magali zu mir. Ich weinte unaufhaltsam; ich war unsagbar erschöpft. Die Schichten waren nicht daran schuld, auch nicht die konzentrierte Arbeit. Diese Erschöpfung reichte weiter zurück.

Am nächsten Tag begegnete ich Bettelheim auf der Treppe. Er hielt mich an und legte mir die Hand auf die Schulter. Ich blickte ihn kurz an und schlug die Augen nieder.

»Nun«, sagte er sanft, »warum weinen Sie denn die ganze Zeit?«

»Ich weiß es nicht!« antwortete ich, während mir schon wieder die Tränen in die Augen stiegen.

»Ist es der Druck all der Jahre?«

»Ja«, stammelte ich, »der Druck oder die Niedergedrücktheit all der Jahre ...«

»So ist das für die Mitarbeiter wie für die Kinder, wenn sie die Schule ernst nehmen. Die Vergangenheit kehrt zurück.«

Ich zuckte die Schultern und lief davon. Tatsächlich empfand ich aber trotz meiner unüberwindlichen Müdigkeit und Trauer zum ersten Mal in meinem Leben eine tiefe Kontinuität zwischen dem Kind, das ich gewesen war, und der jungen Frau, die ich jetzt war.
Solchen Erinnerungen hing ich nach, als ich aus Bettelheims Büro trat. Sie gaben mir die Überzeugung, daß er mich schätzte, und vor allem, daß ich die Chance, ihn kennenzulernen, genutzt hatte.
Bettelheim hatte sich entschieden gegen ein Abschiedsfest gewehrt. »Das wäre zu schmerzlich für mich«, hatte er gesagt. Wir setzten uns jedoch darüber hinweg und bereiteten in größter Heimlichkeit eine kleine Party vor. Dazu besorgten wir eine große Flasche Sekt und das Gebäck, das er am liebsten mochte. Florence und Margaret kannten seine Frau und weihten sie in unsere Pläne ein. Sie versprach, unter einem ausgeklügelten Vorwand dafür zu sorgen, daß der Professor abends um elf Uhr noch einmal in die Schule kam. Wir saßen alle auf dem Boden im Empfangszimmer mit den polierten Möbeln, dem großen Puppenhaus, dem Schaukelpferd und dem geschnitzten Thron. Den bequemen blauen Sessel hatten wir frei gelassen.
Um elf Uhr drehte sich der Schlüssel im Schloß. Bettelheim kam herein. Er machte ein paar Schritte, und als er uns versammelt sah, blieb er überrascht stehen. Er lächelte, äußerte einige vorwurfsvolle Worte und setzte sich uns gegenüber. Das verlegene Schweigen brach er selbst:
»Und was machen wir jetzt?«
Alle lachten, die Spannung wich, und wir tranken den Sekt.
Es herrschte weder gezwungene Heiterkeit noch falsche Trauer. Im Grunde waren wir sogar erleichtert, daß das Warten auf diesen Augenblick und die Furcht davor endlich aufhörten.
Bettelheim hatte seine letzten Ermahnungen an die Kinder für sein letztes Zusammensein mit ihnen aufgehoben. Genauso machte er es mit uns, und ich schloß daraus, daß er trotz allem eine kleine Abschiedsfeier erhofft hatte.
Seinen Rat erteilte er uns wie so oft in Form einer kurzen Geschichte, dieses Mal der Geschichte von König Salomo und seinem Urteil. Zwei Frauen kommen mit einem Kind zu Salomo, und jede behauptet, die Mutter des Kindes zu sein. Um gerecht zu erscheinen, in Wirklichkeit aber, um die Wahrheit zu entdecken, befiehlt Salomo,

das Kind zu zerteilen und jeder Frau die Hälfte zu geben. Die eine Frau schreit auf und ruft, dann solle man lieber das ganze Kind der anderen Frau überlassen. Sie ist die Mutter.
Der Sinn dieser Geschichte war klar.
Wir taten uns an Sekt und Gebäck gütlich, Bert sprach ein paar Worte, Erinnerungen an die gute alte Zeit wurden ausgetauscht, und schließlich stand Bettelheim auf, bedankte sich für das Fest und verabschiedete sich. Er setzte hinzu, er werde am nächsten Tag noch einmal in die Schule kommen, um sein Büro vollends zu räumen, und er wünsche bei dieser schmerzlichen Arbeit von niemandem gestört zu werden. Dann fragte er, ob jemand so freundlich sei, ihn nach Hause zu fahren. Laurent war eben eingetroffen; wir hätten ihn ohne weiteres mitnehmen können, aber ich meldete mich nicht, weil ich dachte, daß dienstältere Mitarbeiter ihm sicher gern diese Gefälligkeit erweisen würden. Schließlich unterzog sich Hank dieser kleinen Mühe, und das war auch gut, obwohl er der Erzieher war, der zuletzt an die Schule gekommen war und mit ihr noch am wenigsten verbunden war.
Einen kurzen Überblick über die Veränderungen im Schulbetrieb während des darauffolgenden Jahres halte ich für unerläßlich.
Die pyramidenförmige Struktur verschwand. Im Gegensatz zu denkbaren Mutmaßungen vermochten die Mitarbeiter, die die engsten Bindungen zu Bettelheim hatten, den Schock seines Weggangs am besten zu überwinden, denn sie hatten so großen Gewinn aus dem Zusammensein mit dem Professor gezogen, daß sie auch die Kraft besaßen, ihren Weg allein fortzusetzen. Die anderen durchlebten Zeiten der Entmutigung, und viele von ihnen hätten ab und zu am liebsten alles aufgegeben. Das gleiche galt für die Kinder. Aber niemand gab auf. Jeder paßte sich seinem Wesen entsprechend an die neue Lage an. Das Vertrauen und die Hochachtung, die ich für Bettelheim empfunden hatte, übertrug ich nun auf andere, zum Beispiel auf Florence, und an sie wandte ich mich nunmehr um Rat. Ihren Worten bei den Mitarbeiterkonferenzen lauschte ich mit der gleichen Aufmerksamkeit, die ich vorher Bettelheims Reden geschenkt hatte.
Wir übertrugen aber nicht nur unser Vertrauen von einer Person auf eine andere, sondern wir entwickelten auch größeres Selbstvertrauen. Nach Bettelheims Weggang zeigte ich mehr Initiative, und erst dann konnte ich das, was ich von ihm gelernt hatte, mit meinen natürli-

chen Neigungen verschmelzen. In dem vergangenen Jahr hatte ich mich bemüht, mich in die Schule einzugliedern, und in dem darauffolgenden Jahr wurde ich mehr ich selbst, als ich es je gewesen war. Zweifellos hätte ich mich ebenso entfaltet, wenn Bettelheim dageblieben wäre, aber die Dringlichkeit hätte sich wohl weniger deutlich bemerkbar gemacht. Was ich auf der einen Seite verlor, gewann ich also auf der anderen wieder. Ich möchte aber betonen, daß dies meine persönliche Reaktion war und nicht verallgemeinert werden darf.

Die Beziehungen zwischen den Kindern und ihren Erziehern änderten sich nicht. Mit gleichem Kummer empfanden wir die Lücke, doch ich beobachtete bei den Kindern kein Nachlassen ihres Vertrauens zur Schule und zu den Personen, die die Schule vertraten. Wie jedes Ereignis, so hatte auch Bettelheims Ausscheiden für die einzelnen Kinder verschiedene Bedeutung, je nachdem, welche Erinnerungen in ihnen wachgerufen wurden. Unsere Aufgabe war es, ihnen beim Entwirren ihrer Gefühle beizustehen. Wir hofften, diese schwierige Zeit werde ihnen zu tieferem Selbstverständnis und zu größerer Selbstbeherrschung verhelfen und den Zusammenhalt, die Dynamik und Kreativität ihrer Wesensstruktur verstärken.

Nur auf der Ebene der Schulleitung ergaben sich Übergangsschwierigkeiten. Es dauerte nach Bettelheims Ausscheiden etwas über ein Jahr, bis diese behoben waren. Das ist eine kurze Zeit.

Bettelheim hatte stets darüber gewacht, daß die Schule flexibel blieb und sich auf jeden Neuankömmling einzustellen vermochte; nun erwies sie sich fähig, sich auch der neuen Situation nach dem Weggang ihres Gründers anzupassen.

37. Kapitel

Normalerweise war Jane, die Erzieherin der Biber, für den Schrank mit den Leckereien verantwortlich. Kurz ehe sie in Ferien fuhr, bat ich sie, mir während ihrer Abwesenheit dieses Amt anzuvertrauen. Nicht ohne Rührung denke ich an die vier Wochen zurück, in denen ich für diese guten Dinge sorgte.

Ich weiß es nicht mehr genau, aber ich glaube, mittwochs wurde die Bestellung aufgegeben. Jedenfalls wartete ich jeweils ungeduldig auf diesen Tag. Ich hatte eine Liste von acht Seiten oder vielmehr zwei Listen von je vier Seiten in der Hand. Auf der ersten, meiner Lieblingsliste, waren die Süßigkeiten aufgeführt, auf der zweiten standen die salzigen und süßen Keks. Diese Liste lag mir weniger am Herzen, obwohl sie natürlich auch wichtig war, denn Magali verspeiste die Keks dutzendweise, und Maud hatte eine Vorliebe für Schmelzkäse, den man auch auf dieser Liste bestellte und von dem sie sich stets einen Vorrat hielt, um etwas in die Universität mitzunehmen.
Ich holte mir also die Trittleiter, stellte sie vor den Schrank und setzte mich auf die oberste Stufe, um die Leckereien für die ganze Woche auszusuchen. Mit dem Kaugummi fing ich an. Es gab ihn mit Pfefferminz-, Frucht- und Zimtgeschmack, mit farbigen Streifen und mit Zuckerglasur – im ganzen fünfzehn oder zwanzig Sorten. Ich schaute nach, wieviel noch im Schrank war, und bestellte das Fehlende. Dann kamen die sauren Drops in Päckchen zu fünfzehn Stück. Am liebsten mochte ich die, die nach tropischen Früchten schmeckten. Davon waren nie genug da, und jede Woche verdoppelte ich die Bestellung. Dann die großen roten, grünen oder dunkelblauen, sauren Lutscher, die man in Frankreich nicht kennt; Judith und ich konsumierten sie in geradezu industriellen Mengen. Wir brauchten auch viel Schokolade: Milchschokolade von Nestlé, »Crunch« für Nelly, und für Sarah »Kisses« (zu deutsch: »Küsse«!). Anschließend kamen all die anderen Süßigkeiten an die Reihe, die im Munde zergehen und dem Gaumen schmeicheln: »Nuts«, »Mars«, »Milk-Shakes«, dazu die Karamelstangen mit Schokoladeüberzug, die Katherine und Maud lieber mochten als saure Bonbons. Maud lag mir auch stets in den Ohren, ich solle nicht vergessen, »100 000 Dollar« zu bestellen; das waren Erdnüsse mit Schokoladeglasur. Einmal wollte ich etwas Neues einführen. Ich ließ mich vom Namen verlocken und bestellte Bonbons, die ich nicht kannte. Sie wurden geliefert und schmeckten hervorragend, aber leider hatten sie die Form von schwarzen Männchen oder sogar schwarzen Kindern. Ich hätte es mir denken können; sie hießen nämlich »Sugar Babies«. Da hatte ich nun eine Ladung von zweihundert Babies und konnte sie nicht austeilen, denn sie hätten bei unseren Kindern kannibalische Wahnvorstellungen wecken können. Ich bestellte auch die ganze

Auswahl flüssiger Bonbons in Plastiktütchen; man konnte eine Ecke abschneiden und sich den Inhalt in den Mund träufeln, man konnte aber auch das Tütchen ins Gefrierfach legen und später das rote, grüne oder gelbe Eis lutschen. Zuckerwatte war in meinem Schlafsaal nicht sehr gefragt; Maud und Sarah wollten sie ab und zu. Wild darauf aus waren jedoch die Irokesen, die kleinen rundbäuchigen Jungen, die nach jeder Mahlzeit einen Abstecher zum Leckerschrank machten, in Begleitung von Leslie, ihrer Erzieherin. Ich bestellte sogar Süßigkeiten, die ich selbst nicht mochte, zum Beispiel Kaugummi mit Gewürznelkengeschmack oder eine Sorte Kräuterbonbon, die ich von zu Hause nicht kannte.
Wenn ich die Bonbons bestellt hatte, nahm ich die andere Liste vor. Sie interessierte mich aber nicht so sehr, und deshalb trug ich einfach nur die Bestellmengen der vorhergehenden Woche ein, ohne mich wie bei den Süßigkeiten mit den einzelnen Bezeichnungen zu befassen und ohne nach Abwechslung zu streben oder eine neue Marke auszuprobieren – kurz: ohne das genüßliche Gefühl, das mich beim Ausfüllen der ersten Liste überkam.
Rein mechanisch bestellte ich, was die Kinder gern mochten: Salzige Keks, Chips, sonstiges Salzgebäck, sämtliche Kekssorten, Schmelzkäse, Erdnüsse und das Köstlichste von allem: geröstete und gesalzene Sonnenblumenkerne. Ich war darauf so versessen, daß mir ein Freund einmal eine Schachtel mit fünfzig Beuteln ins Fach legte.
Die Lieferung kam zwei Tage nach der Bestellung, und ich packte die Kisten aus und räumte die Sachen in den Schrank. Das mußte sofort geschehen, und zwar aus zwei Gründen: Zum einen sollte in der Schule stets Ordnung herrschen, und die vier oder fünf im Flur aufeinandergestapelten Kisten wirkten unordentlich; zum anderen sind die Kinder ungeduldig und können ihre Gelüste nur schwer bezähmen. Anders ausgedrückt: Sobald sie die Kisten mit den Leckereien sehen, stürzen sie sich darauf und verstreuen alles auf dem Boden. Wenn man sie daran hindert, übt man einen ungerechtfertigten Druck auf sie aus. Das gilt natürlich für die jüngeren und kränkeren Kinder; Kinder wie Maud, die im Endstadium der Behandlung stehen, sind gewappnet, um eine Frustration dieser Art zu ertragen; von ihnen verlangt man größere Selbstbeherrschung.
Sobald daher die Kisten angeliefert wurden, machte ich mich ans Auspacken. Ich bemühte mich, alles hübsch appetitlich anzuordnen,

und stellte die Süßigkeiten, die bei den kleineren Kindern am beliebtesten waren, in die untersten Fächer.
Von allen Aufgaben, die man mir hätte übertragen können, war mir diese am gemäßesten. Sie bereitete mir großes Vergnügen. Ich wäre zum Beispiel unfähig gewesen, die Pflichten von Sandy, der Erzieherin der Hopi, zu übernehmen: Sie leitete die Küche und machte den Speisezettel für die drei Mahlzeiten am Tag. Meine Ambivalenz gegenüber der Nahrung hätte mich gelähmt, wenn ich im Geist mit derartigen Lebensmitteln hätte umgehen müssen. Das Fleisch, das Gemüse, die Milch, die Torten, das Obst, die Konserven, die Tiefkühlkost, das Brot, die Getränke, die man brauchte, um für fünfzig Kinder, zwanzig Erzieher, zehn Lehrer und Psychotherapeuten, für Köchinnen, Küchenhilfen, Putzfrauen täglich ein Essen auf den Tisch zu stellen – das alles hätte mich verwirrt, und ich kätte kapituliert. Die Bonbons und die Keks konnte ich überblicken. Damit, daß ich sie bestellte, ansah, kostete und einräumte, gewöhnte ich mich an sie, und ganz allmählich verschwand mein Schuldgefühl wegen meiner Naschhaftigkeit. In aller Stille überwand ich meinen alten Konflikt mit der Nahrung, und ich hörte auf, etwas von ihr zu erwarten, was sie mir nicht geben konnte. Gleichzeitig fühlte ich mich besser befähigt, Kinder wie Judith dazu zu ermutigen, daß sie sich selbst etwas gönnten; dies war ungeheuer wichtig.
Da ich nun im allgemeinen Schulbetrieb eine Aufgabe erfüllte, die sich nicht auf meine Kinder beschränkte, sondern alle anderen betraf, kam ich auch in Verbindung mit Jungen und Mädchen, die ich kaum kannte und mit denen ich sonst nichts zu tun hatte. So sprach mich Alice zum ersten Mal unaufgefordert an und bat mich, für sie »M & M« zu bestellen, eine Sorte Bonbons, die fast ihre einzige Nahrung darstellten. Alice litt unter schwerer Appetitlosigkeit und durchlebte gerade eine so schlimme Phase, daß wir mehrmals daran dachten, sie ins Krankenhaus zu bringen und künstlich ernähren zu lassen. Dieses extreme Beispiel zeigt, daß der Leckereienschrank nicht nur eine Annehmlichkeit des Lebens oder wie in meinem Fall eine Hilfe zur Lösung innerer, aus ferner Vergangenheit stammender Konflikte war, sondern darüber hinaus für manche Kinder geradezu zum Lebensretter wurde. In der Schule gab es nichts, das in seinen Auswirkungen geringfügig gewesen wäre.

38. Kapitel

Schon mehrmals habe ich erwähnt, wie sich Magali von Anfang an bemühte, sich vor sich selbst zu schützen. Nach außen hin verkündete sie zwar lauthals, sie hasse diesen Ort und werde sich niemals eingewöhnen, aber ihre Taten verrieten ihren Wunsch, bei uns zu bleiben. Sie nützte alles aus, was ihr zur Verfügung gestellt wurde, insbesondere die Gesellschaft von Erwachsenen, den wichtigsten Reichtum der Schule. In ihrem ersten Behandlungsjahr riß sie nicht ein einziges Mal aus. Sie selbst wunderte sich am meisten darüber und fragte sich nach dem Grund. Sie zeigte sich auch sehr besorgt um ihre körperliche Gesundheit, während sie doch seit sechzehn Jahren versucht hatte, ihre Gesundheit zu untergraben. So war sie sehr erleichtert, als nach einigen Wochen in der Schule ihre Periode regelmäßig kam, zum ersten Mal seit ihrer Pubertät. Ebenso achtete sie auf ihre Verdauung, und manchmal übertrug sie sogar ihre Besorgnis auf mich. Dabei war es angesichts ihrer Eßgewohnheiten nur natürlich, daß sie häufig unter Verstopfung litt. Dennoch beunruhigte sie das sehr, und als sie mich einmal acht Tage hintereinander anflehte, ich solle »etwas unternehmen«, weil sie nicht ein einziges Mal auf der Toilette gewesen sei, rief ich den Kinderarzt. Er erklärte in Seelenruhe, sie solle eben Pflaumensaft trinken. Also bestellte ich Pflaumensaft, und Magali, maßlos wie immer, trank einen halben Liter auf einmal. Am andern Morgen war sie leichenblaß und bat mich, sie schlafen zu lassen, weil sie die ganze Nacht jede Viertelstunde aufgestanden und aufs WC gegangen sei. Aber sie war beruhigt, weil sich ihre Befürchtung, sie sei unrettbar »verstopft«, nicht bewahrheitet hatte.

Eine weitere Angst war die Furcht vor dem Austrocknen. Sie führte einen gnadenlosen Kampf mit allen Mitarbeitern, die sie ihrer Meinung nach unter Druck setzen mußte, damit sie einen Luftbefeuchter kauften. Katherine, Bert, Steve und ich waren Zielscheiben. Sie behauptete, ihre Schleimhäute seien wie Sandpapier, ihre Haut sei rissig, ihre Haare fielen aus, die Luft sei viel zu trocken, und darunter leide ihre Gesundheit. Schließlich setzte sie sich durch, und wir kauften einen prachtvollen Luftbefeuchter, den sie täglich gewissenhaft füllte. Er verbrauchte viele Liter Wasser, und allmählich be-

teiligten sich alle Siedler am Auffüllen. Ich erinnere mich noch, wie überrascht ich war, als ich die kleine Nelly zum ersten Mal vorsichtig einen Krug Wasser herbeischleppen sah.
Magali sorgte sich um ihre Gesundheit und sagte oft, sie fühle sich nicht wohl. Im Juni nahm ich sie zum Kinderarzt mit. Er nahm verschiedene Untersuchungen vor, darunter auch eine Blutprobe, die sie ungeduldig erwartete, weil sie sie an ihre Heroinspritzen erinnerte. Ich antwortete nichts, als sie mir davon erzählte; denn damals war sie noch weit davon entfernt, den Drogenmißbrauch richtig einzuschätzen. Für sie war die Droge die Ursache und nicht die Folge ihrer Störungen. Am Schluß der Untersuchungen stellte sich heraus, daß Magali Gelbsucht hatte. Sie triumphierte und legte sich für lange Wochen ins Bett.
Ich bewundere heute noch die Intelligenz, mit der Magali ihre Belange regelte. Sie hatte es satt, allein gegen ihr Fluchtverlangen anzukämpfen, und wurde krank. Sie bekam eine Krankheit, die ihr keine Schmerzen bereitete, aber doch ihren Appetit beeinträchtigte, so daß sie zu ihrer Freude wieder abnahm, und die sie immerhin so sehr schwächte, daß sie klagen konnte: »Wenn ich nur nicht krank wäre! Dann würde ich sofort meine Koffer packen!« Außerdem brauchte sie nicht zum Unterricht zu gehen, der ihr zuwider war, obwohl ihr dort keine schulische Tätigkeit aufgegeben wurde, weil sie sich sonst zu lebhaft an die Gymnasien, aus denen sie ausgerissen war, erinnert hätte. Vor allem aber konnte sie jetzt, ohne in ihrer Selbstachtung zu sinken, die Fürsorge genießen, die Sarah und Nelly beanspruchten und die auch Judith auf ihre Weise verlangte, während Magali selbst gemeint hatte, sie wolle gar nicht wie ein Kleinkind versorgt werden. Mit Hilfe der Gelbsucht kombinierte sie geschickt ihr Verlangen nach Fürsorge und ihren legitimen Wunsch, ihre Verteidigungswälle nicht einzureißen. Die Ehre war gerettet, die Gelüste waren gestillt. Hut ab!
Katharine und ich richteten es so ein, daß wir Magali Gesellschaft leisten konnten, solange die anderen Kinder im Unterricht waren. Vor allem aber kauften wir ihr hübsche, leichte und weiche Nachthemden, damit sie sich im Bett wohlfühlte. Täglich brachten wir ihr Zeitungen und Bücher, von denen wir annahmen, daß sie für sie ansprechend waren. Als erstes gab ich ihr ein Jugendbuch, das mir selbst einst sehr gut gefallen hatte, das sie aber zu meiner Über-

raschung als völlig altmodisch bezeichnete; daraus erkannte ich, daß uns doch eine ganze Generation trennte. Ich hatte damals Weckdienst und brachte ihr ein Frühstück »à la carte«: Obstsaft, Toast mit Zucker und Zimt und alle möglichen Teesorten, die ich eigens für sie gekauft hatte. Außerdem holte ich jeden Morgen den riesigen Plattenspieler aus dem Schlafsaal der Jungen und hörte mit ihr Schallplatten. Ich setzte mich am Fußende ihres Bettes auf den Boden und redete nicht viel, sondern ließ sie erzählen, wovon sie träumte und wovon sie gern sprach: ihr Zigeunerleben in Florida, die Morphiumorgien, ihre Beziehungen zu ihrem Freund. Aus ihren Berichten sprach echte Lebensfreude, und ich konnte gut begreifen, daß sie sich danach zurücksehnte. Ich hoffte aber, ihr diese Lebensfreude auf meine Weise ersetzen zu können. Beim Zuhören fertigte ich manchmal kleine Zeichnungen an oder modellierte aus Knetmasse Figuren, die ich anmalte und die sie in einer Schublade aufbewahrte. David besuchte sie, und Katherine löste mich ab. Ich ließ sie von Zeit zu Zeit allein, wenn ich erschöpft war oder wenn ich zur Mitarbeiterkonferenz gehen mußte. Manchmal war ich nur zwanzig Minuten fort, aber das genügte schon, um die Ruhe, die wir bei unseren Gesprächen gewannen, wieder zu zerstören. Zwanzig Minuten Alleinsein waren mehr, als Magali ertragen konnte. Wenn ich wiederkam, war sie bleich, ihr Blick stumpf, ihr Mund halb offen.

Magali hatte in ihrem Gepäck etwa dreißig Schallplatten mitgebracht. Ich muß zu meiner großen Beschämung gestehen, daß ich sie gleich zu Anfang bat, diese Platten nicht zu hören. Ganz zu Recht wurde sie wütend. Mein Verbot erscheint mir heute völlig absurd, und ich weiß nicht mehr genau, aus welchen Gründen ich es aussprach. Magali führte deswegen einen fortgesetzten Kampf mit mir, doch keins ihrer Argumente konnte mich erschüttern, bis sie mir einmal ins Gesicht schrie:

»Zum Donnerwetter! Man könnte ja gerade glauben, die Musik sei deine Rivalin!«

Erschüttert von dieser Anklage brachte ich in der Mitarbeiterkonferenz die Sprache auf dieses Problem. Ich brauchte Hilfe, um meine innere Einstellung zu klären. Am Schluß der Besprechung sagte Bettelheim (es war vor seinem Weggang):

»Die Pop-Musik ist ein Wiegenlied. Beobachten Sie nur die jungen Leute, wie sie sich beim Zuhören wiegen. Magali braucht diese kind-

lichen Befriedigungen, um auf der anderen Seite die Aufgaben einer Erwachsenen zu erfüllen, zum Beispiel mit Ihnen zusammensein und mit Ihnen sprechen. Denken Sie doch an die jungen Leute, die sich beim Klang von Rock'n Roll auf ihre Prüfungen vorbereiten. Die Eltern behaupten, die Musik störe sie beim Arbeiten, und schalten das Radio ab. Dann werden die jungen Leute tatsächlich unfähig, sich aufs Lernen zu konzentrieren. Sie können diese Erwachsenenarbeit nur leisten, wenn man ihnen die kindlichen Freuden, nach denen es sie verlangt, nicht entzieht.«
Dieses Gespräch war wichtig für mich, denn ich hatte auch zu den jungen Leuten gehört, die das Abitur beim Krach der Rolling Stones machten. Nun war ich imstande, Magali guten Gewissens ihren Neigungen folgen zu lassen, mich selbst tiefgreifend zu entkrampfen und mich mit einem Teil meiner Vergangenheit auszusöhnen, dessen ich mich bisher geschämt hatte.

39. Kapitel

Von allen Gruppen der Schule zählte unsere die meisten Neulinge. Maud war seit dreizehn Jahren und Judith seit zwei Jahren da, aber Nelly, Sarah und Magali waren in den vergangenen zwölf Monaten gekommen. Katherine und ich bedauerten diese unausgeglichene Zusammensetzung unserer Gruppe, und als in der Mitarbeiterkonferenz davon die Rede war, Gael in unseren Schlafsaal zu übernehmen, begrüßten wir diese Neuigkeit.
Gael, ein großes Mädchen von achtzehn Jahren, war schon zehn Jahre in der Schule. Sie lebte damals bei den Bibern. Diese Gruppe, in der sehr viel philosophiert und geredet wurde, war für Gael nicht gut geeignet, und es erschien angezeigt, sie zu uns zu holen. Die Siedler hatten den Ruf einer Gruppe, in der eine ernsthafte und doch gelöste Atmosphäre herrschte, in der viel gespielt wurde, in der kindliche Beschäftigungen nicht verachtet wurden und in der das Wort nicht als Allheilmittel galt.
Da Maud mit Erfolg studierte und auch Nancy und vor ihr andere Kinder, die ich nicht mehr kennenlernte, zur Universität gegangen

waren, hatte sich erwiesen, daß dieser Lebensstil wertvolle intellektuelle Tätigkeiten begünstigte und daß die Regression das Wachstum unserer Kinder förderte. Das Unit, in dem die größeren Heranwachsenden in richtigen Wohnungen lebten, genoß ein gewisses Ansehen, und der Übergang vom Schlafsaalgebäude dorthin galt als Beförderung. Aus allen diesen Gründen hielten wir es für gut, daß Gael gerade jetzt, auf ihrer derzeitigen Entwicklungsstufe, zu uns übersiedelte.

Ich kannte sie kaum, und zuerst fand ich sie nicht anziehend, denn ich hatte Angst vor ihren epileptischen Anfällen. Im Lauf einer Woche jedoch eroberte sie mich mit ihrer Offenheit bei der Darstellung ihrer Probleme, mit der Natürlichkeit ihres Lachens, Weinens, Grollens, mit der Bewußtheit ihrer Gefühle und mit der Freude, die sie bezeigte, als sie zu uns kam, wenngleich sie traurig war über den Abschied von ihren bisherigen Erzieherinnen und bedauerte, daß es ihr nicht gelungen war, sich in ihre ehemalige Gruppe einzufügen.

Von allen unseren Kindern war Magali am empörtesten über Gaels Einzug. Sie war außer sich. Die anderen waren auch nicht gerade entzückt, besonders Nelly nicht, die jetzt endlich ihr Zimmer teilen mußte, aber sie konnten Gael gut leiden und empfanden Hochachtung vor ihrem verbissenen Willen zur Genesung.

Wenn ich sagte, Nelly sei nicht entzückt gewesen, so ist das nicht ganz richtig. In Wirklichkeit freute sie sich, mit der Realität konfrontiert zu werden und auszuprobieren, ob sie jetzt imstande war, ihr Zimmer und ihr Bad für eine Kameradin bewohnbar zu machen.

So hatten wir also Ende Juli sechs Kinder, und es waren nur noch wenige Tage, bis Judith, Maud und Gael in die Ferien zu ihren Eltern fuhren. Maud und Gael sollten sechs Wochen fortbleiben; sie würden also in der ersten Septemberwoche zurückkommen. In Judiths Fall hielt man es trotz ihrer Bitten für klüger, sie nur drei Wochen gehen zu lassen. Sarah und Magali durften ihre Eltern überhaupt nicht sehen, und Nelly sollte im August einen Tag bei ihren Eltern verbringen, zum ersten Mal seit ihrem Eintritt in die Schule. Sie wußte noch nichts davon, denn wir hielten uns an die Regel, niemals etwas im voraus anzukündigen, um eine Enttäuschung zu verhüten, falls das Ereignis nicht eintrat, und um den Kindern das Warten zu ersparen, das für jedes Kind schwer, für jugendliche Psychopathen jedoch unerträglich ist. Sich auf die Gegenwart zu konzentrieren, war ein Leitsatz der Schulphilosophie. Ich erinnere mich noch, wie Bettelheim einmal bei einem Gespräch im Spielzimmer zu den Kindern sagte: »Wenn ihr euch von der Vergangenheit beherrschen und von der Angst vor der Zukunft unterdrücken laßt, habt ihr nie eine befriedigende Gegenwart.«

Zur Zeit der sommerlichen Besuche bei den Eltern leerte sich die Schule jedes Jahr um die Hälfte der Kinder und Mitarbeiter. Auch mein Urlaub stand in drei Wochen bevor. Unser Schlafsaal war für drei Kinder zu groß; sie hätten sich nachts darin verloren gefühlt. Deshalb beschlossen wir, uns im Schlafsaal der Biber mit dem einzigen Mädchen dieser Gruppe, das dableiben mußte, zusammenzuschließen. Eine ganz kleine Gruppe von vier Kindern würde also den Sommer gemeinsam verbringen. Mir fehlen die Worte, um Magalis Wut zu schildern, als ich ihr sagte, wir würden für sechs Wochen umziehen. Sie schimpfte und fluchte und warf mir ein Kissen ins Gesicht. Wieder einmal fiel mir ihre Vorsicht auf, denn es gibt kein harmloseres Wurfgeschoß als ein Kissen.

»Also hör mal«, sagte ich, »das ist doch wirklich erstaunlich. Früher konntest du keine Minute an einem Ort aushalten und bist per Anhalter kreuz und quer im Land herumgereist, und jetzt ist es dir schon unerträglich, wenn wir nur vom ersten Stock des Unit ins Erdgeschoß des Schlafsaalgebäudes umsiedeln!«

Magali brauchte tatsächlich unbedingte Stabilität; die kleinste Änderung in ihren Gewohnheiten erschütterte sie zutiefst.

Die Sommerwochen vor meinem Urlaub stehen mir in guter Erinnerung. Die vier Kinder machten nicht viel Arbeit, und die Schichten verliefen reibungslos. In der ganzen Schule herrschte eine völlig gelöste Atmosphäre. Die Kinder und ich legten Kissen auf den Fußboden und unterhielten uns halb liegend, halb sitzend. Die Fenster standen weit offen. Die meiste Zeit ging ich barfuß. Die Schlafsäle hatten einen großen Vorteil gegenüber den Wohnungen im Unit: Es war jeweils nur ein großer Raum, und die Kinder, die nicht mit der Gruppe zusammensein wollten, konnten auf ihren Betten liegenbleiben und von ferne beobachten, was vorging, ohne sich jemals ausgeschlossen zu fühlen. Magali schöpfte diese Möglichkeit voll aus.

In dieser gelockerten Stimmung bat mich Nelly, ich solle sie wie Sarah baden. Ich erinnere mich noch an die heiße Freude, die diese

Bitte tief in meinem Innern hervorrief und die ich nicht zum Ausdruck zu bringen vermochte. Ich schaute Nelly in die Augen und sagte lediglich:
»Das ist mir ein großes Vergnügen.«
Von da an hatten wir viel Spaß miteinander, wenn ich auf dem Rand der Badewanne saß und endlos mit ihr spielte und scherzte. Sie duldete keine Seife auf ihrer Haut, man durfte sie nur mit Wasser besprühen. Die Haare ließ sie sich aber gern waschen, und das tat ich um des Vergnügens willen oft mit einem milden Haarwaschmittel, das »Gentle Rain« – sanfter Regen – hieß. Katherine hatte ihr lustige Männchen geschenkt, die in der Badewanne schwammen und die sie nach den Männern in der Schule »Bert«, »John« usw. benannte. Wir spielten mit den Männchen, und wenn sie schließlich aus der Wanne stieg, hüllte ich sie in ihr Badetuch, streifte ihr das Nachthemd über und kämmte vorsichtig ihr Haar, das ich mit ihren kleinen farbigen Spangen feststeckte.
Meine Spiele mit Sarah im Schwimmbad hatten die Spannungen zwischen uns erleichtert und es mir ermöglicht, ihr auch im Haus näherzukommen. Mit Nelly ging es umgekehrt: Jetzt, da wir im Haus eine engere Verbindung hatten, spielte ich auch im Schwimmbad mit ihr. Die Freude, die mir aus den Beziehungen zu ihr und Sarah erwuchs, söhnte mich mit mir selbst aus, und der innere Friede, den ich dadurch zu empfinden begann, stärkte mich in meinem Bemühen, mein Verhältnis zu den Kindern zu festigen.
Jetzt, da ich diese Zeilen schreibe und den Ablauf unserer Tage in der Schule überdenke, fällt mir das Gleichgewicht auf zwischen der Energie, die wir auf die Reflexion, die Weiterbildung, die Klärung der Gedanken verwandten, und der Energie, die wir für das *Tun* einsetzten. Bei näherer Überlegung scheint mir, daß dieses Gleichgewicht der Schlüssel für das Wirken der Schule war. Die Mitarbeiterkonferenz mit dem Zusammentragen von Ideen, mit der geistigen Durchdringung und den dadurch ausgelösten Emotionen verlieh uns täglich die Kraft, unseren Dienst anzutreten. Außerdem trafen wir selbst alle Entscheidungen, die unsere Kinder angingen. Selbstverständlich sprachen wir in der Konferenz darüber, denn wir wollten die Ansicht Bettelheims oder anderer Mitarbeiter zu den aufgeworfenen Problemen hören. Aber wir waren Herren unseres Geschicks und des Geschicks unserer Schlafsäle. Niemand bestritt

die Tatsache, daß Bettelheim von der Behandlung affektiver Störungen beim Kind mehr wußte als wir alle, doch stets zeigte er seinen Wunsch, uns an seinem Wissen teilhaben zu lassen und uns zu helfen, damit wir Psychotherapeuten wurden, die sich eines Tages auch ohne ihn zurechtfinden konnten. Darin erinnert er an Freud, aus dessen Schriften man erkennt, daß die Verbreitung des psychoanalytischen Denkens ihm ein Anliegen war.

In anderen Heimen ist nur zu oft das Denken wie auch die Entscheidungsbefugnis ein Vorrecht des Psychiaters. Wenn er einmal nicht da ist, unterbleibt die Besprechung mit ihrer Zusammenschau. Der Arbeitstag der Mitarbeiter fällt aber nicht aus. Eine derart scharfe Trennung zwischen Kopf und Beinen macht meiner Meinung nach die Arbeit des Erziehers und Therapeuten uninteressant. Zu meiner großen Überraschung gibt es nur selten Erzieher, die sich darüber beklagen. Man könnte meinen, daß die meisten von ihnen sich lieber auf den Psychiater verlassen. Dieser kritisiert übrigens ihre Arbeit niemals offen, denn anscheinend müssen die Erzieher um jeden Preis in ihrer Empfindlichkeit geschont werden. Auf diese Weise kommt es, daß manche Kinder verrückt und manche Erzieher unwissend bleiben. Bei solchen Erziehern nimmt es nicht wunder, wenn sie sich von ihrem Beruf abgestoßen fühlen und ihre Beziehungen zu den Kindern gering einschätzen. So hörte ich einmal, wie einer von ihnen einen kleinen Jungen, der ihm ein Geheimnis anvertrauen wollte, barsch zum Schweigen brachte mit den Worten: »Sag das deinem Psychotherapeuten, aber nicht mir!«

Bettelheim wollte in jedem von uns seinen Nachfolger sehen, und er freute sich, wenn wir seine Ansichten mit unserer Persönlichkeit bereicherten, wenn wir seine Philosophie an unsere tiefen Neigungen anpaßten, wenn wir seine Lehre als Sprungbrett benützten, aber niemals als Ziel an sich oder als Gegenstand abstrakter Diskussionen und kleinlicher Streitereien ansahen.

Ich war nie bereit, mich in Auseinandersetzungen einzulassen zum Beweis dafür, daß Bettelheims Methode anderen Methoden überlegen sei, obwohl meine Gesprächspartner mich stets dazu zu verleiten suchten, wenn ich mich bemühte, das darzustellen, was in der Orthogenischen Schule vorgeht. So unbegreiflich es erscheinen mag – offenbar ist Kindertherapeuten manchmal mehr daran gelegen, mit intellektueller Argumentation zu beweisen, daß sie »recht haben«,

als zu erkennen, welche Lehre sie aus dieser oder jener anderen Methode ziehen können.
Als ich noch nicht lange in der Schule war, fragte uns Bettelheim einmal, wie wir die Frage: »Was ist das Besondere der Orthogenischen Schule?« beantworten würden. Jeder gab eine anderslautende Antwort; darin zeigte sich deutlich, daß der einzelne aus einer und derselben Lehre nach persönlichen Auswahlprinzipien das entnimmt, was er will. Für mich war die Hauptsache, daß an der Schule nicht mit zweierlei Maß gemessen wurde. Mitarbeiter und Kinder strebten nach dem gleichen Ziel, nämlich der Entfaltung ihrer Persönlichkeit, einerseits mit Hilfe der Psychoanalyse, andererseits mit Hilfe einer therapeutischen Umwelt. Beides sollte ihnen dazu verhelfen, Herren ihres Geschicks zu werden. Dieser Grundsatz ist mir sehr wichtig, aber seine Verwirklichung erfordert große persönliche Mühen. Die Grundlagen des Lebens in Frage zu stellen, ist erschreckend, wenn man fünfundzwanzig Jahre alt ist und die größten Entscheidungen schon getroffen hat. Aber nur um diesen Preis kann man den Beruf, den man ausübt, ganz erfassen und sich den Kindern nahe fühlen, die ihrerseits um ihr Überleben kämpfen. Wir können ihnen nicht helfen, wenn wir nicht vor ihnen erlebt haben, welche Hindernisse auf dem Weg liegen, den einzuschlagen wir sie auffordern. Wir können sie auf diesem Weg nicht stützen, wenn wir nicht aus eigener Erfahrung wissen, daß er zu einem besseren Leben führt. Zu Recht sind die Kinder mißtrauisch gegenüber denjenigen, die sie drängen, ihre Persönlichkeit und ihr Leben zu analysieren, dazu aber selbst nicht bereit sind.
Jeder hat die Aufgabe, beim andern die Selbständigkeit zu fördern. Dazu muß er ihm seine Kenntnisse und seine Hilfe zuteil werden lassen; er muß ihm soviel Verantwortung auferlegen, wie er zu tragen fähig ist; er muß ihm mehr zutrauen, als der andere sich selbst zutraut, und er muß Situationen herbeiführen, die dieses Zutrauen rechtfertigen. Wenn ein Erzieher von einem Kind mehr verlangt, als es leisten kann, zieht es aus dem Mißerfolgserlebnis den Schluß, es sei eben doch zu schwach fürs Leben. Das gleiche tritt ein, wenn er ihm überhaupt keine Möglichkeit gibt, Verantwortung im Rahmen seiner Fähigkeiten erfolgreich zu übernehmen. Ebenso ist es, wenn ein Chefarzt seine Mitarbeiter allein mit allen Problemen des Betriebs einer medizinisch-pädagogischen Anstalt kämpfen läßt; die

Mitarbeiter geraten dann in eine Lage, die nur zu Mißerfolg und Enttäuschung führen kann. Und wenn bei Abwesenheit des Chefarztes keine Besprechung stattfindet, muß man annehmen, ein einzelner Mann habe die Verantwortung für die Mitarbeiter und die Anstalt an sich gerissen, nicht auf Grund seiner Befähigung, sondern auf Grund seines Titels; bei den Mitarbeitern stellt sich dasselbe Gefühl des Mißerfolgs und der Entmutigung ein, das sich dann auf die Kinder überträgt.

Jeder einzelne muß die ganze Last seines persönlichen und beruflichen Geschicks auf sich nehmen, dazu auch die Verantwortung für alle Entscheidungen, die er in den Beziehungen zu den ihm anvertrauten Kindern zu treffen hat, sei er ihr Lehrer, ihr Erzieher, ihr Heilpädagoge oder ihr Psychotherapeut.

40. Kapitel

Der Juli und die ersten Augusttage vergingen unmerklich. In der heißen Jahreszeit wurde es im Hyde Park gefährlicher; zweimal wurde mir der Ford gestohlen, und einmal machte ein bewaffneter Mann einen Einbruchsversuch in der Schule. Deshalb empfand ich bei der Rückkehr nach Paris ganz besonders, wie angenehm es ist, unbehelligt auf den Straßen herumlaufen zu können. Wieder in Frankreich zu sein war aber keineswegs einfach.

Wie es an der Schule üblich war, hatte ich meinen Kindern erst am Tag vor meiner letzten Schicht mitgeteilt, daß ich in Urlaub fahren würde. Sie waren ärgerlich, mit Ausnahme von Sarah, die wissen wollte, ob ich mich auf meine Familie freue, ob meine Schwester schon ihr Kind bekommen habe, ob ich in Frankreich Blumen pflükken würde und ob in Paris die warme Sonne mit ihren goldenen Strahlen den Himmel überglänzen werde. Ich lächelte und bejahte alle Fragen; ich spann den Faden sogar noch weiter:

»Und dann spaziere ich an der Seine entlang, im Mittagslicht, die Luft ist weich und hüllt mich ein, die Babys lachen in der Sonne und strampeln, und die Blumen wiegen sich im lauen Wind, der sie erfrischt...«

Sarah lauschte meinen Worten und setzte ein glückseliges Kinderlächeln auf. Magali war nüchterner und wollte wissen, wann ich zurückkäme. Ich sagte es ihr. Nelly bedauerte ein wenig, daß ich gerade jetzt wegging, wo ich anfing, »wirklich zu zählen«. Judith, Maud und Gael waren schon bei ihren Eltern.

Was ich in Frankreich am meisten fürchtete, waren die Zwänge, von denen ich mich mit so großer Mühe befreit hatte: immer guter Laune sein, Emotionen verbergen, schlank werden, intellektuell glänzen. Das alles bedrückte mich mehr, als ich mir selbst eingestand, und ich weiß noch, daß ich zwei Tage vor der Abreise plötzlich wegen eines nichtigen Anlasses mit Katherine zu streiten anfing. Sie erzürnte sich nicht, sondern bekannte, sie selbst sei vor ihrem ersten Urlaub auch gereizt gewesen. Wieder einmal merkte ich, daß alltägliche Ereignisse wie der Ferienbeginn, die man seit Wochen herbeigesehnt hat, qualvoll bedrängend sein können.

Am Morgen meiner Abreise machte ich die Runde in den Unterrichtsräumen und verabschiedete mich von meinen Kindern. Magali verbrachte damals noch den ganzen Tag im Schlafsaal, deshalb sagte ich ihr dort auf Wiedersehen.

Tags zuvor hatte ich ein Telegramm von meiner Schwester erhalten, daß sie einen kleinen Jungen geboren hatte. Ich war starr vor Staunen darüber, daß meine Schwester diese Heldentat vollbracht hatte und daß unsere Familie wie andere Familien auch auf diese Weise ihre natürliche Fortsetzung im Leben ihrer Abkömmlinge fand. Ich dachte an das Zimmer, das meine Schwester und ich geteilt hatten, an unsere nächtlichen Gespräche, an unsere Streiche, an die erst jüngst vergangene Zeit. Es drängte mich, ihr Kind zu sehen.

Laurent holte mich am Flughafen Orly ab. Zu Hause hatte meine Mutter ein herrliches Frühstück bereit. Am nächsten Tag waren wir in Annecy. Meine Schwester, mein Mann, meine Mutter, mein Schwager, mein Neffe ... Nach sechs Wochen ohne Angehörige, jenseits des Atlantiks, sechs Wochen der Freiheit, aber auch sechs Wochen der Verlassenheit fand ich mich nicht zurecht. Es kostete mich einige Mühe, mich wieder an meine Familie zu gewöhnen.

Die Schule ging mir nicht aus dem Kopf. Von allen Kindern vermißte ich Sarah am meisten, und heute noch ist die Erinnerung an sie in meinen Gedanken am lebendigsten. Kurz vor meiner Abreise waren wir zusammen auf einen Spielplatz in der Nähe gegangen. Wir hatten eine ihrer Stoffkatzen mitgenommen und im Planschbecken gebadet. Wir schaukelten, und weil es heiß war, kauften wir uns ein Eis am Stiel. Die Katze ließen wir in der Sonne trocknen, und auf dem Rückweg zur Schule verweilten wir bei den Beeten im Hyde Park und bewunderten die farbenprächtigen Blumen. Sarah hatte sich die ganze Zeit völlig natürlich gegeben; sie hatte sich nicht bemüht, als echtes Baby zu wirken, was auch nur Mitleid erregt hätte, aber sie hatte auch ihr Bedauern, daß sie kein Baby mehr war, nicht verheimlicht. Bei der Rückkehr sagte sie einfach, sie wäre gern sieben Jahre alt, und ich wunderte mich über diese Weisheit. Wieder Baby zu werden war ein unerfüllbarer Traum. Aber ein kleines Mädchen von sieben Jahren – das war nicht zuviel verlangt. Mit ihren Zöpfen und ihrem bunten Kleidchen sah Sarah auch nicht viel älter als sieben aus. Als wir einmal ins Restaurant gingen, setzte ihr die Serviererin von selbst den Kinderteller vor, und Sarah errötete vor Freude. Ja – Sarah beschäftigte mich in Gedanken am meisten, und das Wissen, daß sie bald zwanzig wurde, bedrückte mich sehr.

Wir spielten Tennis, schwammen im See, und abends speisten wir in savoyischen Lokalen. Ich fügte mich wieder in das merkwürdige Leben der Außenwelt ein, in dem die Menschen sich selbst und die anderen schlecht behandeln und es nicht zu merken scheinen. Ein Filmschöpfer sagte einmal: »Wenn ich einen Film ansehe, habe ich den Eindruck, ich sei bei einem Wettbewerb im Grimassenschneiden.« Dieses Gefühl hatte ich auch, aber ohne ins Kino zu gehen.

Als der September kam und damit die Rückreise nach Chicago, hatte ich mich in Frankreich eingewöhnt, und die neuerliche Trennung jagte mir Angst ein. Zuerst blieb ich zwei Tage zu Hause, ohne mich in der Schule zu melden. Dann raffte ich all meinen Mut zusammen, parkte vor der kleinen gelben Haustür und trat ein. Kaum erschien ich auf der Schwelle zum Mitarbeiterzimmer, als die Gesichter der Freunde strahlten und meine ganze Angst in Wiedersehensfreude umschlug.

Ich erfuhr, daß Katherine krank geworden und noch nicht wieder ganz genesen war. Die Kinder, deren beide Erzieherinnen somit ausfielen, hatten schlimme Zeiten durchgemacht. Katherine war im Empfangszimmer. Wir schlüpften sofort aus dem Haus, drückten uns an der Wand entlang, damit die Kinder uns vom Fenster aus nicht

sehen konnten, und gingen im hellen Sonnenschein in ein nahegelegenes Lokal, wo wir zusammen etwas tranken, einander endlose Geschichten erzählten, über alle Leute lästerten und sinnlos lachten – so froh waren wir, wieder beisammen zu sein.
Anschließend stieg ich in meinen Schlafsaal hinauf. Es war Sonntag, die Kinder saßen beim Abendessen, als ich eintrat. Eine neue Erzieherin, die ich nicht kannte, war bei ihnen.
»Guten Tag!«
Aufgeregt blickte ich die Mädchen nacheinander an und lächelte. Judith war gebräunt; sie hatte einen Teil ihrer Ferien mit ihrer Tante in Texas verbracht. Gael war wütend, weil bei ihrer Rückkehr weder Katherine noch ich dagewesen waren. Maud lächelte mir freundlich zu. Nelly berichtete, sie habe ihre Eltern ein paar Stunden lang besucht, und es sei alles gut gegangen.
»Schade, daß du nicht da warst«, setzte sie hinzu.
So unverblümt hatte sie mir ihre Zuneigung noch nie gestanden, und ich neckte sie:
»Aber warum denn? Was hätte ich wohl nützen können?«
Magali musterte mich aus den Augenwinkeln und fragte sich offenbar, ob sie sich über meine Rückkehr freute. Nachdem sie sechs Wochen lang über meine Abwesenheit gestöhnt hatte, fand sie jetzt wohl, daß ich in Wirklichkeit nicht so sensationell war wie in ihrer Erinnerung. Sie trug ein mir unbekanntes langes, beigefarbenes Kleid, das sie mit Katherine zusammen gekauft hatte. Die Befürchtungen, die ich in ihren Zügen las, waren mir nicht unbegreiflich, denn wir waren eng miteinander verbunden, und eben diese Nähe erzeugte die Zwänge und Forderungen, die alle menschlichen Beziehungen mit sich bringen, wenn sie nicht jeden Sinnes bar sind.
»Findest du nicht, daß ich mich verändert habe?« fragte sie.
Ich schaute sie genau an.
»Du trägst deine Medaille nicht mehr«, sagte ich.
Sie erzählte mir, sie habe eines Tages in Davids Klassenzimmer ihren Talisman einfach abgelegt.
»Ich hab ihn mir heruntergerissen, weil es mir einerlei ist, ob mich der Teufel holt.«
»Und du bist immer noch da«, stellte ich fest.
Sarah lächelte mich an. Ich streckte die Hand aus und griff nach einem ihrer Zöpfe.

»Bist du an der Seine spazieren gegangen?« fragte sie mit ihrer hellen Stimme.
Das kindliche Mädchen sah stolz und selbstbewußt aus und fragte mich, ob ich an der Seine spazieren gegangen sei!
»Ja, und es war sehr schönes Wetter.«
Dann verabschiedete ich mich von den Kindern und sagte ihnen, ich käme am übernächsten Tag zum Dienst.

41. Kapitel

An meinem Geburtstag hatte ich Dienst. Am Abend zuvor war ich mit Laurent und einigen Freunden zur Feier des Tages ins Ballett gegangen. Aber gegen Ende meiner Schicht wurde ich ein bißchen traurig, weil sich der Tag kaum von anderen unterschied. Wir bereiteten mit soviel Sorgfalt die Geburtstage unserer Kinder vor, wir maßen ihnen zu Recht sehr große Bedeutung zu, wir ließen uns stundenlang von den Kindern erzählen, welche Gefühle dieser Tag in ihnen wachruft, und jetzt war ich betrübt, weil ich an meinem eigenen Geburtstag allein und als Erwachsene mit meiner Stimmung fertig werden mußte.
Gegen zehn Uhr abends rief mich Katharine aus dem Schlafsaal heraus.
»Hör mal«, sagte sie, »ich gehe heute abend aus. Ich wünsche dir alles Gute zum Geburtstag! Ein kleines Geschenk habe ich in dein Fach gelegt. Was machst du nach der Schicht?«
»Ach, nichts, ich fahre nach Hause und gehe zu Bett . . .«
»Du solltest mit Laurent ausgehen und irgendwo etwas trinken . . . Also, einen schönen Abend!«
»Das wünsche ich dir auch. Viel Vergnügen!«
Ich ging zu meinen Kindern zurück. Es eilte mir gar nicht, und ich ließ mir viel Zeit dabei, sie zu Bett zu bringen und ihnen gute Nacht zu sagen. Außerdem sah ich den Ford nicht vor dem Haus stehen und schloß daraus, daß Laurent noch nicht gekommen war, um mich abzuholen.
Gegen halb zwölf Uhr ging ich die Treppe hinunter und zum Mit-

arbeiterzimmer. Zwischen zwei Feuerschutztüren lag auf dem Boden ein Päckchen, auf dem mein Name stand. Darin war ein Buch, und die Geberin war Mary-Margaret. Ich lächelte ganz still vor mich hin, denn sie hätte gar kein passenderes Buch für mich finden können. Das Mitarbeiterzimmer war leer. Merkwürdig: Fiel das Teetrinken heute abend aus?

Ich machte ein paar Schritte auf das Empfangszimmer zu; Lichtschein drang heraus, ich hörte unterdrücktes Gelächter und eine Melodie, die mir gut gefiel. Ich trat ein. Sie waren alle da: Laurent, Katherine, Florence, Margaret, Steve, Mary, Leslie, Reid, Mary-Margaret, Candy, David, Jane, Elaine, Julie, John, Sandy. Sie hatten Kerzen, Schallplatten und Geschenke mitgebracht. Katherine hatte an ihrem freien Abend eine Schokoladentorte gebacken. Laurent war frühzeitig gekommen und hatte bei den Vorbereitungen geholfen; den Ford hatte er so geparkt, daß ich ihn nicht sehen konnte. In jedem Päckchen entdeckte ich einen Gegenstand, der so persönlichen Neigungen entsprach, daß ich mich fragte, woher die Freunde meine Persönlichkeit, die ich verborgen glaubte, so gut kannten. Vor allem aber waren die Geschenke sichtbarer Ausdruck der Beziehungen, die ich zu jedem einzelnen der an diesem Abend versammelten Freunde unterhielt. Wir hörten Musik, die ich liebte, und die Getränke, Kuchen und belegten Brote waren genau meinem Geschmack entsprechend ausgesucht worden.

Wieder einmal staunte ich über diese Kontinuität, diese Einheit zwischen Handlungen und Gefühlen an der Schule: Was für die Kinder gut war, war auch für die Mitarbeiter gut. Kinder, Erwachsene, Geisteskranke, Mitarbeiter, Schulleiter – alle kämpften um einen Lebensstil, den sie mit den gleichen Mitteln erreichten: Selbsterkenntnis zog Mitgefühl für die Erlebnisse der anderen nach sich, und man behandelte sie so, wie man selbst behandelt werden wollte und behandelt wurde.

Von dienstälteren Kollegen erfuhr ich, daß Bettelheim selbst im Lauf der Jahre bei seinen Mitarbeitern den Sinn für das Feiern von Festen geweckt hatte. Die Weihnachtsfeiern, die er für uns veranstaltete, die Geschenke, die er sorgfältig aussuchte, die Karten, die er schrieb, wenn er auf Reisen war, seine Anwesenheit bei den Geburtstagen der Erzieher – das alles zeugte davon, daß er jeden einzelnen genau kannte und zu jedem einzelnen eine besondere Beziehung hatte. Seine Überzeugung, der er auch in seinen Büchern Ausdruck verlieh, lautete: Je mehr sich der Mensch aus der Masse heraushebt, um so mehr wird er in den Augen der andern und damit auch in seinen eigenen Augen zum Individuum und um so größer sind seine Aussichten auf ein erfülltes Leben. Menschen, die in der Masse untergehen, sterben seelisch und körperlich. Seine Geschenke, seine Aufmerksamkeiten, aber auch sein gelegentlicher Hohn (»Ach, Sie erweisen mir heute die Ehre, meiner Vorlesung beizuwohnen?« sagte er einmal zu einem Studenten, der die vorhergehende Vorlesung geschwänzt hatte) sollten uns zeigen, daß er uns voneinander unterschied und mit jedem einzelnen das Verhältnis einging, das aus der einmaligen, besonderen Verbindung seiner Persönlichkeit mit der unseren entstand. Die Kinder behandelte er ebenso. Er ermutigte sie, sie selbst zu sein. Zur Überwindung ihrer selbstzerstörerischen Neigungen gab er ihnen zwei Waffen in die Hand: zum einen die Deutung ihres Verhaltens und zum anderen den täglichen Beweis dafür, daß dieses Verhalten unnötig geworden war, so unerläßlich es ihnen auch in der Vergangenheit erschienen war. Und weil er uns so gut behandelte, konnten wir das, was wir erhalten hatten, an unsere Kinder weitergeben, so daß sie aus unseren Glückserlebnissen Nutzen zogen.

Die Feste waren auch deshalb so wichtig, weil wir wie die Kinder ein anstrengendes Leben führten. Wir arbeiteten sehr viel, wir hatten wenig Geld, und wir bremsten auf jede Weise den Schwung des äußeren Lebens, der den Verlauf unserer eigenen Psychoanalysen zu stören vermochte; Abenteuer sollten wir nur auf der Couch des Psychiaters erleben. Von daher gewannen die Feste und die besonderen Anlässe vorrangige Bedeutung. Ich erinnere mich noch, wie eine Erzieherin einmal gescholten wurde, weil sie einem Kind verboten hatte, ein langes Kleid zu kaufen, das das Mädchen nicht brauchte. Bettelheim wies damals darauf hin, daß den ärmsten Familien am meisten daran gelegen sei, ein Speiseservice, Besteck und Gläser zu besitzen, die nur einmal im Jahr benutzt wurden und eigentlich »überflüssig« waren. Die Analogie zwischen Kindheit, Wahnsinn und Armut scheint mir gut gewählt. Das verzogene Kind, das in sich gekehrte heranwachsende Mädchen, das ich einmal war, erinnern sich daran.

Um noch einmal auf meinen Geburtstag und die mir zuteil gewordenen Aufmerksamkeiten zurückzukommen: Sie bewiesen mir erneut, daß das, was wir unseren Kindern zu vermitteln versuchten, nicht die Frucht willkürlicher Reflexionen, sondern persönlicher Erfahrung war, einer Realität, die uns angeregt hatte, selbst realer zu werden, einer wahren Geschichte, die uns Mut gemacht hatte, wahr zu sein, einer erlebten Geschichte, die das Verlangen nach Leben in uns geweckt hatte.

42. Kapitel

Mit Bedauern breche ich hier den chronologischen Bericht über jene Zeit in meinem Leben ab. In dem darauffolgenden Dreivierteljahr festigten sich die schon bestehenden Bande zwischen den Kindern, Katherine, den Freunden und mir. Außerdem trieb ich damals meine Analyse eifrig voran. Im Gegensatz zu den meisten Kollegen wußte ich von Anfang an, wann meine Tätigkeit an der Schule enden würde, und wahrscheinlich steigerte sich deshalb die Intensität der Erlebnisse, die ich beschrieben habe, und der Ereignisse, die ich leider hier nicht mehr schildern kann. Zwei Jahre lang verhielt ich mich so, als wollte ich zwei Realitäten miteinander in Wettstreit bringen: die Realität meiner Abreise im Mai 1972 und die Realität meiner noch jungen, aber sehr tiefen Wurzeln in Chicago. Unbewußt hoffte ich, die zweite werde die erste auslöschen.
Je näher das festgesetzte Datum heranrückte, um so mehr mußte ich dagegen ankämpfen, so zu tun, als scheide ich unter Zwang und nicht aus eigenem Willen. Ich verließ die Kinder ohne Schuldgefühle; es war nur natürlich, daß mein Leben den geplanten Verlauf nahm. Nie hatte ich den Kindern gegenüber durchblicken lassen, es könne auch anders sein.
Den Herbst, Winter und Frühling vor meiner Abreise übergehe ich, weil ich die Hauptstufen im ersten Jahr bewältigte. Danach kam die Vertiefung und Auswertung der geleisteten Arbeit und die Lösung der Probleme, die weniger deutlich den Stempel meiner persönlichen Schwierigkeiten trugen.

Weniger subjektiv ist die psychologische Erfahrung, die die Anpassung an die Arbeit mit psychotischen Kindern für die Erzieherin darstellt; sie würde den Rahmen dieses Buches sprengen.
Ich blieb natürlich Anfängerin. Doch jetzt, da meine Beziehungen zu den Kindern die notwendige Beständigkeit und Reichweite erlangt hatten und da ich mich auf dem Wege zum Verständnis meiner eigenen Persönlichkeit vorwärtsbewegte, konnte ich mich fest auf die Freudsche Technik stützen und sie sicherer anwenden. Ich erweiterte auch meine Kenntnisse mit der Lektüre von Anna Freud, Melanie Klein und Winnicott. Vorsichtig und unermüdlich lenkte ich die aufwallenden Emotionen, die mein erstes Jahr an der Schule gekennzeichnet hatten, in rationellere, wissenschaftlichere Bahnen. Ganz allmählich verloren die Kinder ihre Macht, mir den Boden unter den Füßen wegzuziehen. Selbstverständlich riefen sie bis zum Schluß meine Freude oder meinen Ärger, meine Begeisterung oder meinen Zorn hervor, aber sie vermochten mich nicht mehr in den Grundlagen zu erschüttern. Ich wurde in meinen sie betreffenden Entschlüssen freier und angesichts der daraus entstehenden Folgen gelassener. Aus allen diesen Gründen müßte ich die Monate vor meiner Abreise in Form einer Fallstudie schildern und zu diesem Zweck Akten heranziehen und therapeutische Theorien darstellen. Diese schwierige Arbeit überlasse ich anderen, die eher dazu qualifiziert sind. Ich kann nur einen bescheidenen Beitrag leisten mit meiner Beschreibung der Rolle, die die Anpassungsschwierigkeiten des Erziehers bei den Beziehungen zwischen den Kindern und ihm spielen. Meine Aufgabe endet mit der Überwindung dieser Probleme.
Meine sechs Kinder reagierten ganz verschieden, als sie erfuhren, daß ich weggehen würde.
Ende Februar 1972 bestätigte mir der Arzt, daß ich schwanger war. Zuerst war ich verblüfft, dann freute ich mich. Meine Schwangerschaft rechtfertigte in meinen Augen meine jahrelange Bemühung, mit mir selbst Frieden zu schließen, und diese Krönung überstieg in ihrer Dynamik meine größten Hoffnungen. Ein Baby wächst seinem eigenen Rhythmus und Willen folgend; seine Autonomie setzte mich in Erstaunen.
Am 15. Mai wollte ich meine letzte Schicht übernehmen, ein Jahr und einen Tag, nachdem Magali in die Schule gekommen war. Zehn Tage später würden wir dann auf der »France« die Vereinigten Staa-

ten verlassen. Normalerweise hätte ich meine Abreise zwei Wochen vorher bekanntgegeben. Mein Bauch wurde aber sichtlich dicker, so daß ich nicht mehr warten konnte. Anfang April erzählte mir Magali grinsend, in ihrer Klasse würde getuschelt, ich sei schwanger. Judith machte einen Scherz über das gleiche Thema, und beide, Magali wie Judith, trugen diesem Gerücht gegenüber eine übertriebene Ungeniertheit zur Schau. Daraus schloß ich, daß sie sich Sorgen machten über meine Gewichtszunahme, die sich mit meiner Vorliebe für Süßigkeiten nicht mehr erklären ließ. Außerdem blickte mir Sarah schon seit drei Monaten zuweilen tief in die Augen, setzte eine wissende Miene auf und sagte: »Ich sehe ein Baby ... Oh! ... Ich sehe ein Baby ...«

Es war mir gar nicht recht, daß ich die Kinder schon so lange im voraus von meiner Abreise unterrichten mußte, und ich dachte, es sei vielleicht besser, wenn ich früher als geplant wegginge, denn ich wollte ihnen das wochenlange Warten ersparen. Florence erklärte mir aber ganz zu Recht, meine Schwangerschaft und mein Ausscheiden stünden zwar faktisch in Verbindung, stellten jedoch für die Kinder zwei verschiedene Probleme dar, die man getrennt angehen müsse. Sie riet mir, recht bald von meiner Schwangerschaft zu sprechen, denn dafür sei es jetzt Zeit, aber noch kein genaues Datum für meinen Fortgang zu nennen.

Wenn ich mich recht erinnere, war es der 4. April 1972, als ich mich zitternd am Anfang meiner Schicht zu den Kindern setzte und sagte: »Wie ich höre, läuft schon seit einigen Tagen das Gerücht um, ich sei schwanger. Ich möchte euch sagen, daß es zutrifft.«

Ich schwieg. Auf den sechs Gesichtern zeichnete sich Verblüffung ab. Maud und Nelly wurden blaß, Judith biß sich in den Finger, Gael errötete heftig, Magali brach in Tränen aus. Sarah klatschte in die Hände und rief freudig erregt:

»Ich hab es ja gewußt!«

Ich blickte sie an; sie strahlte. Ich lächelte ihr zu, wurde aber von dem lastenden Schweigen, das von Magalis Schluchzen nur noch unterstrichen wurde, zur Ordnung gerufen und verharrte reglos. Gael stieß wilde Drohungen aus:

»Ich lasse dir die Luft aus den Reifen, du wirst schon sehen, ich weiß genau, wie man ein Auto kaputtmacht, ich schlitze deine Reifen auf ...«

Dabei tat sie, als wolle sie mir einen Faustschlag auf den Bauch versetzen.

»Wann gehst du fort?« fragte Magali mit schmerzverzerrtem Gesicht.

»Ich weiß es noch nicht genau, aber ich bleibe schon noch eine gute Zeitlang bei euch. Es handelt sich um Monate, nicht um Wochen.«

Von da an konzentrierte sich während meiner Schicht alles auf mein Baby. Die Kinder identifizierten sich so stark mit ihm, daß sie mir nicht mehr von der Seite wichen und daß unsere Bindungen fast geheimnisvoll und irrational wurden. Die Kinder waren einerseits verzweifelt, weil ich sie verraten hatte und weil ich sie nach zwei Jahren des gemeinsamen Lebens im Stich ließ wegen eines Kindes, das noch gar nicht geboren war, doch andererseits waren sie erfüllt von der grenzenlosen Hoffnung, die ein neues Leben birgt, und man hätte meinen können, sie bereiteten sich auf ihre eigene Geburt vor. Maud, die zwei Monate später aus der Schule entlassen werden sollte, sah allerdings in mir den Inbegriff der Fruchtbarkeit und identifizierte sich weniger mit dem Lebenswillen, der durch das Baby zum Ausdruck kam, als mit meinem Entschluß, die Verbindung mit Laurent durch dieses Kind zu krönen.

Bei Gael verwandelte sich die anfängliche Aggressivität langsam aber sicher in leidenschaftliches Interesse für mein Kind. Eines Tages fragte sie mich schüchtern, ob sie die Hand auf meinen Bauch legen dürfe; dabei war sie darauf gefaßt, daß ich es ihr nicht erlauben würde, weil sie sich zuerst so drohend verhalten hatte. Sie fing an, Laurent zu hassen und mir ihre ganze Liebe zuzuwenden. Damit hatte sie ein Ventil für ihren Haß, und da sie meinen Mann nicht kannte, empfand sie kein Schuldgefühl. Guten Gewissens konnte sie ihren Groll auf ihn abwälzen.

Nelly war ihrem Wesen entsprechend zurückhaltend und vorsichtig. Manchmal hatte ich abends, wenn ich den Schlafsaal verließ, das Gefühl, sie sehe mich ohne Bedauern scheiden, aber Katherine widerlegte diesen Eindruck mit dem, was Nelly ihr gegenüber äußerte. Auch sie wartete – jedoch aus anderen Gründen – sehr lange, bis sie die Hand auf meinen Bauch legte. Schließlich tat sie es auf ganz reizende Weise. Dieses Kind, das so große Angst vor körperlichen Berührungen hatte, das Hemmungen überwinden mußte, ehe es seiner Neigung folgte und meine Hand ergriff, legte zutrau-

lich und ruhig die Hand auf mein Kind, als bringe die Geburt eines Kindes seine eigene Identität nicht mehr in Gefahr.
Obwohl Magali diejenige war, mit der ich mich am aktivsten und leidenschaftlichsten beschäftigt hatte – oder gerade deswegen –, stellte sie sich von Anfang an der Realität und kämpfte Tag für Tag darum, das Leben so hinzunehmen, wie es war. Sie war entschlossen, den Schock meiner Schwangerschaft und meines Weggangs zu überwinden und ohne mich auf dem Wege fortzuschreiten, den wir gemeinsam eingeschlagen hatten. Infolge der Intensität jener letzten Wochen kam sie ein gutes Stück vorwärts und vermochte Erinnerungen und Gefühle in ihr Bewußtsein zu heben, die bis dahin fest in ihrem Unbewußten verschlossen gewesen waren.
Sarah belebte sich wie durch ein Wunder. Stundenlang spielte sie mit mir; sie legte mir die Arme um die Hüften, lehnte ihren Kopf an meinen Leib und sagte: »Ich bin das kleine Känguruh.« Manchmal gab sie mir auch die Babypuppe, die Katherine und ich ihr zu Weihnachten geschenkt hatten und die sie »Wärmequell« nannte. Sie sagte, alle Siedler seien meine Eier, die ich ausbrüte und aus denen bald die Küken ausschlüpfen würden. Diese und andere Phantasien lösten meist nervöse Heiterkeit im Schlafsaal aus. Ich achtete darauf, daß keins der Mädchen durch mein Verhalten auf den Gedanken kam, es könne Sarah vielleicht doch gelingen, mich zum Hierbleiben zu zwingen.
Judith erteilte mir zwei Lektionen, und ich bereute bitter, daß ich sie nicht früher gelernt hatte. Aus der einen erkannte ich, wie großes Unrecht man dem Patienten tut, wenn man von gleich zu gleich mit ihm spricht, aus der anderen, wie falsch es ist, ihn zu behandeln, als sei er gesund. Die beiden Lektionen stehen in engem Zusammenhang. Davon möchte ich berichten.
Am 8. Mai teilte ich meinen Kindern mit, daß ich ihnen in genau acht Tagen Lebewohl sagen müsse. Nelly fragte mich, warum ich schon so bald fortginge, und ich erklärte ihr, daß jetzt die Zeit dafür gekommen sei, denn wir hätten erreicht, was wir in Anbetracht der Umstände erreichen konnten. Ich müsse mich jetzt zurückziehen, die Schule verlassen und alles für die Ankunft meines Kindes vorbereiten. Magali, Maud und Gael sagten, sie hätten damit gerechnet, daß ich etwa um diese Zeit weggehe. Sarah setzte sich zu Boden, schloß die Augen und begann sich zu wiegen, vor und zurück, vor

und zurück, stundenlang. Sie war nicht mehr das kleine Känguruh, sie warf keine staunenden Blicke mehr auf meinen Leib. Sie verharrte in tödlichem Schweigen und hob die Lider nur halb, wenn ich sie anrief.

Judith saß mir gegenüber, sie war wie versteinert.

»Ich habe nichts zu sagen«, stieß sie hervor, »denn diese Neuigkeit ruft in mir kein Gefühl wach.«

»Du siehst aus, als hättest du eine Wut«, entgegnete ich. »Das ist ein Gefühl.«

»Ich habe keine Wut, wirklich, ich glaube nicht, daß ich eine Wut habe. Ich empfinde nichts als Gleichgültigkeit.«

Schweigend zuckte ich die Schultern. Aber am nächsten Tag nahm ich das Gespräch wieder auf. So konnte ich nicht weggehen.

»Stell dir einmal vor, du würdest mir mitteilen, daß du weggehst, und ich würde dir sagen, das sei mir gleichgültig. Was würdest du dann von mir denken?«

»Daß du ein gemeines Biest bist, daß du das nur sagst, um mich zu verletzen.«

»Ja, ganz genau, und deshalb glaube ich nach wie vor, daß du eine Wut auf mich hast.«

Sie wurde nachdenklich, und abends rief sie mich zu sich. Sie hatte den Grund für ihren Groll herausgefunden, und was sie mir sagte, setzte mich in Erstaunen. Sie erklärte nämlich, sie habe damals vor zwei Jahren meine Heirat mit dem Tod meines Vaters in Verbindung gebracht. Ebenso habe sie eine Verbindung hergestellt zwischen meiner Schwangerschaft und Steves plötzlichem Ausscheiden im Januar. Judith wußte natürlich so wenig wie die anderen Kinder, daß Steve mein Psychoanalytiker war, aber sie hatte, genau wie die anderen Kinder, mein Unbehagen empfunden, das mich jedesmal überkam, wenn Steve den Schlafsaal betrat.

Zu Judith sagte ich nichts über diese Assoziationen, die mir sehr zu denken gaben. In ihrer Vorstellung schien demnach das »Ausweichen auf die sexuelle Vereinigung«, wenn ich mich so ausdrücken darf, die einzig mögliche Reaktion auf eine starke Frustration zu sein. Vor allem aber war ich tiefbetrübt darüber, daß ich mit meinem schon so lange zurückliegenden, naiven Gerede Judith veranlaßt hatte, ihre Gedanken abschweifen zu lassen und ihre Zeit damit zu vertun, daß sie mich analysierte, statt ihre Energie darauf zu verwenden, ihr eigenes Verhalten zu erforschen. Ich äußerte mein Bedauern, und wir sprachen noch eine Zeitlang darüber. Dann verließ ich bedrückt ihr Zimmer.

Die zweite Lektion erhielt ich an einem Morgen. Ich hatte die Kinder geweckt, und wir gingen ziemlich verschlafen in den Speisesaal hinunter. Schon unterwegs stieg uns der Geruch nach gegrilltem Fleisch in die Nase, und als wir uns zu Tisch setzten, bestätigten sich unsere Befürchtungen: Es gab »Hamburger« zum Frühstück. Fettes Fleisch, Zwiebeln, Ketchup, Gürkchen um halb neun Uhr morgens an einem Maitag – das kann einem durchaus den Appetit rauben. Es fehlte nicht an angewiderten Blicken, als ich anfing, die Kinder zu bedienen. Magali nahm eine Scheibe Brot und ein wenig Fleisch, Maud ebenfalls. Nelly wollte nur Brot haben. Gael verzehrte das ganze Frühstück. Sarah ließ sich ein Butterbrot und ein Glas Milch geben. Judith wollte nichts, überhaupt nichts. Aufrecht saß sie auf ihrem Stuhl, ihr Blick war trüb, und sie wartete vor ihrem leeren Teller, bis die Zeit um war und wir wieder nach oben gehen konnten. Obwohl ich angesichts der Speisen und wegen meiner Schwangerschaft heftigen Widerwillen empfand, entschloß ich mich, etwas Fleisch zu essen und Milch zu trinken, weil das für mein Baby gut war. Und während ich mir auftat, erkannte ich plötzlich, daß ich mein Baby jetzt schon umsichtiger, vernünftiger und mit natürlicherer Autorität behandelte, als ich Judith jemals behandelt hatte. Ich hob den Kopf und schaute sie an. Sie saß mir gegenüber, doch sie wich meinen Blicken aus. Ich wollte unbedingt noch vor dem Unterricht, der in zwanzig Minuten begann, mit ihr sprechen und mahnte deshalb die anderen Kinder zur Eile. Nelly knetete ihr Brot, ohne es zu essen, und Sarah legte ihre Serviette auf das Brot, das sie nicht angerührt hatte. Magali und Gael hatten ein ausreichendes Frühstück eingenommen und Maud auch, obwohl sie Gewohnheiten an sich hatte, die mich zur Verzweiflung trieben. Zum Beispiel rührte sie ihren Kakao zehn Minuten lang um und überzeugte sich dann, daß auch nicht das kleinste Klümpchen mehr vorhanden war. Ich wagte mich wohl von Zeit zu Zeit an eine Deutung dieses Verhaltens und der dadurch ausgelösten Gefühle, aber ohne große Überzeugung, denn ich konnte mir vorstellen, daß sie nach vierzehnjähriger Behandlung diese Überreste einer Manie, die einst heilsam gewesen war, wie ihren Augapfel hütete.

Wir gingen in den Schlafsaal zurück. Anstatt in ihre Zimmer zu verschwinden, blieben die Kinder, die meinen Zorn spürten, in meiner Nähe. Ich wandte mich an Judith:
»Ich gebe zu, daß »Hamburger« zum Frühstück scheußlich sind. Aber du kannst den Tag nicht mit leerem Magen anfangen. Zwischen den Mahlzeiten ißt du auch nichts, höchstens mal einen Lutscher oder Kaugummi. Das reicht nicht. Ich kann es nicht mehr ertragen, mit dir zu frühstücken, wenn du einfach vor einem leeren Teller sitzt. Nelly und Sarah essen auch nicht genug, aber sie nehmen wenigstens ein Mars oder Nuts oder Keks mit in den Unterricht. Du dagegen, wenn du einen guten Tag hast, bittest du mich um eine Tasse Tee ohne Zucker und Milch. Es ist unbeschreiblich!«
Ich brach ab, um wieder zu Atem zu kommen und kurz nachzudenken, denn ich wußte immer noch nicht genau, was mich so sehr erschütterte.
»Also hör mal!« sagte Judith mit flammenden Blicken. »Ich will nicht essen, nur um dir eine Freude zu machen!«
Ich zuckte die Achseln. Darum ging es gar nicht. Ich bemühte mich nicht um ihre Ernährung, damit ich mein Schuldgefühl beschwichtigte.
»Wir leben jetzt seit zwei Jahren zusammen«, fuhr ich fort. »Und ich merke, daß ich die anderen Kinder und mein eigenes Baby natürlicher behandle als dich. Dieses Geheimnis möchte ich lüften. Wie konnte ich mich monatelang derart hinters Licht führen lassen? Wie konnte ich nur so blind sein? Wie ist es dir gelungen, mich zu überzeugen, ich könne dich essen lassen, was du essen möchtest, also auch gar nichts? Auf welche Weise hast du es fertiggebracht, daß ich dir einen leeren Teller reichte?«
»Seltsam«, meinte Judith. »Wir haben so oft über das Essen gesprochen, ich habe dir alle Assoziationen erzählt, die mir beim Essen einfallen, ich habe dir all meine Kindheitserinnerungen im Zusammenhang mit dem Essen berichtet, und ich habe dich unermüdlich in Situationen gebracht, in denen ich jedesmal wollte, daß du geradeheraus und durch dein Verhalten ausdrückst, du willst, daß ich esse. Gerade das hat immer für mich gezählt: Ich wollte erleben, daß du in diesem Punkt eine unzweideutige Meinung hast, daß du klar und deutlich wolltest, daß ich esse, und jetzt fängt alles von vorn an.«

Ich schüttelte den Kopf, denn diese Rede klang künstlich, intellektuell. Das Problem lag anderswo. Es lag darin, daß Judith beim Frühstück mit meinem Baby in Konkurrenz getreten war, daß ich sie wie eine vernünftige Erwachsene behandelt hatte, als ich ihr einen leeren Teller gab, während ich natürlich meinem Baby, das keine klugen Reden halten konnte, das gegeben hatte, was für es gut war. Judiths Wunsch hatte ich respektiert, während ich mit meinem Baby nach meiner eigenen Überzeugung verfahren war.

Selbstverständlich hätte ich Judith in den zwei Jahren, die wir beisammen waren, genauso behandeln müssen. Unsere stundenlangen Gespräche hatten lediglich die echten Probleme zugedeckt. Judith sagte ja selbst, was für sie zähle, sei meine klare Einstellung zum Essen – man könnte auch sagen: zum Leben. Oft hatte ich Judith mit meinem Verhalten bewiesen, daß ich den unbedingten Willen hatte, sie solle leben. Den gleichen Willen hatte ich an diesem Morgen für mein Kind gezeigt, als ich meinen Abscheu überwand und die Speisen verzehrte. Und Judith hätte gewollt – davon war ich jetzt überzeugt –, daß ich mich für sie genauso einsetzte, daß ich die volle Verantwortung für sie übernahm, statt mich in Unterredungen verwickeln zu lassen, in denen sie mich mit ihrem Widerstand, den Dingen auf den Grund zu gehen, und mit ihrem Geschick, das eigentliche Problem zu vertuschen, nur zu oft getäuscht hatte. Mit Judith zu reden, hatte nichts genützt, überhaupt nichts. Die einzigen wesentlichen Ereignisse in unserer Beziehung hatten sich ergeben, wenn ich sie gelegentlich fütterte oder als ich einmal beim Schlittschuhlaufen auf dem Midway fest ihre Hand hielt, damit sie nicht stürzte, oder wenn ich ihr ungezählte Male nach dem Haarewaschen das Haar auskämmte und damit eine Tätigkeit, die zwanghaften Charakter trug und mit der sie mir entfliehen wollte, in eine Begebenheit umwandelte, die kindliche Geborgenheit und echte Gemeinsamkeit mit sich brachte. Doch wie dem auch sei – Judiths Unfähigkeit (mit seltenen Ausnahmen), ihre inneren Widerstände zu überwinden, war nur das Anzeichen meines eigenen Unvermögens – mit denselben Ausnahmen –, meine eigenen Hemmungen zu bewältigen.

Am Tag meiner letzten Schicht flossen die Tränen, aber wir feierten auch ein kleines Abschiedsfest, das die Kinder ohne mein Wissen mit Katherines Hilfe vorbereitet hatten. Am andern Morgen mach-

te ich vor dem Frühstück die Runde bei allen Gruppen in der Schule, um mich von jedem Kind einzeln zu verabschieden. Jedes rief eine bestimmte Erinnerung wach, die ich kurz erwähnte, ehe ich ihnen alles Gute wünschte. Dann stieg ich zum letzten Mal in meinen Schlafsaal hinauf. Meine sechs Mädchen saßen im Kreis um Katherine herum. Ich verabschiedete mich zuerst von Nelly, dann von Maud, Gael, Judith, Magali, und zum Schluß von Sarah. Rasch schlüpfte ich hinaus und zog die Tür sacht hinter mir ins Schloß.
Wir würden uns vielleicht noch eine Zeitlang schreiben. Ich würde Geburtstagskarten schicken. Aber wir würden nicht versuchen, mit einem zu ausgedehnten Briefwechsel den Anschein zu erwecken, als sei ich immer noch die Erzieherin der Gruppe; wir würden einander lediglich gegenseitiges Interesse für den weiteren Verlauf unseres Lebens bezeigen.
Ein Jahr ist seit diesem Abschied vergangen. Ich habe in diesem Buch meinen Fehlern in meiner Anfangszeit als Erzieherin mehr Platz eingeräumt als den therapeutischen Erfolgen; denn aus meinen Fehlern lernte ich am meisten über mich selbst und meinen Beruf, und sie haben mir dazu verholfen, daß ich allmählich Fuß faßte. Erzieher, die schon am anderen Ende ihrer Laufbahn angelangt sind, können mit größerer Überzeugung von ihren Erfolgen sprechen. Ich weiß, daß meine erfahreneren Berufskollegen nachsichtig sein werden, und ich hoffe, einmal in ihre Reihen vorzudringen, vielleicht in zwanzig oder dreißig Jahren, wer kann es sagen?
Das vorliegende Buch zu schreiben, war gelegentlich entmutigend, weil die vielschichtige Realität sich meinen Ausdrucksmitteln entzog. Aber nun, da ich ans Ende komme, bin ich froh, daß ich die Aufgabe in Angriff genommen habe, war sie mir doch eine große Hilfe in diesem Übergangsjahr, in dem ich darum kämpfte, mich an mein neues Leben anzupassen.
Zum Schluß möchte ich betonen, daß Bettelheim weder für die Lükken noch für die Ungeschicktheiten dieses Berichts verantwortlich ist. Doch die Elemente der Vernunft, die darin enthalten sein mögen, sind der Unterweisung zu verdanken, die er der Studentin, die ich damals war, zuteil werden ließ.

Pädagogik und Psychologie bei Piper

Silvano Arieti
Schizophrenie
Ursachen, Verlauf, Therapie, Hilfen für Betroffene.
Vorwort von Asmus Finzen. 1985. 252 Seiten. Kt.

Thea Bauriedl
Die Wiederkehr des Verdrängten
Psychoanalyse, Politik und der Einzelne.
1986. 250 Seiten. Kt.

Elisabeth Badinter
Die Mutterliebe
Geschichte eines Gefühls vom 17. Jahrhundert bis heute.
Aus dem Franz. von Friedrich Griese. 2. Aufl., 19. Tsd. 1982. 336 Seiten. Geb.

Bruno Bettelheim
Gespräche mit Müttern
Aus dem Amerik. von Friedrich Griese.
6. Aufl., 27. Tsd. 1985. 234 Seiten. Serie Piper 155

Bruno Bettelheim/Daniel Karlin
Liebe als Therapie
Gespräche über das Seelenleben des Kindes.
Aus dem Franz. von Friedrich Griese.
2. Aufl., 14. Tsd. 1984. 256 Seiten. Serie Piper 257

Norbert Bischof
Das Rätsel Ödipus
Die biologischen Wurzeln des Urkonfliktes von Intimität und Autonomie.
1985. 624 Seiten mit 400 Abb. Leinen

Pädagogik und Psychologie bei Piper

Willi Butollo
Die Angst ist eine Kraft
Über die konstruktive Bewältigung von Alltagsängsten.
3. Aufl., 22. Tsd. 1986. 201 Seiten. Serie Piper 636

Felix von Cube/Dietger Alshuth
Fordern statt verwöhnen
Die Erkenntnisse der Verhaltensbiologie in Erziehung und Führung.
1986. 299 Seiten. Kt.

Irenäus Eibl-Eibesfeldt
Liebe und Haß
Zur Naturgeschichte elementarer Verhaltensweisen. 11. Aufl., 81. Tsd. 1984.
293 Seiten. Serie Piper 113

Einführung in pädagogisches Sehen und Denken
Herausgegeben von Andreas Flitner und Hans Scheuerl.
1984. 248 Seiten. Serie Piper 322

Erziehung in früher Kindheit
Pädagogische, psychologische und psychoanalytische Texte.
Herausgegeben von Günther Bittner und Edda Harms.
Überarbeitete Neuausgabe 1985. 343 Seiten. Serie Piper 426

Andreas Flitner
Konrad, sprach die Frau Mama …
Über Erziehung und Nicht-Erziehung. Erweiterte Neuausgabe 1985.
173 Seiten. Serie Piper 357

Andreas Flitner
Spielen – Lernen
Praxis und Deutung des Kinderspiels. 7. Aufl., 43. Tsd. 1982.
137 Seiten. Serie Piper 22

PIPER

Pädagogik und Psychologie bei Piper

Viktor E. Frankl
Der Mensch vor der Frage nach dem Sinn
Eine Auswahl aus dem Gesamtwerk. Mit einem Vorwort von Konrad Lorenz.
4. Aufl., 30. Tsd. 1985. 309 Seiten. Serie Piper 289

Viktor E. Frankl
Die Sinnfrage in der Psychotherapie
1981. 200 Seiten. Serie Piper 214

Carol Gilligan
Die andere Stimme
Lebenskonflikte und Moral der Frau. Aus dem Amerik. von Brigitte Stein.
2. Aufl., 11. Tsd. 1985. 222 Seiten. Kt.

Albert Görres
Kennt die Psychologie den Menschen?
Fragen zwischen Psychotherapie, Anthropologie und Christentum.
1978. 270 Seiten. Kt.

Albert Görres
Kennt die Religion den Menschen?
Erfahrungen zwischen Psychologie und Glauben.
2. Aufl., 9. Tsd. 1984. 140 Seiten. Serie Piper 318

Silvia Görres
Leben mit einem behinderten Kind
Überarbeitete Neuausgabe 1987. 115 Seiten. Serie Piper 644

Erving Goffmann
Wir alle spielen Theater
Die Selbstdarstellung im Alltag.
5. Aufl., 20. Tsd. 1985. 251 Seiten. Serie Piper 312

Piper 38/2c

PIPER

Pädagogik und Psychologie bei Piper

Bernhard Hassenstein
Instinkt Lernen Spielen Einsicht
Einführung in die Verhaltensbiologie.
1980. 259 Seiten mit 33 Abbildungen. Serie Piper 193

Bernhard Hassenstein
Verhaltensbiologie des Kindes
3. Aufl., 25. Tsd. 1980. 459 Seiten mit 29 Abbildungen. Geb.

Bernhard und Helma Hassenstein
Was Kindern zusteht
2. Aufl., 14. Tsd. 1978. 188 Seiten. Serie Piper 169

Elfriede Höhn
Der schlechte Schüler
Sozialpsychologische Untersuchungen über das Bild des Schulversagers.
Neuausgabe 1980. 268 Seiten. Serie Piper 206

Eva Jaeggi
Psycholgie und Alltag
1987. 141 Seiten. Serie Piper 689

Eva Jaeggi / Walter Hollstein
Wenn Ehen älter werden
Liebe, Krise, Neubeginn.
4. Aufl., 27. Tsd. 1986. 311 Seiten. Kt.

Jerome Kagan
Die Natur des Kindes
Aus dem Amerik. von Friedrich Griese.
2. Aufl., 9. Tsd. 1987. 408 Seiten. Geb.

Pädagogik und Psychologie bei Piper

Louise J. Kaplan
Die zweite Geburt

Dein Kind wird zur Persönlichkeit. Mit einem Vorwort von Margaret S. Mahler.
Hrsg. von Reinhard Fatke. Aus dem Amerik. von Hainer Kober.
4. Aufl., 20. Tsd. 1987. 258 Seiten. Serie Piper 324

Lust und Liebe

Wandlungen der Sexualität. Herausgegeben von Christoph Wulf.
1985. 416 Seiten. Serie Piper 383

Alexander Mitscherlich
Auf dem Weg zur vaterlosen Gesellschaft

Ideen zur Sozialpsychologie. 15. Aufl., 112. Tsd. 1984. 400 Seiten.
Serie Piper 45

Alexander Mitscherlich
Das Ich und die Vielen

Parteinahme eines Psychoanalytikers.
Ein Lesebuch. Ausgewählt und eingeleitet von Gert Kalow.
Neuausgabe 1987. 336 Seiten. Serie Piper 647

Alexander Mitscherlich
Der Kampf um die Erinnerung

Psychoanalyse für fortgeschrittene Anfänger.
1984. 259 Seiten. Serie Piper 303

Alexander Mitscherlich / Margarete Mitscherlich
Die Unfähigkeit zu trauern

Grundlagen kollektiven Verhaltens. 17. Aufl., 153. Tsd. 1985. 383 Seiten.
Serie Piper 168

Pädagogik und Psychologie bei Piper

Paul Watzlawick
Wie wirklich ist die Wirklichkeit?

Wahn – Täuschung – Verstehen. 15. Aufl., 120. Tsd. 1987
252 Seiten mit 17 Abbildungen. Serie Piper 174

Wolfgang Wickler
Die Biologie der Zehn Gebote

Warum die Natur für uns kein Vorbild ist.
6. Aufl., 31. Tsd. 1985. 181 Seiten. Serie Piper 296

Wolfgang Wickler / Uta Seibt
männlich weiblich

Der große Unterschied und seine Folgen.
2. Aufl., 9. Tsd. 1984. 182 Seiten. Serie Piper 285

Daniel Widlöcher
Die Depression

Logik eines Leidens – psychoanalytisch, biologisch, historisch, sozial.
Aus dem Franz. von Hainer Kober. 1986. 236 Seiten. Kt.

Die erfundene Wirklichkeit

Wie wissen wir, was wir zu wissen glauben? Beiträge zum Konstruktivismus.
Herausgegeben von Paul Watzlawick. 3. Aufl., 23. Tsd. 1985.
326 Seiten mit 31 Abbildungen. Serie Piper 373

Wörterbuch der Erziehung

Herausgegeben von Christian Wulf. 1984. 677 Seiten. Serie Piper 345

Dieter E. Zimmer
Die Vernunft der Gefühle

Ursprung, Natur und Sinn der menschlichen Emotion.
2. Aufl., 10. Tsd. 1984. 272 Seiten. Serie Piper 227

Piper 36/39

PIPER